U0666215

西北政法大学国家级新闻学一流专业建设特色教材

国家社科基金课题"新时代中国党报的传播力引导力公信力研究（项目编号18xxw006）"成果之一

PHILOSOPHY

人民日报学术文库

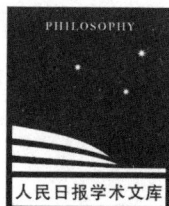

新闻评论写作

符万年 | 著

人民日报出版社

北 京

图书在版编目（CIP）数据

新闻评论写作 / 符万年著 . —北京：人民日报出

版社，2021.3

ISBN 978 - 7 - 5115 - 6848 - 9

Ⅰ. ①新… Ⅱ. ①符… Ⅲ. ①评论性新闻—新闻写作

Ⅳ. ①G212. 2

中国版本图书馆 CIP 数据核字（2020）第 261455 号

书　　名：新闻评论写作
　　　　　XINWEN PINGLUN XIEZUO
作　　者：符万年

出 版 人：刘华新
责任编辑：程文静　杨晨叶
封面设计：中联华文

出版发行：人民日报出版社
社　　址：北京金台西路 2 号
邮政编码：100733
发行热线：（010）65369509　65369846　65363528　65369512
邮购热线：（010）65369530　65363527
编辑热线：（010）65363530
网　　址：www. peopledailypress. com
经　　销：新华书店
印　　刷：三河市华东印刷有限公司
法律顾问：北京科宇律师事务所　　（010）83622312

开　　本：710mm×1000mm　1/16
字　　数：254 千字
印　　张：17
版次印次：2021 年 11 月第 1 版　　2021 年 11 月第 1 次印刷

书　　号：ISBN 978 - 7 - 5115 - 6848 - 9
定　　价：95.00 元

目　录
CONTENTS

第一章　新闻评论概说

第一节　新闻评论学研究的主要内容

一、什么是新闻评论

（一）对新闻评论的定义众说不一

近年来，随着我国新闻事业和新闻教育及学术研究的快速发展，研究新闻评论写作方面的著作出版了很多，这对我国新闻评论的发展无疑是大有裨益。在这些著作中，对于什么是新闻评论，说法各不相同。以下笔者择其要者列举如下，并做简要评析。

第一种说法： "新闻评论，是报纸、广播等新闻舆论工具，就当前重大问题、新闻事件发议论、作解释、提批评、谈意见、发号召的一种文字体裁，属于论说文的范畴。"（见姚文华《实用评论学》第 1 页，新华出版社 1985 年 8 月出版）

评析： 这本书是我国改革开放以来出版的第一本新闻评论写作方面的专著，作者姚文华是有多年新闻评论写作经验的老评论员。他结合自己几十年的新闻评论写作经验对新闻评论所下的定义非常专业，有着开先河的重要意义，也很有其独到理解。这个定义有这么几层意思：首先，新闻评论必须是报纸、广播等大众新闻媒体上刊播出来的，没有公开刊播的和其他非大众传播媒体上刊播的都不能算作是新闻评论；其次，新闻评论的评论对象主要是两类：当前面临的重大问题和发生的新闻事件；再次，新闻评论的主要功能是对当前面临的重大问题和发生的新闻事件发议论、作解释、提批评、谈意见、发号召，或者也可以理解为新闻评论的主要写法就是发议论、作解释、提批评、谈意见、发号召这五种；最后，新闻评论主要是一种文字体裁，一般是书面刊登在报刊上，哪怕是在广播中播出也是播音员拿着文字稿播读，新闻评论从体裁上看属于议论文的范畴。

这个定义也有其历史局限性：由于提出得比较早，定义中没有把电视新闻评论和网络新闻评论纳入其中；新闻评论评论的对象也不仅限于重大问题和新闻事件这两类；其功能和写法恐怕也不止发议论、作解释、提批评、谈意见、发号召这五种；新闻评论除了文字体裁，还有声音、图像等体裁。但瑕不掩瑜，作为第一本新闻评论研究方面的专著，姚文华在几乎没有前人的经验可以借鉴的情况下对新闻评论做了这样科学、专业的界定，实属难能可贵。

第二种说法："新闻评论是就当天或最近报道的新闻，或者虽未见诸报端但确有新闻意义的事实，所发表的具有政治倾向的，以广大读者为对象的评论文章。"（见范荣康《新闻评论学》第5页，人民日报出版社1988年2月出版）

评析：这本书是作为中国社会科学院研究生院新闻系研究生的教材而写作出版的，作者范荣康是中共中央机关报人民日报的评论部主任，有着几十年的党报新闻评论写作经验。这个定义有这么几层意思：首先，新闻评论的对象是当天或最近报道的新闻，或者虽未见诸报端但确有新闻意义的事实。这有几种情况：评论员或编辑可以为当天要刊发的新闻报道配写一篇评论，可以是评论员文章，也可以是短评、编者按语等；以当天或者前些天新闻媒体（可以是本媒体，也可以是其他媒体）刊播的新闻报道为评论对象单独写一篇新闻评论刊发出来；还可以对不能公开报道的但确有新闻意义的事实作为评论对象进行评论。其次，新闻评论是新闻媒体所发表的具有政治倾向的文章，新闻评论具有明确的政治立场和政治倾向，评论一般都会从政治角度对事物进行分析评论。最后，新闻评论是写给广大读者看的，不是写给各级领导干部或者专家学者看的，既不能居高临下发号施令，写成领导讲话，也不能使用大量专业术语，写成学术论文，而要以平等的口吻摆事实讲道理深入浅出通俗易懂，尽可能地让普通百姓能看懂且愿意看甚至喜欢看。

范荣康的这个定义颇有独到之处：如：他认为新闻评论的对象可以是虽未见诸报端但确有新闻意义的事实。如果没有多年人民日报新闻评论的写作经验是不可能有这样的认识的。有些事情很重要很有新闻价值，但因为各种原因可能暂时不适合公开报道，但并不意味着不能评论。还有，他认为新闻评论是具有政治倾向的评论文章。这一点虽然有失偏颇，但在绝大多数情况下党报上的新闻评论确实都是从政治角度评论事物的，也不无道理。还有，他认为新闻评论是以广大读者为对象的，这在那个年代作为人民日报评论部的主任有这样的认识实属难能可贵，当时我国新闻业界和学界还很少有人把新闻媒体视作大众传播工具来研究的。

第三种说法："新闻评论是针对现实生活中新近发生的、具有普遍意义的新闻事件和迫切需要解决的问题而发议论，讲道理，直接发表意见的文体。它包括社论（本台评论）、评论员文章、短评、编者按语、专栏评论、述评、杂感随笔、广播评论、电视评论等体裁，是报刊、通讯社、广播、电视等新闻媒介的评论文章（或节目）的总称。它是一种政论性的新闻体裁，是新闻宣传的一种重要手段。"（见胡文龙、秦珪、涂光晋《新闻评论教程》第1页，中国人民大学出版社1998年7月出版）

评析：这本书是作为中国人民大学新闻专业本科学生教材出版的，很长时间都是我国高校新闻院系新闻专业学生新闻评论课程首选教材。而且是在1987年出版的教材《新闻评论学》的基础上，由人大三位新闻评论课程主讲教师根据我国新闻评论改革和发展现状，特别是电子媒介新闻评论日趋繁荣的情况，吸收新闻评论实践中的新鲜经验并考虑新闻评论教学的实际需要，重新加以修订、拓展、增补而撰写成书的。三位教授既有大量的新闻评论写作经验，又有丰富的新闻评论教学和研究经验。这个定义可以说是博采众家之长，又紧密结合新闻评论发展实践，非常严谨全面科学。

这个定义有这么几层意思：首先，新闻评论的对象是现实生活中新近发生的、具有普遍意义的新闻事件和迫切需要解决的问题。这个说法很明显吸收了姚文华新闻评论定义中的表述，但也有很大不同，姚文华定义中只强调当前和重大，而胡文龙等三位学者则更为具体地说是新近发生的、具有普遍意义的新闻事件和迫切需要解决的问题，对新闻事件强调不仅要新近而且要具有普遍意义，对问题则强调要是迫切需要解决的。这无疑认识要更为深刻。其次，新闻评论的主要功能和写法是发议论、讲道理、直接发表意见，这既吸收了姚文华定义中的一部分，又有所创新。再次，新闻评论的体裁包括社论（本台评论）、评论员文章、短评、编者按语、专栏评论、述评、杂感随笔等，类型上包括报刊评论、广播评论、电视评论等，是报刊、通讯社、广播、电视等新闻媒介的评论文章（或节目）的总称。这个定义第一次把新闻评论的外延做了比较全面的概括，虽然由于时间的关系没能将网络新闻评论列入其中，但已经非常全面了。最后，它还第一次对新闻评论的性质和作用做了总结，认为新闻评论是一种政论性的新闻体裁，是新闻宣传的一种重要手段。

第四种说法："新闻评论，是媒体编辑部或作者对最新发生的有价值的新闻事件和有普遍意义的社会现象、热门话题，运用分析和综合的方法，就事论理，就实论虚，有着鲜明针对性和思想启迪性的一种新闻文体，是现代新闻传播工具报纸、广播、电视、网络经常采用的社论、社评、评论员文章、短评、编者按、专栏评论和述评等的总称，属于论说文的范畴。简而言之，新闻评论是就有价值的新闻事实和社会现象发表意见以指导实践的一种文体。"（见丁法章《当代新闻评论教程（第五版）》第18页，复旦大学出版社2014年9月出版）

评析：这本书是作为复旦大学新闻专业本科学生新闻评论课程教材出版的，作者丁法章先后在江西《赣中报》《江西日报》从事新闻工作，在《青年报》《新民晚报》担任总编辑，有丰富的新闻评论写作经验，后长期在复旦大学新闻系任教，主要讲授新闻评论课程。这本教材从最初的1985年12月出版的第一版《新闻评论学》到2014年9月第五次修订出版的《当代新闻评论教程》，不断打磨不断更新不断完善，是一本集新闻评论写作实践经验与学术研究于一身的非常优秀的新闻评论教材。在先后五版的教材中，作者丁法章对新闻评论的定义也不断完善和修订。例如，丁法章在1985年12月出版的第一版《新闻评论学》中对新闻评论是这样定义的：新闻评论，简而言之，是报纸上一种对新近发生的事件提出一定看法和意见的文章。具体来说，是就当前具有普遍意义的新闻事件和重大问题发议论、讲道理，有着鲜明针对性和引导性的一种政论文体，是所有新闻传播工具的各种形式评论的总称，属于论说文（或曰议论文、说理文）的范畴。（见丁法章著《新闻评论学》第13—14页，复旦大学出版社1985年12月出版）

到2008年3月修订出版的第四版教材中是这样定义的："新闻评论，是媒体编辑部或作者对最新发生的有价值的新闻事件和有普遍意义的紧迫问题，运用分析和综合的方法，就事论理，就实论虚，有着鲜明针对性和引导性的一种新闻文体，是现代新闻传播工具经常采用的社论、评论、评论员文章、短评、编者按、专栏评论和述评等的总称，属于论说文的范畴。简而言之，新闻评论是就有价值的新闻事实和社会现象发表意见以指导实践的一种文体。"（见丁法章著《新闻评论教程》第16页，复旦大学出版社2008年3月出版）

这个定义有这么几层意思：第一，新闻评论的主体是媒体编辑部或作者，这在前面几个定义中都没有提到，也就是说新闻评论表达的是新闻媒体编辑部或者评论作者的观点和态度。第二，新闻评论评论的对象是最新发生的有价值的新闻事件和有普遍意义的社会现象、热门话题，这里除了提到前面几个定义大都提到的新闻事件外，还提到有普遍意义的社会现象和热门话题两大类，这是这个定义的创新之处，如今的新闻评论评论的对象中有不少是有普遍意义的社会现象和网络上的热门话题。第三，新闻评论评论事物的方法主要是运用分析和综合的方法，就事论理，就实论虚。就是说新闻评论要么是对一个事物从不同角度不同方面加以分析，每部分分析事物的一个侧面，最后得出中心论点；要么是从诸多现象中综合归纳出一个共同的结论，然后再结合事实加以论证。而且新闻评论的落脚点是某个道理、某个观点、某个规律，目的是务虚。第四，新闻评论是有着鲜明针对性和思想启迪性的。就是说新闻评论是有的放矢的，是针对某个现实工作或生活中的问题、现象的，看后、听后、读后要能对受众有所启发，要让受众有所收获。第五，新闻评论是一种新闻文体。就是说新闻分两大类，即新闻报道和新闻评论。新闻评论是与新闻报道并列的一种新闻文体。这也是这个定义重要的一个创新之处。

第六，新闻评论是现代新闻传播工具报纸、广播、电视、网络经常采用的社论、社评、评论员文章、短评、编者按、专栏评论和述评等的总称，属于论说文的范畴。这就把新闻评论的各种体裁和类型以及载体都囊括进去了，充分地揭示了新闻评论的外延。而且作者与时俱进地把网络新闻评论也吸收了进来，这也是又一点创新。另外，这个定义中作者从写作上说新闻评论属于论说文的范畴，非常正确。

……

（二）我们对新闻评论所下的定义

以上列举并分析了四种非常有代表性的新闻评论的定义，这四个定义各有所长，自然也有其不足之处。学习它们对于我们了解和认识新闻评论非常有益。其实关于新闻评论的定义还有很多，每一个新的定义都是提出者对新闻评论新的理解和认识。随着新闻事业的不断发展和媒体技术的快速进步，新闻评论也在不断发展变化着，其内涵和外延、功能和特点也在不断衍变着。未来还会有更多新的新闻评论定义。但不管怎么表述，新闻评论的定义必须较为准确和全面地反映其主要特点，科学地揭示其内涵和外延。

结合诸多定义，吸收各家所长，笔者试着对新闻评论的定义做如下表述。

新闻评论是针对现实生活中新近发生的具有普遍意义的新闻事件、迫切需要解决的现实问题或公众广泛关注的社会话题，发表议论、做出分析、讲明道理、直接发表意见的文体或节目类型。它包括社论（本台评论）、评论员文章、短评、编者按语、专栏评论、述评、杂文等基本体裁，以及广播评论、电视评论、网络评论的各种独特样式，是报刊、通讯社、广播、电视、网络等新闻传播媒介以传播意见性信息为主要内容及目的的各类评论文章或节目形式的总称。

这个定义主要借鉴了姚文华和胡文龙、丁法章等学者的定义，同时又有所创新，并较为全面地揭示了新闻评论的外延。

二、新闻评论学研究的主要内容

（一）新闻评论学

新闻评论学是新闻学的一部分。新闻学大体上分为理论、历史和业务三大部分，理论主要包括新闻理论、传播学原理、新闻心理学、新闻美学等；历史主要包括中国新闻事业史、外国新闻事业史、新闻采访史、新闻写作史、新闻编辑史、新闻评论史等；业务主要包括新闻采访学、新闻写作学、新闻编辑学、新闻评论学、新闻摄影、播音与主持、摄像与剪辑、录音合成等。新闻评论学属于新闻业务的范畴，是主要研究各种新闻媒体上的新闻评论写作、制作的原理、方法、体裁、规律等的一门科学。

新闻评论学同新闻采访学、新闻写作学、新闻编辑学一样，是非常重要的一门新闻业务课程，具有很强的政治性、思想性和实践性。由于新闻评论在新闻媒体上起着旗帜和灵魂的作用，直接体现着一家新闻媒体的思想深度和理论高度，其写作难度远超过新闻采访、写作和编辑。所以，新闻评论往往也是新闻专业的学生和广大新闻工作者必须掌握而又难度较高的一项业务技能。

（二）新闻评论学的主要内容

本门新闻评论学将系统阐述新闻评论的特点、功能、类型、发展演变的历史、未来发展趋势，以及新闻评论的一般原理及写作要领等。上半部分主要阐述新闻评论的概念与写作流程、新闻评论的特点与作用、新闻评论的历史与现状、新闻评论的选题与立论、新闻评论的标题与结构、新闻评论的语言与文风，以及新闻评论写作者应该具备的知识结构与修养。下半部分主要讲解新闻评论的各种体裁与类型，分别阐述社论、评论员文章、配发式言论（编者按语、短评）、专栏评论（小言论、时评、论坛评论）、言论版、述评、杂文、广播评论、电视评论、网络言论的概念、类型、特点及写作要领等。

（三）对学生学习新闻评论的要求

1. 要求学生平时要经常阅读《人民日报》《经济日报》《中国青年报》《光明日报》等报纸上的新闻评论，经常看中央电视台的《焦点访谈》《新闻1＋1》《面对面》等电视新闻评论节目，经常收听中国之声及其他新闻广播频率中的广播新闻评论节目，也要经常看各大新闻性网站上的新闻评论。从中比较、学习、领会不同媒体、不同体裁、不同类型的新闻评论写作上的不同和写作技巧。

2. 要求学生认真研读、学习获得历届中国新闻奖的新闻评论作品和获得普利策奖的新闻评论作品，赏析、学习、领会其高超的写作技巧和高远的立意，并比较中外新闻评论写作上的不同。

3. 要求学生运用新闻评论写作方面的专业知识分析优秀的新闻评论作品，分析其在选题、立论、结构安排、标题制作、文采文风等方面的成功之处和存在的不足，学会专业的赏析新闻评论，首先提高自身的专业鉴赏能力。

4. 要求学生经常动手写新闻评论。随着新闻评论专业知识的学习，要练习用学到的专业知识来写作新闻评论。先从较为简单的编者按语、短评开始，再练习写作评论员文章、专栏评论等。还可以尝试制作广播新闻评论、电视新闻评论等。

第二节　新闻评论的分类

关于新闻评论的分类，时至今日，依然是五花八门，很难统一。很大原因是因为人们对新闻评论分类的目的和标准各不相同。我们需要去了解和学习这些已经形成的分类，掌握各种常用的各种类型的新闻评论的特点及写法。

一、英美等西方国家对新闻评论的分类

西方国家通常将新闻评论分为以下五类。

1. 社论，这个类型包括社论、统一社论、代论。西方资本主义国家的新闻媒体一般都是私人所有，其社论一般代表媒体企业所有者的立场和观点，一般由媒体社论委员会组织撰写。其中的社论指一家独立的媒体官方最高规格的评论，代表了这家媒体负责人的观点；统一社论则是指在一家传媒集团中由最主要的媒体组织撰写在集团所有媒体统一刊播的最高规格的评论；代论则是媒体约请外界专家代为撰写的高规格评论，代替媒体表态发言。

2. 专论，此类包括专论、来论、星期论文。其中的专论主要是指刊发在各版上的就某个专业领域中新闻撰写刊发的较为专业的评论文章。欧美国家的媒体版面、频率、频道日益细分化、专业化，不同的版面、频率、频道都

面向不同的行业、领域面向特定的人群，一般也都由该领域比较专业的人士负责，相应的评论也日益专业化，如经济评论、体育评论、政治评论、财经评论等。来论则是指不请自来的新闻评论，一般是受众、作者自发投给新闻媒体的评论，媒体会挑选部分刊发出来。星期论文是指刊发在报纸星期日版上的新闻评论，水平和质量大多较高。欧美国家的大报一般都办有版数众多的星期日版，如美国的《纽约时报》平日版为 80～100 个，星期日版高达 400 个版以上。星期日版除了对一周以来的重大新闻进行深度报道和分析评论外，还办有很多专刊和副刊，内容极为丰富，可充分满足许多平日忙于工作无暇认真读报的人士的需要。

3. 释论，包括大事分析、时事述评和评述。大事分析指的是媒体刊发的对近期发生的重大事件的来龙去脉等进行分析解释性的新闻评论。时事述评主要是对一些最新的新闻事件、事实等进行较为专业的叙述报道和分析评论性的夹叙夹议的评论。评述与时事述评略有不同，经常是对形势、事态做出分析、研判，并阐述新的相关事实，还常对其发展趋势进行预测。

4. 短评，包括分散在各个专业版里的短小的评论文章。这些短评类似于我国报刊上的短评，有配合新闻报道的，也有单独刊发的。

5. 杂志评论，这主要是指刊发在新闻性杂志上的新闻评论。欧美国家办有很多新闻周刊，大量刊发深度报道、调查性报道、解释性报道和新闻评论，著名的如美国的《时代周刊》《美国新闻与世界报道》、德国的《明镜》周刊等。

二、中国新闻媒体对新闻评论的分类

中国新闻业界对新闻评论的分类因载体不同而各不相同，分类情况分别如下。

（一）报纸一般将新闻评论按规格从高到低分为十类

1. 编辑部文章，这是报纸上规格最高的评论，基本代表整个报社的观点，这种类型现在已很少使用了。

2. 社论，这是大多数报社规格最高的评论类型，刊发时不署作者的姓名，只标明社论，表示完全代表报社发言。

3. 本报评论员文章，这是仅次于社论的规格较高的评论类型，如果说社论一般是对重大事物做全面的评论，那么评论员文章则是选择一个侧面对重大事物进行评论。必要的时候，对一些重大事物报社还会分别从不同侧面不同角度策划撰写刊发系列评论员文章。但社论不这样，一般都是独立成篇、独立刊发。评论员文章既代表报社又在一定程度上代表评论员个人，一般不署评论员的姓名，但如今也有报纸在有些情况下署上评论员的姓名，如果署名则更多代表评论员个人的观点。

4. 本报特约评论员文章，加上特约二字既表明这篇评论不是报社自己的评论员写的，作者是报社外的人，也表明作者不是普通人，一般要么是知名专家学者，要么是较高级别的领导干部。本报特约评论员文章一般篇幅较长，而且分量较一般评论员文章要重。例如，1978 年 5 月 11 日，《光明日报》发表了本报特约评论员文章《实践是检验真理的唯一标准》，由此引发了我国一场关于真理标准问题的大讨论。该文的作者是南京大学哲学系副主任胡福明教授。

5. 短评，这又可以分为两种情况：一种是编辑在选择修改新闻报道时给需要的报道配写的简短的评论，一般三五百字，有标题，放在新闻报道后面一起刊发；另一种是评论员或编辑、记者对新近发生的某件事或某种社会现象有感而发写作的简短的评论，可以单独刊发在版面上，也可以放在新闻小言论专栏里。

6. 编者按，这是指文前按语，都是由版面编辑配写的，一般放在新闻报道的标题下面正文前面，大多用来交代便于读者理解报道的文章采写背景、作者特殊身份、报道的目的意义等。编者按一般非常简短，只有几十字到一二百字，无须标题。

7. 编后，是由编辑在修改完新闻稿件后为其配写的，可以加标题，也可以不加，可以比编者按篇幅长一些，一般两三百字，可对报道中的内容稍加议论、分析、生发。

8. 观察家评论，实际上属于评论员文章的一种，一般单独发表，作者大多非报社工作人员，一般是在某个领域造诣较高的专家学者。此类评论一般是对某个行业的发展态势加以专业的研判并科学预测其发展趋势，或对国际关系加以专业分析研判并进行走势预测等。

9. 个人署名评论，这类评论如今一般都刊发在报纸评论专栏中，作者有工人、农民、战士、警察、学生等普通百姓，也有专家学者、领导干部，文章有篇幅较长的，如人民日报《人民论坛》栏目中的评论篇幅大都在1500字左右，也有篇幅短小的，如人民日报《今日谈》栏目中的评论篇幅大都在500字左右。

10. 杂文，这是一种新闻评论与文学作品相结合的边缘文体，一般用文学的笔法嬉笑怒骂针砭现实，可读性趣味性较强，常对现实问题或不良倾向进行辛辣的嘲讽和尖锐的批评，一般篇幅不长，大都在1000字以内，颇受读者喜爱。

（二）广播和电视一般将新闻评论分为七类

1. 本台评论，相当于报纸的社论，是广播电台和电视台规格最高的新闻评论，一般代表电台或电视台就重大事件或问题发言表态，一般由播音员播讲，不配录音或录像。

2. 本台评论员评论，相当于报纸上的本报评论员文章，规格仅次于本台评论，一般代表电台或电视台就重大事件或问题从一个角度或侧面发言表态，篇幅上也比本台评论短一些，可以由播音员播讲，也可以由评论员说。

3. 本台短评，一般是新闻编辑为一些新闻报道配写的短小评论，在新闻报道后面播出，对报道中的事实进行分析评论。

4. 编前话、编后话，是由编辑为一条新闻报道加的简短评论，加在报道前面就是编前话，加在报道后面就是编后话。编前话多用来交代作者或报道的重要背景，编后话多对报道中的事实进行言简意赅的分析评论。

5. 谈话体评论，这是广播、电视特有的一种评论类型，是一种以人际传播的方式表现的大众传播活动。广播谈话一般分为漫谈式与对话式两种。漫谈式广播谈话通常是由一个播音员或主持人与听众展开一种拟态交流，在节目中把听众既视为收听者，也看作对话者，在自问自答、自说自话中融入交谈、对话的因素，使听众在收听时产生交流感，激发参与感，类似于单口相声；对话式广播谈话一般为两人（通常是一男一女）对播，通过一问一答、探讨交流的方式实现互动，很像对口相声，两位主播一个捧哏一个逗哏。电视谈话则更复杂一些，一般分为三种形式：访谈式（或对话式），是指由主持人在演播室与谈话对象进行的一对一或一对二的访谈或对话的谈话体电视评论节目；座谈式，是由主持人邀请重大新闻事件相关的政府官员、专家学者或新闻当事人等，在演播室就新闻事件或社会话题发表意见、交流看法和进行探讨的电视谈话体节目；论坛式，是由主持人在较大的演播室现场主持，由特邀嘉宾和一定数量的受众（一般几十人到几百人不等）直接参与，就社会生活中与群众比较贴近的事件或话题展开讨论、交流的谈话体节目，在西方国家称之为"脱口秀"（Talk Show）。

6. 主持人评论，这也是广播、电视特有的一种评论类型，此类评论中主持人不只是新闻评论的播报者，还要直接参与评论的策划与写作，并直接以个人的身份、用第一人称发表意见和见解，极具个性色彩和很强的亲和力。

7. 记者述评，这是新闻述评这种融新闻报道与新闻评论于一体的杂交品种在广播电视中的具体运用，它既报道新闻事实又对新闻事实作出必要的分析和评论，夹叙夹议，评述结合，易于理解，很受听众和观众欢迎。而且广播述评中会使用不少采录自新闻现场的实况音响，电视述评中更是会综合运用画面、音响、字幕和解说词、论述性语言，能比较充分地发挥广播和电视的传播优势。

（三）中国的通讯社简单地将新闻评论分为三类

1. 评论，相当于报纸的社论和广播电视的本台评论，不署名，是通讯社规格最高的新闻评论，完全代表通讯社对重大时事发言表态。

2. 评论员文章，规格上低于评论，评论员文章既代表通讯社又在一定程度上代表评论员个人，一般不署评论员的姓名，用于对重大时事从一个侧面进行评论。

3. 述评，一般由记者采写，对较为重大复杂的新闻事件、社会问题等一边进行报道一边进行分析评论。

三、其他分类

（一）按照刊载的新闻媒体分类

1. 报刊媒体类型：社论，评论员文章，短评，编者按语，专栏评论（小言论、时评等），述评，杂文。

2. 广播媒体类型：口播评论（本台评论、本台评论员文章、述评、论坛评论杂谈等），谈话类评论，音响评论。

3. 电视媒体类型：口播评论（本台评论、编前话、编后话等）；主持人（评论员）评论，谈话类评论，电视述评。

4. 网络媒体类型：网站时评，个人专栏评论，网络论坛评论，网民自发言论。

（二）按照评论的主体可以将新闻评论分类

1. 媒体评论，又可分为：编辑部评论，包括社论（本台评论）、评论员文章、短评；编辑、记者评论，包括编者按语、述评、主持人评论。

2. 个人评论，主要是专栏评论（小言论、时评等）、杂文等。个人评论按作者情况又可分为精英评论和草根（公众）评论两种。

（三）按照评论体裁之间是否有交叉融合分类

1. 常规评论，指那些体裁独立边界清晰与其他体裁没有交叉融合的类型，包括社论、评论员文章、短评、编者按语、小言论、时评等。

2. 边缘评论，指那些体裁独立边界不清晰与其他体裁有交叉融合的类型，包括述评、杂文。

第三节 新闻评论的体裁特点

下面我们通过将新闻评论与同属于议论文范畴的其他议论文和同属于新闻文体的新闻报道进行比较，来了解和掌握新闻评论的体裁特点。

一、新闻评论与一般议论文的区别

（一）强烈的新闻性——从新闻传播的角度看

这是指新闻评论首先是刊播在新闻媒体上的，是新闻的一部分，是新闻传播的重要内容，它不同于一般议论文的重要特征是它具有强烈的新闻性，也就是它必须具有较高的新闻价值，这主要体现在新闻评论的选题上。具体包括以下内容。

1. 时新性，包括时间新鲜和内容新鲜两方面。时间新鲜可以从新闻事件发生的时间到新闻报道刊播的时间长短来衡量，中间的时间越短越新，时效性越强，相应的新闻价值也越高；内容新鲜则可以从新闻事实发生的概率高低来衡量，一般来说一件事发生的概率越低越不可能发生而实际发生了，其内容就越新鲜，新闻价值就越高，相反，发生概率较高的事情发生了，其新闻价值就很低。西方说的"狗咬人不是新闻，人咬狗才是新闻"就是这个道理。

2. 显著性，体现在人物显著、事件显著、时间显著、空间显著等方面。人物显著是指新闻当事人的知名度越高新闻价值越高；事件显著是指一个事情社会关注度越高新闻价值越高；时间显著是指一件事情发生的时间越特殊越重要新闻价值越高；空间显著是指一件事情发生的地点越著名，如北京天安门、巴黎埃菲尔铁塔，则其新闻价值越高。

3. 重要性，体现在事情的影响人数多、范围广、时间长、程度深等方面。人数多是指一件事情直接或间接涉及的人数越多则越重要，新闻价值也越高；范围广是指一件事情波及的地域范围越广则越重要，新闻价值也越高；时间长是指一件事情持续的时间越长则越重要，新闻价值也越高，如2020年发生的新型肺炎疫情；程度深则主要是指一件事情涉及大众的切身利益程度越深则越重要，新闻价值也越高。

4. 接近性，主要体现在地域接近、利益接近、心理接近上。地域接近是指新闻事件发生的地点距离主要的受众的地理距离越近，也就是说发生在受众身边，则接近性越高，新闻价值也越高；利益接近是指一件事情与公众的切身利益关系越紧密，则接近性越高，新闻价值也越高；心理接近是指一件事情与受众在心理、情感上越接近，则接近性越高，新闻价值也越高，如新闻当事人与很多受众是同龄人、有着相同的兴趣爱好等。

5. 趣味性，主要体现在戏剧性和人情味两方面。戏剧性是指一件事情的发展和结局越一波三折越出人意料波澜起伏，也就是戏剧冲突性越强，则其趣味性越高，新闻价值也越高；人情味是指一件事情涉及的亲情、爱情、友情方面的因素越多，也就是说人情味越浓，则其趣味性越高，新闻价值也越高。

一篇新闻评论的选题在这五个方面具备的要素越多则新闻价值越高，新闻性也越强。

（二）鲜明的政治性或思想性——从其本质属性的角度看

新闻评论从本质上说是新闻事业的重要组成部分，是新闻媒体直接发言表态的主要方式，而在阶级社会新闻媒体一般都是被统治阶级所拥有和掌控的，它属于上层建筑中的意识形态范畴，与政治关系密切，代表新闻媒体发言的新闻评论自然也具有鲜明的政治性。新闻评论表达的是作者的思想观点和认识，阐述的一般是事物的意义、价值、背后的规律道理等，往往具有较强的思想性，主要体现在以下三方面。

1. 新闻评论往往针对具有政治或思想意义的问题发言。也就是说新闻媒体经常会对党和国家政治生活中的重大事物（比如：党政会议、新政策、新精神等）发言表态，将其作为重要的选题。

2. 新闻评论经常会围绕重要的政治事件或思想问题发言。我国的新闻媒体都是各级党委和政府主办或主管的，对党和国家的重要政治事件都会进行重点报道和评论，比如每年的两会、党代会等。此外，对一些重大的社会思潮和思想问题，新闻媒体也会进行分析评述。

3. 哪怕是对非政治新闻新闻媒体上的新闻评论也会着重从政治、思想、伦理、规律的角度发言。比如，《人民日报》上对中国女排夺得世界冠军这一体育新闻是从发扬女排姑娘奋勇拼搏精神促进中华民族复兴的角度去评说的。

（三）广泛的公众性或群众性——从大众传播的角度看

新闻评论是刊播在大众传播媒体上的，是给广大人民群众看和听的，而不是给各级领导干部和少数专家学者看和听的，这就决定了它必须具有广泛的公众性或群众性。这具体体现在以下三方面。

1. 新闻评论的内容（主要是指评论的选题）大都选择广大人民群众普遍关注的事物。新闻媒体在选择和决定评论什么事物的时候，首先要考虑的是当前广大人民群众在做什么、在议论什么、最关注什么，一件事情关注的人越多其评论的价值就越高。

2. 新闻评论议论方式的易受性和语言表达的通俗性。优秀的、深受大家喜爱的新闻评论一般都会以平等的口吻，由浅入深、由具体到抽象地娓娓道来地讲道理、评论事物，让受众在自然而然中接受评论的观点，在语言上则尽可能地使用通俗易懂的语句，尽量不用多数人不懂的专业术语和生僻字词，广播电视新闻评论还会尽量地做到口语化，以让听众观众一听就懂。

3. 作为大众传播载体的新闻媒体如今都在想方设法地鼓励吸引广大受众直接参与到新闻评论中来。各大媒体都办有自己的网站，公布自己的投稿邮箱，有方便受众发言的论坛，在网络新闻下面一般都有跟帖留言区。就是传统的报纸广播电视也都公开热线电话，便于受众与媒体联系，还开办有多个面向普通民众的新闻评论专栏，经常选择刊发群众来信来稿。

（四）严格的科学性（或正确性）——从认识论的角度看

所谓科学性是指新闻评论应当应用正确科学的立场、观点、方法，经过认真深入的调查研究，对所要评论的事物进行实事求是的分析，从而得出科学的结论和认识。可以说前面说的新闻评论的三个体裁特点都必须建立在严格的科学性这个特点之上，没有了严格的科学性这个特点前三个特点都将无从谈起。

从认识论的角度看，所有的新闻评论都是作者对新闻事实的主观认识，这种认识要传播给大众并被大众所接受，必须得确保它是正确的、科学的，是经得起实践检验的。

所有的新闻评论分析评论事物无非是从以下这三个维度进行：政策法规、道德、科学。政策法规包括一个国家奉行的政治理论、立场、国家颁布施行的各项方针政策、法理、各项法律、各种行政管理规章制度等，很多新闻评论都是从这个维度对新闻事实进行评论的，符合的就肯定、赞扬，违背的就批评、谴责。道德则分为社会公德、家庭伦理道德、职业道德三类。不同的国家和不同的历史时期道德标准会有所变化和区别。对涉及道德因素的行为新闻媒体一般会从这个维度进行分析评论，对公众行为会依据社会公德标准进行衡量评判，对亲友之间的行为会依据家庭伦理道德标准进行分析，而对各行各业从业人员的职业行为则会依据该行业的职业道德标准进行判断。科学指的是人类已经掌握的对自然界和人类社会以及各行各业本质规律认识的专业知识，是我们从事各种工作的行动指南，也是我们判断各种行为正确与否的重要标准。科学是由数学、物理、化学、计算机科学、社会学、政治学、历史学、心理学、哲学、历史学、教育学、法学等所有的学科共同构成的。许多既不涉及政策法规也与道德无关的行为，我们可以也只能从科学的角度去判断和评论。比如：企业的某个重大经营决策既不违背任何相关法规，也无关乎道德，要对其评论只能从管理学、经济学、营销学等专业知识的角度去分析评判好坏对错。

总之，新闻评论严格的科学性（或正确性）这个特点就是说一篇新闻评论的观点、对事物的认识必须是对的，要么是符合法理法规的，要么是符合社会道德标准的，要么是符合科学原理的，不能胡说八道信口开河。

新闻评论正是由于具有这四个特点，使其与其他的议论文有所不同、区别开来。比如，学生在语文课上按老师的要求写的议论文，可能也会具有这四个特点中的几个，但一般不会有很强的新闻性（时效性不会很强），也不会在大众传播媒体上刊播出来，所以不能看作是新闻评论。再比如：学者撰写的学术论文，大多具有严格的科学性，甚至有些还有很高的思想性，但不大可能具有广泛的群众性和强烈的新闻性，也不同于新闻评论。

二、新闻评论与新闻报道的区别

新闻评论与新闻报道同属于新闻的范畴，是新闻的两种主要类型，有着诸多的共性，如都要有新闻价值、都要讲求时效性、都有广泛的群众性等。但二者也有诸多的不同之处，其区别具休如下。

（一）传播内容不同

新闻报道的传播内容侧重于已经或正在发生的具有新闻价值的事实，简言之新闻报道传播的是新闻事实。

而新闻评论的传播内容则是作者在对客观事物进行分析议论的基础上得出的意见和观点，简言之新闻评论传播的是意见和观点。一个传播的是看得到摸得着的事实，一个传播的是看不见摸不着的意见和观点，可以说是截然不同了。

（二）传播目的不同

新闻报道的传播目的主要是为了满足公众对事实性信息的知晓权，或者说是满足公众的知情权，使公众通过新闻媒体能够知道外界都发生了哪些重要的事情，据此做出自己的判断和决定怎么做。

而新闻评论的传播目的则是满足公众对意见性信息的知晓权以及话语权，换句话说就是让大家知道别人对某件事情的观点和看法，有些时候也可以把你自己的观点和看法通过新闻媒体传播出去，这时候其满足的就是公众的话语权或者说是表达权了。

（三）传播方式不同

新闻报道的传播方式是"用事实说话"，一般以客观叙述、描写、记录等方式再现事物的状态和来龙去脉，一般不直接发表议论。新闻记者的报道虽然都有立场和观点，但新闻报道都讲求客观性和真实性，记者在做新闻报道时必须把舌头藏起来，只能通过对事实的选择和取舍来间接地表达自己的立场和态度。新闻报道主要使用陈述句，主要的表达方式是叙述和描写，极少使用议论和抒情手法。

而新闻评论主要的表达方式则是"直抒胸臆"，一般以判断、评价、分析、议论等方式直接对客观事物发表看法，但也不排除对事实做必要的叙述或描写，这主要是作为评论的由头和论据存在的。所有的新闻评论都是作者主观认识的表达，新闻报道讲的是事，而新闻评论讲的则是理，新闻报道讲求客观，而新闻评论则都是主观的。新闻评论使用的主要是判断句，主要的表达方式是议论，辅之以抒情、叙述、描写等手法。

（四）传播要求不同

新闻报道的传播要求以"真实性"为基本原则，新闻报道中以讲清事实要素为基本条件，素有"五个W"和"一个H"之说，也就是新闻六要素。这是西方通用的说法，五个W是指：Who, What, When, Where, Why，一个H是指：how，取其首字母统称新闻六要素。也就是说，一篇新闻报道必须说清楚：谁，做了什么事，什么时间，什么地点，为什么要这么做，结果怎样了。如果连这些新闻事实的基本要素都交代不清楚，就不能算是合格的新闻报道。

而新闻评论的传播要求则以"公正性"为基本原则，评论注重对事物进行公正的评判，认理不认人，目的在于维护社会的公平公正。新闻评论在引入事实性信息做论据或由头时不要求事实"五个W"俱全，其陈述事实的目的也不在于告诉公众发生了什么事，而是用事实来证明自己观点的正确性。新闻评论更注重时效性与时宜性的统一，很多时候新闻媒体发表新闻评论并不一味地求快，而要求在恰当的时候说合适的话，注重言当其时，讲究发言的时机，以达到良好的传播效果。新闻评论还讲求前瞻性分析与规律性认识，就是说新闻评论注重对重大事态进行科学的分析，透过现象认识其本质和把握其发展规律，进而准确地预测其发展趋势，以帮助人们未雨绸缪提前做好准备。

以下通过一个经典的案例来认识和感受新闻报道和新闻评论的显著区别。这篇新闻报道题为《被收容者孙志刚之死》，与为其配发的新闻评论《谁为一个公民的非正常死亡负责？》一起刊发在2003年4月25日出版的《南方都市报》一版上。这篇新闻报道与这篇新闻评论直接导致了我国实行了多年的收容遣送制度和机构的废除，可以说传播效果极为显著。下面是这篇报道和评论。

被收容者孙志刚之死

陈锋   王雷

2003年4月25日   《南方都市报》

3月17日：在广州街头被带至黄村街派出所

3月18日：被派出所送往广州收容遣送中转

3月18日：被收容站送往广州收容人员救治站

3月20日：救治站宣布事主不治

4月18日：尸检结果表明，事主死前72小时曾遭毒打

孙志刚，男，今年27岁，刚从大学毕业两年。

2003年3月17日晚10点，他像往常一样出门去上网。在其后的3天中，

他经历了此前不曾去过的 3 个地方：广州黄村街派出所、广州市收容遣送中转站和广州收容人员救治站。

这 3 天，在这 3 个地方，孙志刚究竟遭遇了什么，他现在已经不能告诉我们了。3 月 20 日，孙志刚死于广州收容人员救治站（广州市脑科医院的江村住院部）。

他的尸体现在尚未火化，仍然保存在殡仪馆内。

孙志刚死了

先被带至派出所，后被送往收容站，再被送往收容人员救治站，之后不治。

孙志刚来广州才 20 多天。2001 年，他毕业于武汉科技学院，之后在深圳一家公司工作，20 多天前，他应聘来到广州一家服装公司。

因为刚来广州，孙志刚还没办理暂住证，当晚他出门时，也没随身携带身份证。

当晚 11 点左右，与他同住的成先生（化名）接到了一个手机打来的电话，孙志刚在电话中说，他因为没有暂住证而被带到了黄村街派出所。

在一份《城市收容"三无"人员询问登记表》中，孙志刚是这样填写的："我在东圃黄村街上逛街，被治安人员盘问后发现没有办理暂住证，后被带到黄村街派出所。"

孙志刚在电话中让成先生"带着身份证和钱"去保释他，于是，成先生和另一个同事立刻赶往黄村街派出所，到达时已接近晚上 12 点。

出于某种现在不为人所知的原因，成先生被警方告知"孙志刚有身份证也不能保释"。在那里，成先生亲眼看到许多人被陆续保了出来，但他先后找了两名警察希望保人，但那两名警察在看到正在被讯问的孙志刚后，都说"这个人不行"，但并没解释原因。

成先生说，其中一个警察还让他去看有关条例，说他们有权力收容谁。

成先生很纳闷，于是打电话给广州本地的朋友，他的朋友告诉他，之所以警方不愿保释，可能有两种情况，一是孙志刚"犯了事"，二是"顶了嘴"。

成先生回忆说，他后来在派出所的一个办公窗口看到了孙志刚，于是偷偷跟过去问他"怎么被抓的，有没有不合作"，孙回答说"没干什么，才出来就被抓了"。成先生说，"他（孙志刚）承认跟警察顶过嘴，但他认为自己说的话不是很严重"。

警察随后让孙志刚写材料，成先生和孙志刚从此再没见过面。

第二天，孙的另一个朋友接到孙从收容站里打出的电话，据他回忆，孙在电话中"有些结巴，说话速度很快，感觉他非常恐惧"。于是，他通知孙志刚所在公司的老板去收容站保人。之后，孙的一个同事去了一次，但被告知保人手续不全，在开好各种证明以后，公司老板亲自赶到广州市收容遣送中转站，但收容站那时要下班了，要保人得等到第二天。

3月19日，孙志刚的朋友打电话询问收容站，这才知道孙志刚已经被送到医院（广州收容人员救治站）去了。在护理记录上，医院接收的时间是18日晚11点30分。

成先生说，当时他们想去医院见孙志刚，又被医生告知不能见，而且必须是孙志刚亲属才能前来保人。

20日中午，当孙的朋友再次打电话询问时，得到的回答让他们至今难以相信：孙志刚死了，死因是心脏病。

护理记录表明，入院时，孙志刚"失眠、心慌、尿频、恶心呕吐，意识清醒，表现安静"，之后住院的时间，孙志刚几乎一直"睡眠"：直到3月20日早上10点，护士查房时发现孙志刚"病情迅速变化，面色苍白、不语不动，呼吸微弱，血压已经测不到"。医生在10点15分采取注射肾上腺素等治疗手段，10分钟后，宣布停止一切治疗。孙志刚走完了他27年的人生路。

医院让孙志刚的朋友去殡仪馆等着。孙的朋友赶到殡仪馆后又过了两个小时，尸体运到。

护理记录上，孙的死亡时间是2003年3月20日10点25分。

孙志刚是被打死的

尸检结果表明：孙志刚死前几天内曾遭毒打并最终导致死亡。

医院在护理记录中认为，孙是猝死，死因是脑血管意外，心脏病突发。

在向法医提出尸检委托时，院方的说法仍是"猝死、脑血管意外"。据3月18日的值班医生介绍，孙志刚入院时曾说自己有心脏病史，据此推断孙志刚死于心脏病。但是，这个说法遭到了孙志刚家属和同学的反驳，孙志刚父亲表示，从来不知道儿子有心脏病。

同样，法医尸检的结果也推翻了院方的诊断。在中山大学中山医学院法医鉴定中心4月18日出具的检验鉴定书中，明确指出："综合分析，孙志刚符合大面积软组织损伤致创伤性休克死亡"。

虽然孙的身体表面上看不出致命伤痕，但是在切开腰背部以后，法医发现，孙志刚的皮下组织出现了厚达3.5厘米的出血，其范围更是大到60×50厘米。孙志刚生前是一个身高一米七四、肩宽背阔的小伙子，这么大的出血范围，意味着他整个背部差不多全都是出血区了。"翻开肌肉，到处都是一坨一坨的血块。"4月3日，中山大学中山医学院法医鉴定中心解剖孙志刚尸体，孙志刚的两个叔叔孙兵武和孙海松在现场目睹了解剖过程。"惨不忍睹！"孙兵武说，"尸体上没穿衣服，所以伤很明显。"

孙兵武说，他看到孙志刚双肩各有两个直径约1.5厘米的圆形黑印，每个膝盖上，也有五六个这样的黑印，这些黑印就像是"滴到白墙上的黑油漆那样明显"。孙兵武说，他当时听到一名参加尸体解剖的人说"这肯定是火烫的"。

孙兵武说，他看到在孙志刚的左肋部，有一团拳头大小的红肿，背部的伤甚至把负责尸检的医生"吓了一跳"，"从肩到臀部，全是暗红色，还有很多条长条状伤痕"。医生从背部切下第一刀，随着手术刀划动，一条黑线显现出来，切下第二刀的时候，显现出一坨坨的黑血块。

法医的检查还证明，死者的其他内脏器官没有出现问题，"未见致死性病理改变"。

法医的尸检结果表明：孙志刚死亡的原因，就是背部大面积的内伤。鉴定书上的"分析说明"还指出，孙的身体表面有多处挫擦伤，背部可以明显看到条形皮下出血，除了腰背部的大面积出血以外，肋间肌肉也可以看到大面积出血。

"从软组织大面积损伤到死亡，这个过程一般发生在72小时内。"广州市第一人民医院一名外科医生介绍："软组织损伤导致细胞坏死出血，由于出血发生在体内，所以眼睛看不见，情况严重会导致广泛性血管内融血，这一症状也被称作 DIC。DIC 是治疗的转折点，一旦发生，患者一般会迅速死亡，极难救治。所以类似的治疗，早期都以止血、抗休克为主，目的是阻止病情进入 DIC 阶段，没有发生 DIC，患者生还希望极大。"

3 月 18 日晚上 11 点 30 分，孙志刚被收容站工作人员送到医院（广州市收容人员救治站）。当天值班医生在体检病历"外科情况"一栏里的记录只有一个字："无"，"精神检查"一栏里的记录是"未见明显异常，情感适切"，初步印象判断孙志刚患有焦虑症或心脏病。

对于孙志刚背部大面积暗红色肿胀，双肩和双膝上可疑的黑点以及肋部明显的红肿，病历上没有任何记录。在采访中，当晚的值班医生承认，由于当晚天黑，没有发现孙志刚的外伤，第二天，"由于患者穿着衣服，也没有主动说有外伤"，还是没有发现孙志刚严重的外伤。

"（护理记录中）所谓的睡眠很可能是休克。"广州市第一人民医院的外科医生说："由于内脏出血，血压下降，患者会出现创伤性休克，这是发生 DIC 症状的前兆之一，应该立即采取抢救措施。"

但是护理记录上，还只是注明"（患者）本班睡眠"。

按法医的说法，孙志刚体内的大出血，是被钝物打击的结果，而且不止一次。"一次打击解释不了这么大面积的出血。"一名不愿意透露姓名的法医在看完尸检结果以后说。

从尸检结果看，孙志刚死前几天内被人殴打并最终导致死亡已是不争的事实。

更值得注意的是，孙身体表面的伤痕并不多，而皮下组织却有大面积软组织创伤，法医告诉记者，一般情况，在冬季穿着很厚的衣服的情况下，如果被打，就会出现这种情况。

而 3 月 17 日至 3 月 20 日的有关气象资料表明，广州市温度在 16℃ ~ 28℃之间，这样的天气，孙当然不可能"穿得像冬天一样"。

那 3 天，孙志刚在黄村街派出所、收容站和医院度过的最后生涯，看来远不像各种表格和记录中写得那么平静。

孙志刚该被收容吗？

有工作单位，有正常居所，有身份证，只缺一张暂住证。

接到死者家属提供的材料以后，记者走访了孙志刚临死前 3 天待过的那 3 个地方。

黄村街派出所拒绝接受采访，称必须要有分局秘书科的批准。记者赶到天河分局，在分局门外与秘书科的同志通了电话，秘书科表示，必须要有市公安局宣传处新闻科的批准。记者随后与新闻科的同志取得了联系，被告知必须先传真采访提纲。记者随后传了采访提纲给对方，但截至发稿时，尚没有得到答复。

广州市收容遣送中转站的一位副站长同样表示，没有上级机关的批准，他无法接受采访。记者随后来到广州市民政局事务处，该处处长谢志棠接待了记者。

谢志棠说，他知道孙志刚死亡一事。"收容站的工作人员都是公务人员，打人是会被开除的，而且收容站有监控录像"，谢志棠说，孙为什么被打他不清楚，但绝对不会是在收容站里被打的。在发现孙志刚不适以后，他们就立刻把孙送进了医院。

"我有百分之九十九点八的把握可以保证，收容站里是不会打人的"，谢志棠说。谢志棠还说，孙被送到收容站的时间并不长。

与广州市收容遣送中转站一样，收治孙志刚的广州市脑科医院的医教科负责人也表示，孙的外伤绝对不是在住院期间发生的。这名负责人介绍，医院内安装有录像监控装置，有专人负责监控，一旦发现打架斗殴，会立即制止。记者要求查看录像记录，该负责人表示，将等待公安部门调查，在调查结果没出来前，他们不会提供录像资料给记者。

孙志刚是被谁打死的？

民政局认为收容站不可能打人，救治站否认孙的外伤发生在住院期间，黄村街派出所拒绝接受采访。

在离开收容站前往医院时，孙志刚曾填写了一张《离站征询意见表》，他写的是：满意！感谢！感谢！

现在已经无从知晓孙志刚当时的心情，也不知道他为什么要连写两个"感谢"，是在感谢自己被收容吗？

记者在翻阅有关管理条例并征询专业人员以后，才发现，孙志刚似乎并不属于应该被收容的对象。

在广东省人民代表大会常务委员会2002年2月23日通过并已于同年4月1日实施的《广东省收容遣送管理规定》中，明确规定，"在本省城市中流浪乞讨、生活无着人员的收容遣送管理工作适用本规定"。

黄村街派出所的一位侦查员在填写审查人意见时写道："根据《广东省收容遣送管理规定》第九条第6款的规定，建议收容遣送。"

这一款是这样规定的：

第九条　有下列情形之一的人员，应当予以收容：

……（六）无合法证件且无正常居所、无正当生活来源而流落街头的；

《规定》中还明确规定："有合法证件、正常居所、正当生活来源，但未随身携带证件的，经本人说明情况并查证属实，收容部门不得收容"。

孙志刚有工作单位，不能说是"无正当生活来源"；住在朋友家中，不能说是"无正常居所"；有身份证，也不能说是"无合法证件"。

在派出所的询问笔录中，很清楚地记录着孙本人的身份证号码，但是在黄村街派出所填写的表格中，就变成了"无固定住所，无生活来源，无有效证件"。

孙志刚本人缺的，仅仅是一个暂住证。但是记者在任何一条法规中，都没查到"缺了暂住证就要收容"的规定。记者为此电话采访广州省人大法工委办公室，得到了明确的答复：仅缺暂住证，是不能收容的。

能够按广州市关于"三无"流浪乞讨人员管理的有关规定处理的，仅仅是不按规定申领流动人员临时登记证，或者流动人员临时登记证过期后"未就业仍在本市暂住的"人员。

但不知为什么，在黄村街派出所的询问笔录中，在"你现在有无固定住所在何处"和"你现在广州的生活来源靠什么，有何证明"这两个问题下面，也都注明是"无"。

成先生已经向记者证实孙志刚确实是住在他处的，此外，记者也看到了服装公司开出的书面证明，证明孙是在"2003年2月24日到我公司上班，任平面设计师一职，任职期间表现良好，为人正直，确是我……服装有限公司的工作人员"。

为何在有孙志刚签名的笔录中，他却变成了无"生活来源"呢？这现在也是个未解之谜，民政局的谢处长对此也感到很困惑，"他一个大学生，智商不会低，怎么会说自己没有工作呢？"

于是，按照询问笔录上的情况，孙志刚变成了"三无"人员，派出所负责人签名"同意收容遣送"，市（区）公安机关也同意收容审查，于是，孙志刚被收容了，最后，他死了。

孙志刚的意外死亡令他的家人好友、同学老师都不胜悲伤，在他们眼中：孙志刚是一个很好的人，很有才华，有些偏激，有些固执。孙的弟弟说，"他社会经验不多，就是学习和干工作，比较喜欢讲大道理。"

孙志刚的同班同学李小玲说，搞艺术的人都有自己的个性，孙志刚很有自己的想法，不过遇事爱争，曾经与她因为一点小事辩论过很久。

孙志刚死亡后，他的父亲和弟弟从湖北黄冈穷困的家乡赶来，翻出了孙生前遗物让记者看，里面有很多获奖证书。"他是我们家乡出的第一个大学生。"不过，现在孙的家人有点后悔供孙志刚读大学了，"如果没有读过书，不认死理，也许他也就不会死……"

谁为一个公民的非正常死亡负责？

子曰

2003 年 4 月 25 日　《南方都市报》

一个 27 岁的大学毕业生之死引起了我们的关注。

今年 3 月 17 日晚 10 点，在广州工作的孙志刚上街找网吧，没有暂住证也没带身份证的他被带进派出所，后被送到收容所，最后被转到医院。20 日晚 10 点，他死了。这一刻，距这位湖北小伙子来到广州整整 20 天。他 2001 年毕业于武汉科技学院，事发前在广州一家服装公司工作。

这是一起典型的非正常死亡案例，但死亡原因十分明确。根据中山大学医学院法医鉴定中心 4 月 18 日出具的检验鉴定书可以基本判定，孙志刚系被反复击打出血致死。虽然有关部门说孙志刚死于心脏病，但法医鉴定则说，孙志刚死亡之前内脏诸多重要器官未见致死性病理变化。

现在，一个显而易见的结论是，孙志刚要么是在派出所、收容所、医院被打的，要么就是在送往这三处途中被打的。现在，收容所的上级民政部门及相关医院在接受记者采访时明确表示，他们那里没有打孙志刚。警方则没有接受记者采访。

我们目前尚无法断定孙志刚到底是在哪一个环节被打的。但是，这并不妨碍我们追问这样一个问题：谁该为一个公民的非正常死亡负责？

具体而言，有两个问题。一个是孙志刚该不该被收容？目前收容制度受到了一些质疑甚至人大代表的批评，但是，其作为一项正在实施的制度仍然具有效力。我们的有关部门在执法时必须依法办事。根据《广东省收容遣送管理规定》，拥有有效证件、固定住所和生活来源的孙志刚根本不属于收容对象。

第二个问题是，即使孙志刚属于收容对象，谁有权力对他实施暴力？

当然，现在事实远没有水落石出。在事实没有调查清楚之前，我们对谁都无法指责，对谁的指责都是不负责任的。但是，总应该有人对孙志刚的非正常死亡负责。

令人庆幸的是，这样的个案，在我们这个依法治国的社会里毕竟属于极少数，但其恶劣的性质却不能不引起我们的警惕。

一个风华正茂的年轻人这就这样被剥夺了生命，令人扼腕叹息。但是我们在关注此事的时候，不应过分关注孙志刚的身份——一个大学毕业生，一个风华正茂的年轻人，一个拥有美好前途的年轻人，还要还原山孙志刚的普通公民身份。否则，我们就可能因为对特殊身份的义勇而淹没了对"小人物"的关怀。在强大的国家机器面前，谁不是小人物呢？谁不是普通公民呢？

以上是《南方都市报》2003 年 04 月 25 日一版对孙志刚死亡事件的新闻报道和评论。从报道的字里行间读者能读出记者对非正常死亡的孙志刚的同情以及对打人者的愤怒，但该篇报道从头到尾记者都严格恪守客观报道的原则，没有一句直接表态的议论和抒情，哪怕是孙志刚是被打死的这个判断也是借由尸检的医生之口说出的，这与后面直接发言表态的评论员文章截然不同，有非常大的区别。

第四节　新闻评论的功能与作用

这一节我们将从不同的角度来了解一下新闻评论的功能与具体作用。

一、新闻评论在大众传播中的功能

新闻评论都是在大众传播媒体上刊播的，它首先发挥着大众传播的功能。我们先来看看大众传播的功能，看看新闻评论在其中起着什么样的作用。对大众传播的功能的阐述最为权威的当属传播学四大先驱之一的美国学者拉斯韦尔在 1948 年提出的三大功能：监测环境、协调社会行为、传递社会文化遗产。后来社会学家赖特·米尔斯又补充了一个功能：提供娱乐。

（一）监测环境功能是指大众传播媒介用"新闻"不断向社会报告环境的变动，对社会而言，大众传播可以发出自然灾害等警告，促进信息流通，巩固社会规范；对个人而言，大众传播可以提高新闻人物的社会地位；对统治阶层而言，大众传播可以维持和巩固其统治地位；对文化而言，大众传播可以促进不同文化之间的交流，有利于推动各种文化的发展。

（二）协调社会行为功能是指大众传播以"宣传"聚合社会的各团体或个人对环境采取一致、有效的行动，大众传播可以激励和动员群众，提出对策，抵御有碍于社会安定的各种威胁；大众传播可以防止因报道某些事件和敏感问题造成的过度刺激；大众传播还可以将公众的注意力集中到某些事件上去，形成舆论中心。对社会和个人，都有助于对信息的摄取和利用，也可以防止受传者因信息过多而无所适从。有利于巩固统治阶级地位，防止外来文化"入侵"。

（三）传递社会文化遗产功能是指大众传播可以通过不断地"教育"使社会规范、道德标准和文化知识等精神遗产代代相传。大众传播能够把文化传递给下一代，并继续教育离开学校的成年人。对统治阶级来说，促成社会社会化是他们的一种权力扩张。对文化本身来说，可以起到促成该文化体系的一致性和标准化的作用。

（四）提供娱乐功能是指大众传播借助提供娱乐使整个社会获得休息以保持活力。这有助于把统治阶层的权力扩展到生活领域，通过各种娱乐节目使意志和信念得到充分的体现。对文化体系来说，形成了"大众文化"，也在一定程度上削弱了高雅或精英文化。

在上述大众传播的四大功能中，第一个监测环境的功能主要通过新闻报道来实现，新闻评论偶尔可以阐述下一些新闻事件的重要意义、严重危害、社会影响等，能发挥一些作用，但作用有限。而大众传播第二个协调社会行为功能的实现则主要通过新闻评论来实现，在这个功能的实现上新闻评论堪称主力，作用巨大。新闻评论可以发起号召组织公众从事公益活动进行慈善捐助等，比如，在新闻评论的鼓励和倡导下越来越多的人选择低碳生活，出行更多地乘坐地铁、公交以及共享单车，以减少碳排放量。在大众传播第三个传递社会文化遗产功能实现方面，新闻评论依然大有可为，新闻评论起码是主力之一。新闻评论可以维护和伸张社会的公平与正义，可以推动法规和道德的遵守和传承，可以促进优秀的社会精神文化遗产得以代代传承。大众传播的第四个提供娱乐功能则主要通过媒体上的娱乐节目和文化娱乐方面的文章实现，新闻评论在这方面几乎无所作为。

二、新闻评论自身发挥的社会功能

大众传播媒体上刊播的新闻评论在整个社会的发展进程中也发挥着多种重要作用，具体而言主要是四个功能。

（一）认识功能

这是指新闻评论可以帮助人们更好地认识各种事物，具体又体现在以下四个方面。

1. 新闻评论通过对事物进行抽丝剥茧的分析可以帮助人们透过现象认识事物的本质，不被事物的表象所迷惑。

2. 新闻评论可以帮助人们弄清楚事物内在的因果关系，分清主要原因和次要原因、主观原因和客观原因、内在原因和外在原因等，只有搞清楚了事物内在的因果链条，找到了问题的症结所在，才能彻底解决问题。

3. 新闻评论可以依据事物发展的规律较为准确地预测事物的发展趋势，

帮助人们看清事物的发展前景，未雨绸缪提前做好准备。

4. 好的新闻评论可以提高受众的认识能力和分析问题的水平。

下面这篇刊发于 2013 年 9 月 14 日的《环球时报》上的优秀新闻评论既帮助读者透过现象看到了事物的本质，又帮我们搞清楚了此类问题产生的深层次的根本原因，体现出了强大的认识功能。

卢浮宫假门票，折射出真形象

单仁平

2013 年 9 月 14 日　《环球时报》

法国卢浮宫发现有中国团组游客持假门票，比利时海关 8 月底还查扣了含有 3600 张假门票的中国包裹。消息经《环球时报》报道后，数万网民骂这些人把中国的脸"丢到国外了"。虽另有消息称，可能是地陪搞的鬼，那些游客或许不知情，但账都会算到中国人头上。

这类事在国内太常见，逃票、办假证、买假名牌、走后门等等，有几个中国人敢说自己一样没干过？而且现实中很少有人为此觉得"丢脸"。为什么到了国外觉得丢脸呢？其中一个重要原因是，这类事在国外相对少见，于是反衬出中国人脸上的污渍。而中国人又是极好面子的！

对待这块污渍，过去或可以涂脂抹粉遮掩一下，但现在中国人出境、外国人来华每天都几十万人次，你遮住这一块，露出那一块。实际上，"现眼"的这些人并没有损害中国形象，他们本身就是中国的一个真实形象。

遇到这类事时，有人常辩解称，这是人类的一种通病，也有外国人这么干；或者说这是社会发展阶段造成的，只要中国过了这个阶段，情况就会好转。这种看法有一定道理，但不能解释为什么在中国不守规矩的事更普遍，不能解释为什么一些比中国穷的国家，其国民的公共素质比中国还高一些。

或许我们不得不承认，中国人现代素质仍不及格，更滞后于中国的物质文明发展水平。这背后有复杂的历史文化成因，单靠经济发展显然不能彻底解决。

中国是一个文明古国，历史和文化从未中断，中国人民族性格中积极的一面和消极的一面，都有深厚的历史积淀，并产生出巨大的历史惯性。中国社会以家庭为单位的小农生产方式有着漫长的历史，在这种生产方式上形成的是宗法社会和熟人社会，民众很难产生出强烈的公共意识，对规则和法律也缺少敬畏，喜欢占"公"的便宜。这些特点与中国人的吃苦耐劳、坚韧乐观互为一体，不可分割。

如同中国有13亿人、960万平方公里一样，这种复杂的国民素质也是中国的基本国情。只有对这一点有足够的认识，才能更深理解为什么中国需要大量的城管，马路上到处是隔离带，假冒伪劣、贪污腐败层出不穷……如果不考虑到这一点，任何带着美好愿景的经济规划、制度设计，最后都只能收获失败和沮丧。

现代化归根到底是人的现代化，引进先进的设备和技术很容易，培养一小批社会精英也不难，最难的还是锻造整体国民体现在心理和行为上的现代人格。这是中国与发达国家的最大差距之一。过去100多年，不断有人对国民性进行不留情面的批判，但效果就像蚊子叮在角质层上。

不过，卢浮宫假门票事件反映出的两点新变化可让我们感到乐观些：第一，全球化带来史无前例的人员、信息、观念流动，这是一面面镜子照出中国人脸上的污渍，所有中国人都可在比较中对一些行为产生羞耻心，知耻而后改。第二，互联网时代，越来越多的丑陋行为被"网上示众"，被道德谴责。长此以往，就会在现实中形成更明确的美与丑、对与错的观念，网上的道德感最终会落地到现实中践行。

觉得丢了脸，有时是洗干净脸的一个必要前提。

（二）教育功能

这是指新闻评论可以起到教育民众提高公众的文明素养、法治观念、道德水平、科学理念的作用。这种教育功能也体现在以下四个方面。

1. 新闻评论通过对一些好人好事的分析评论、赞扬倡导，可以就事明理，唱响时代主旋律，传播社会正能量，弘扬社会正气。

2. 新闻评论通过对一些事实的分析可以重申某项法规、某个社会规则、某条道德标准等，从而倡导社会规范，推动社会文明进步。

3. 新闻评论经常从道德的角度对一些人和事进行评论，可以强化道德观念，提高公众和整个社会的道德水准。

4. 总体上，新闻媒体上的评论可以持续促进社会文明的发展进步。

下面这篇刊发于 2013 年 9 月 11 日的《扬子晚报》上的新闻评论就传播了社会正能量，弘扬了社会正气，很好地发挥了新闻评论的教育功能。

开宝马下乡教书，是富人楷模

朱海薇

2013 年 9 月 11 日　《扬子晚报》

重庆一位 30 岁的女教师开着宝马下乡教书，每周日颠簸 2.5 小时山路进山村教书，每周五再以同样方式返城，每月拿 2000 元工资，连油钱都不够。对此，她表示："这是我想做的事情，想要的生活，这是一份属于自己的工作。"(9 月 10 日《重庆晚报》)

一听说开宝马，许多人便觉得非富即贵，不是一般人。的确，这位宝马女教师还真不是一般人，她完全不为金钱而工作，她把到山村小学教书当作了人生理想，她达到了工作与人生的最高境界——这种精神值得赞扬，也值得钦佩。

长期以来，我们习惯了乡村教师必定是苦哈哈的形象，并且所有人都对苦哈哈的教师掬一把同情泪。但为什么就不可以有富裕的乡村教师呢？当然，乡村教师的工资水平很低，不可能买得起宝马，但家庭富裕，能买得起宝马的人为什么就不能成为一个优秀的乡村教师呢？的确有为富不仁的人，但这位教师不是，她是有理想有良知的富人，她能吃苦、不怕累，有资格做教师，凭什么要对她开着宝马当山村教师说风凉话呢？

这些年，我国的确有一批人先富起来了，可是这些富人还没有学会该如何在富裕的状态下生活，花天酒地，胡作非为，满世界丢人……他们在财富观、价值观上表现得极为混乱，远没有建立起与其财富相对应的文化。他们似乎只代表着名车、名媛、名牌以及霸道的作风、慈善的缺位。

目前，国内有 30 多万千万甚至亿万富翁，他们中绝对有人想"内外兼修"，想在财富、责任两端同居社会高峰，这位乡村女教师就是典范，我们应为她鼓掌。我们希望更多的富人有良知，有文化，有人生的追求和梦想。否则，只有富人、没有富人文化，那这些富人该是多么可怕！

从这个意义上说，我们希望更多的富人加入到乡村教师的行列里来，这能给乡村教育带来希望，也能给富人生活带来希望，最重要的是让"富"这个字，真正成为激励人、让人向往并且带人前进的正能量。

（三）监督功能

这是指新闻评论通过对违法乱纪的人和行为进行分析批评，可以很好地发挥舆论监督的功能。这种监督功能也体现在以下四个方面。

1. 监督权力机构，即对掌握着某些社会公权力的政府部门滥用权力的行为进行批评监督。

2. 监督公权人士，即对行使公权力的领导干部或公职人员滥用权力的行为进行批评监督。

3. 监督利益团体，即对通过滥用权力谋取部门团体私利的利益团体进行批评监督。

4. 监督社会公正，即新闻评论对不公平不公正的社会行为进行批评监督。

例如，下面这篇刊发于2020年3月4日中国青年报客户端上的新闻评论就对陕西安康中心医院在下发抗疫补助款时不公平不公正的行为进行了监督批评，很好地发挥了新闻评论的监督功能。

院长补贴比一线医生多，不能欺负老实人！

王钟的

2020年3月4日　中国青年报客户端

近日，陕西安康中心医院的一份补助公示引发广泛质疑。网友发现，院领导拿的比一线大夫，甚至支援湖北的医生都多。在名单中，该院院长和两位副院长均获41天补助，每天300元，一共12300元；而一些一线医护人员日补助标准只有200元，补助总额更是明显低于院领导。

面对医护人员的质疑和舆论的追问，该院承认存在问题，表示诚恳道歉，将重新核定一线防控人员补助，并接受社会监督。当然，反思与警惕不能到此为止，在防治新冠肺炎疫情的战斗中，让一线医护人员获得相应的荣誉和物质回报，是公众的一致呼吁，也是应有的分配公平。安康市纪委监委已成立核查组，对此事进行核查。

对于舍生忘死的医务人员，习近平总书记时刻牵挂心中，对他们的身心健康、日常生活、后勤保障等作出细致周密的安排部署。在统筹推进新冠肺炎疫情防控和经济社会发展工作部署会议上，习近平总书记强调：要关心关爱一线医务人员，落实防护物资、生活物资保障和防护措施，统筹安排轮休，加强心理疏导，落实工资待遇、临时性工作补助、卫生防疫津贴待遇，完善激励机制，帮助他们解除后顾之忧，使他们始终保持昂扬斗志、旺盛精力，持续健康投入抗疫斗争。

此次疫情发生以来，上海华山医院感染科主任张文宏发表了许多"金句"。其中，流传最广的大概就数那句"人不能欺负听话的人"。张文宏教授用大白话说出了最简单的道理。在战"疫"斗争中，那些冲锋在前的一线医护人员就是听话的"老实人"。

没有谁是天生的英雄，谁也没有资格要求另一个人做无谓的牺牲。一线医护人员任劳任怨，为了守护患者的生命安全和身体健康，冒着被感染的风险，在许多方面都做出了牺牲。这一切，归根结底是出于他们的职责感和使命感，出于他们对规则和责任敬畏的"老实"。将补助和奖励向一线医护人员倾斜，正是他们巨大付出的应有回报。

病毒传播是不以权力为界限的，抗击病毒的贡献同样不以权力大小为评价标准。谁做出了多少贡献，谁就该获得多少回报。虽然管理人员的统筹领导也很重要，但那毕竟是在后方，风险是可控的。因为新冠病毒的规律和特征仍然有待摸清，承受最大风险的就是一线医护人员，他们的贡献无疑更多，他们为防疫付出的代价也更多。

不管是在防治疫情的关键时期，还是在平时，医疗行为都要奉行尊重专业的原则，让一线医护人员起主导和支配作用。医生的业务能力，不取决于其级别的高低、官职的大小。医生的医术，也不太可能因为当了院长而更加高明。医院将绩效分配倾向于一线医护人员，从根本上说，是出于尊重专业价值的态度。

安康中心医院在回应中承认，存在对一线防控人员工作补助核定标准把握不准、审核不严等问题。人们当然希望问题迅速得到纠正，不恰当的补助分配仅仅是抗疫战争中的小插曲。在医院这样的专业价值优先的场所，权力要更懂得谦卑和克制。只有秉持"不唯上只唯实"的态度，才能消除院长多拿、一线医护少拿的思维土壤，从而更好地发挥一所医疗机构运转的效能，避免专业价值的损耗。

新冠肺炎疫情发生以来，中央到地方出台了很多暖心政策。人社部在通知中明确，对参加疫情防控一线工作的医务人员，优先晋升职称或专业技术岗位等级。国家卫健委、人社部、财政部联合发文，要求提高一线医务人员津贴标准，开通工伤认定绿色通道；多地要求疫情防控任务结束后，要通过调休、轮休、补休等方式安排一线医务人员强制休息。这些举措是对一线医护理所应当的回馈，也是对尊医重卫良好风气的有力引导。

发生在安康中心医院的事情提醒人们：要防止有人在后期的表彰和补助发放工作中浑水摸鱼，借疫情防控之机沽名钓誉。广大一线医护人员前赴后继地投入到战斗中，当然不是为了多拿一点补助、多领一张奖状。但是，如果在后期分配中人为地制造不公平，就可能让那些真正付出多的医护人员寒心，甚至会冲击伦理道德的底线。

现在仍处于抗击新冠肺炎疫情的战时状态，决不允许"摘桃"抢夺利益的现象发生。而在这场阻击疫情的战役结束以后，还要探索建立更好的医疗绩效分配体制，让一线医护人员充分获得职业满足感。毕竟，一场疫情终有结束之时，但医护人员的使命远远没有终点。

（四）协调功能

这是指新闻评论通过对事物科学冷静的分析评论和出于公心的说理解释能起到协调社会关系、缓解社会矛盾、促进问题解决的作用。这种功能也体现在以下四个方面。

1. 调节舆论温度，指新闻评论可以对过热的舆论泼一盆冷水给其降温，也可以把关注点转移到那些被大家所忽视和遗忘的重要问题上，给该舆论升温。比如，1994 年 8 月 29 日，《光明日报》刊发了题为《给商场豪华热降降温》的评论，在全国各大城市商场豪华热急剧升温之时当头泼了一盆冷水，及时敲响了警钟。

2. 平衡社会心态，指的是新闻评论可以"惩恶扬善"，维护社会公平与正义，对失职渎职滥用权力等行为进行舆论监督，一定程度上可以平衡社会大众的心态。例如，2018年5月初，成都金苹果爱弥儿幼儿园班上有位女孩（注：为四川省广安市委副书记严春风的女儿）打同学，老师将给该女孩单独安排座位的决定误发到了家长群里。随后女孩家长（注：严春风的妻子）在群里威胁说："陈老师，你马上在全班当着所有师生给严××道歉，否则我通知你们集团领导来给我解释你对严书记女儿说这话什么意思！"随后书记夫人的嚣张行为引发了众怒，严书记一家遭到了愤怒的网民的人肉搜索，多家新闻媒体进行了报道和评论，省纪委监委介入进行了调查，很快严书记涉嫌严重违纪违法被撤职查办。如央广网刊发了新闻评论《"严书记"被查非偶然　这些人都"安全"不了》、红网刊发了新闻评论《究竟是严夫人"坑夫"还是严书记"坑妻"》、《中国妇女报》刊发了新闻评论《别把"严书记"被查归因于红颜祸水》。

3. 协调社会行为，是指新闻评论可以号召、倡导、组织、协调受众做某种有益于国家、社会、公众的事情或抵制、不做某种不好的事情。例如，2013年11月20日《钱江晚报》刊发了董碧辉写的新闻评论《广场舞，别跳出边界》，结合一些地方大妈们因跳广场舞引发的冲突，倡导大妈们文明跳舞避免扰民，就起到了很好的协调公众社会行为的效果。

4. 避免传播误区，是指新闻媒体的编辑通过给新闻报道配上评论或媒体单独刊发评论提醒受众正确看待某个新闻事实或指出新闻事实本身存在的不足。例如，《中华工商时报》曾开设过一个编辑点评栏目，每周在固定的版面上编辑会选择一周来的几篇新闻，首先简单复述一下新闻的主要内容，然后进行简短的画龙点睛式的点评，常常能起到避免传播误区的作用。有一次编辑复述了日前刊发于《广州日报》上的一篇报道，该新闻特写详细报道了广州白云机场组织开展的一次反劫机演练的情况。在其后的编辑点评中编辑如是评论：新闻媒体如此详尽的报道我机场的反劫机手段，会让劫机分子们预先知道并加以防范，无疑有不小的负面效果。

三、新闻评论的特殊作用

这主要指的是新闻评论在新闻媒体上所发挥的与新闻报道所不一样的作用，主要表现为以下四个特殊作用。

（一）引导作用

指的是新闻评论运用正确的立场、观点、方法，对当前的形势、社会生活中的重大问题、重要的新闻事实、热议的社会话题等做出科学的分析，可以旗帜鲜明地赞扬先进或针砭时弊，从而帮助受众看清客观事物的发展趋势，区分是非对错，明确应该赞成什么、反对什么。

新闻评论的引导作用具体体现在以下四个方面。

1. 引导社会舆论，指新闻媒体有针对性地对一些热点现象或公众议论纷纷的事情及时发言表态，加以引导，使大家正确看待。

例如，在 2020 年 3 月中旬我国新冠肺炎疫情基本控制住，国内新增确诊病例已经很少，新增病例多数来自境外输入，主要是不少海外华人选择回国"避难"，但其中竟出现了瞒报谎报、拒绝集中隔离、对隔离条件挑三拣四提出种种无耻要求的奇葩，引发众怒。3 月 16 日晚，拉萨市广播电视台在其官方账号上发布的一则短视频引爆全网，一天不到已经获得千万点赞，近 80 万的转发量。节目中，主持人一一细数连日来全国各地出现的回国华人不配合防疫措施的奇葩新闻，怒斥这些人是自私自利的"巨婴"，只知道一味向国家和政府索取，没有为祖国人民作出任何贡献，还挑三拣四自带莫名的"高等人"优越感。主持人说："那个长期定居美国，被骂'无事居美贡税，有事回国治病'的黎女士；那个凭一己之力毁掉河南一亿人努力，不报备、不隔离，隐瞒国外旅居史，到现在都没站出来道一句歉的郭某鹏；那个不满防疫管控质问防疫人员'我欧洲回来的就这待遇'的意大利回国华人；那个回国隔离嫌条件简陋不喝开水要喝矿泉水的女留学生；还有那些提出免费治疗无耻要求的输入性病例……"对于这些"把国家当保姆，任性吃喝拿要的巨婴们"，主持人严词厉色道："国家有保护你们的责任，但没有惯着你们的义务！"这些评论很好地引导了舆论。

2. 引导实际工作，指新闻评论对各地在开展某项工作方面的好的做法加以肯定、赞扬或对某些错误的做法加以谴责、批评，从而其他地方和部门知道该怎么做或不该怎么做。

例如，2012 年 2 月 1 日《中国经济时报》刊发了评论员邓海建撰写的新闻评论《获选"贫困县"怎成特大喜讯?》，对经艰苦努力后湖南省新邵县终被评定为国家级贫困县，该县上下喜大普奔的荒谬现象进行了分析和批评，就起到了引导实际工作的作用。再如，《人民日报》的新闻小言论专栏《今日谈》曾刊发一篇评论对某地一中学年终时别出心裁为全年出全勤且未报销一分钱医疗费的老师颁发健康奖的行为大加肯定和赞扬，并号召其他企事业单位向他们学习，不妨也发发健康奖。也很好地引导了实际工作。

3. 引导社会生活，指新闻评论对老百姓日常社会中的某个行为加以赞扬或批评，从而弘扬真善美批评假恶丑。例如，2020 年 1 月 8 日《南方日报》对湖北襄阳的刘女士在微信朋友圈招聘保姆，照顾大一女儿，帮她洗衣做饭一事刊发了题为《"为大一女儿招聘保姆"有必要吗?》的新闻评论，对这种过度溺爱已经成年的孩子的不好做法进行了否定和批评，很好地引导了广大家长应该如何教育和关爱子女。

"为大一女儿招聘保姆"有必要吗?

徐曙光

2020 年 1 月 8 日 《南方日报》

近日，一则"家长招聘保姆，照顾读大一的女儿"的新闻引发热议。这位家长表示，担心没做过家务的女儿照顾不好自己，想聘请保姆替她洗衣做饭，花钱图安心，而且现在很多人这样。

也许有人会说，家长聘请保姆照顾大一女儿花的是他们自己的钱，用不着别人说三道四。笔者却认为，这种过度的保护没有必要，而且不利于孩子的成长。

当下，不少家长在教育子女方面非常矛盾，既希望孩子成为有用之才，又希望他们免受风吹雨打。所以在孩子教育方面偏重于文化课，却忽视了从小培养孩子的动手和自理能力，孩子从出生起，就生活在无微不至的关爱和细心呵护中。

然而，这样的做法会使孩子养成"饭来张口，衣来伸手"的坏习惯，导致孩子长大之后生活自理能力差、生存技能弱。"花钱图安心"只是家长的一厢情愿。家长无法呵护孩子一辈子，孩子的人生道路终究要他们自己走完。温室里长大的鲜花如果经受不住外界的风雨，怎样适应社会? 怎样参与激烈竞争？作为家长，该放手时就要放手，这对孩子的成长有利无弊。

教育家陶行知提出："生活就是教育。好生活就是好教育，坏生活就是坏教育。"无数事实证明，让孩子从小在生活中学会基本技能，掌握自理能力，经受一点磨炼，接受一些吃苦教育，能促进孩子成长成才，形成健全的人格。

4. 引导受众思想，指新闻评论通过对一些有代表性的和普遍性的新闻事实进行深入分析，阐明某种道理，使人们形成某种共识，受到思想上的启迪和教育。

例如：刊发于 2012 年 11 月 12 日《广州日报》上李龙写的这篇新闻评论《每一个诚信的坚守都令人感动》，就结合诸多新闻事实很好地告诉大家诚信的重要性，起到了引导大众讲诚信的作用。

每一个诚信的坚守都令人感动

李 龙

2012 年 11 月 12 日 《广州日报》

最近，接连发生的几件事让人颇为感动：江苏学生徐砺寒不慎弄坏了他人轿车，等车主半个小时后，留下一张道歉及赔偿联系的小纸条；武汉一餐馆突发大火，食客和店员迅速撤离，让店主想不到的是，大火扑灭后，一些食客返回买单；山西胡丙申任职局长时曾为 19 家企业和个人借贷 69 万元提供担保，后来有的企业因经营不善倒闭无法还贷，胡丙申退休后靠做小生意等赚钱累计替人还债 39 万元……

一张小小的道歉纸条，不但令车主"无比感动"和"极度震惊"，而且也让人感慨万千：在这个孩子身上，我们看到了诚信，看到了人性的美好。而一连串感人的后续也表明，社会其实并不缺乏美好，只是很多时候我们没有发现，或者发现了也只是停留于瞬时的感动，却没有将其转化为行动的推动力：被撞车主感动之余主动不让徐砺寒赔偿，一家修车行表态愿意免费为受损车主修车，这些正能量的传递，何尝不是一种道德的激励和自省？一个中学生能做到的，我们为什么不能做到？

审视当下的现实，人们时不时地陷入信任缺失的窘境，困在风雪中，有人免费送饭，司机却连车窗户都不敢打开；老板做慈善，人们也要戴着有色眼镜猜测，他们是否在炒作；一些公共事件的及时辟谣，也会招来毫无根据的否认……信任的缺失，所带来的直接后果就是对什么事都怀疑，进而拒绝真相和事实；间接的后果就是加大了社会交易成本，导致每个人都得为失信付出一定的代价。

但不管如何，一个社会总是有基本的公共价值，总是有积极向善的力量。因而，留纸条的中学生、返回买单的食客、替人还债的局长，还有那位捡包后风雪中苦等 10 小时拒收答谢金的环卫工，闪耀着的不仅是人性的光辉，更多的是对社会诚信的构建，对社会公序良俗的衡量。他们犹如一杆标尺，丈量出了诚信究竟能带来多大的感动。更进一步，在感动之余，我们当反求诸己，作为个体，对道德诚信的追求，应该是不断向上。而正是每个个体的道德向善、以诚待人，才构筑了整个社会的诚信大厦。

难能可贵的是，包括现实中不断涌现的"最美教师""最美司机""托举哥""诚信油条"，人们都会发现，在社会的各行各业、各个阶层，总有坚守诚信的敢于担当。从官员到打工者，从教师到学生，从豪车车主到普通食客，他们每一个都是"路人"，但都不约而同地用自己的行动，阐释了诚信的价值无量。

诚信不仅关乎个体的道德，而且关乎城市的精神、社会的价值取向。可喜的是，越来越多的城市将诚信明确写入城市的精神，而"建立健全覆盖全社会的征信系统"，更是从国家层面强调诚信建设的意义和重要性。有了众多个体的诚信坚守，再加上社会不断凸显的对诚信的价值取向，相信一个人人守信的信用社会很快就会实现。

（二）解惑作用

解惑作用指的是新闻评论可以通过对客观事物的具体分析，对群众最关心、最焦虑、最困惑而又议论纷纷、莫衷一是的问题，做出明确的、实事求是的、科学的解答，为受众释疑解惑。

新闻评论的解惑作用具体体现在以下四个方面。

1. 解释政策法规，指新闻评论对党和政府新出台的或修订的政策法规加以解释剖析，告诉受众为什么要出台、能解决什么问题、其依据和原理是什么、应该如何正确理解和执行。

例如，2020 年 5 月 9 日教育部公布了义务教育阶段语文、数学、英语等 6 门学科的超标超前培训负面清单（试行），为各地查处培训机构超标超前培训行为提供了具体依据。负面清单明确了义务教育阶段语文、数学、英语、物理、化学、生物学 6 门学科中存在的具体的超标超前行为。5 月 13 日《中国青年报》在二版刊发了郭慧岩写的新闻评论《减负的中小学，不该再有上不完的培训班》，就对这一新规进行了详细的解读，告诉我们如何正确理解和执行。

2. 解读新闻事件，指新闻评论对时下发生的令人震惊和费解的新闻事件结合专业知识和相关背景进行解读，帮助人们弄清事情的来龙去脉、前因后果，以正确地理解和认识新闻事件。

例如，2020 年 2 月 23 日，在沉寂了 28 年之后，发生于 1992 年的南京医学院"3.24 杀人案"，终于在南京警方的努力之下得以告破。当天，南京市公安局发布公告称："专案组侦查取得重大破案线索，于当日凌晨抓获犯罪嫌疑人麻某某。"一起陈年旧案，为何会在 28 年调查无果的情况下，突然"取得重大破案线索"？这个问题的答案，便是科学技术的力量和警方的缜密排查。据警方披露，让犯罪嫌疑人麻某某落网的关键，是一项名为"DNA - Y 技术"的基因比对技术。在这项技术的协助之下，警方在实验室中发现：一个名为麻某侠的人在被警方盘查时留下的血样，与当年"3.24 杀人案"受害者身上留下的凶嫌 DNA 高度相符，两份 DNA 在 Y 染色体上的高度相似，说明犯罪嫌疑人是麻某侠的近亲。最终，依靠这一线索，警方一举锁定了其居住在南京的亲戚麻某钢（通报中的麻某某），麻某钢也在被捕之后供认了其当年犯下的全部罪行。《中国青年报》在 2020 年 2 月 26 日二版刊发了杨鑫宇写的新闻评论《破解悬案"急不得"》，对这一令人震惊的新闻事件进行了科学解读，既让读者弄清了这起陈年旧案是如何侦破的，又让读者理解了名为"DNA - Y 技术"的基因比对技术这一生物科学概念。

3. 分析社会现象，一般指新闻评论对某种不良的社会现象进行分析评论，针砭时弊，找出症结所在，以期有所改变。

例如，2013 年 11 月 26 日《南方都市报》上刊发的评论员才让多吉写的新闻评论《"扶不起的老太"与医保体系》，既解释清楚了"三小孩扶起摔倒老太婆，反被诬陷索赔"事件中为什么善良了一辈子的蒋老太要诬陷三个好心扶她的小孩子这个让很多人百思不得其解的问题，更解答了为什么"十三亿人竟扶不起一个跌倒老人"这个让很多人困惑的问题，非常好地发挥了新闻评论的释疑解惑作用。

"扶不起的老太"与医保体系

才让多吉

2013 年 11 月 26 日　《南方都市报》

四川达州警方近日就"三小孩扶起摔倒老太婆，反被诬陷索赔"一事称，老太蒋某某行为属于敲诈勒索，决定对她本人和其儿子给予行政拘留和罚款的处罚。网上一阵欢呼，"事件真相水落石出，三个孩子的冤屈得以昭雪"。23 日，老太蒋某某又对警方处理表示不服，申请行政复议，同时坚称是被小孩撞倒的，甚至以"全家死绝"来赌咒。

记者走访了蒋婆婆的老家渠县，认识她的村民证明"我在村里生活了四五十年，从来没听说过蒋老太有过以摔倒的方式去敲诈别人的行为"。面对扑朔迷离的信息，局外人难辨真伪。

在金钱的社会讨论道德与责任的话题，恰如与虎谋皮。今年 9 月 6 日，卫生部发布《老年人跌倒干预技术指南》，指导如何让老人"扶得起"。这"指南"是有意看错病开错方，老人"扶得起"与"扶不起"，和技术无关，与道德人性堕落有联，与医保制度有系。假如摔倒的是一位"官老爷"，无论谁去"扶"也不用担心，因为"官老爷"生疮害病有国家全包，就算他是一个"坏"人，他也没有坏的必要。谁见过大街上两人为"抢"空气打架？

看到网上对四川蒋老太兵戈血肉般的言语绞杀，突然寒心渐起，谩骂声就像一场并不高尚的穷人与穷人的厮杀；就像一场高尚的穷人与穷人的自我救赎。回首去年，媒体人石述思曾感慨："中国公务员运气就是好得惊人，竟然无人遇到跌倒老人——全是百姓面对救与不救陷入艰难抉择。"

2008 年，北京下岗男子廖丹，无力支付巨额医药费，又要维持患尿毒症妻子的生命，他伪造了公章、医院单据，让妻子"免费"接受透析。4 年之后东窗事发，他涉嫌诈骗医院 17 万元。2012 年 12 月，法院以诈骗罪判处廖丹有期徒刑 3 年，缓刑 4 年，并处罚金 3000 元。其间，廖丹获得社会各界慈善资助总计超过 150 万元。

2011 年，不到 16 岁的安徽籍少年小飞，说去赚钱给癌症晚期的父亲看病，他加入一个盗窃团伙，在鄞州区集士港镇一带 10 多天盗窃 7 次，抢劫 3 次，共抢得 300 多元。同年 9 月，鄞州法院以抢劫罪判处小飞有期徒刑 3 年零 6 个月，并处罚金 1000 元。

看到这些同样心酸的故事，我们应该冷静下来检讨一下这个社会怎么了，从被遮蔽的真实后面去理解这一群人的苦衷。对"老太太扶不起"义愤填膺，可以增加我们的道德优越感，对廖丹一往情深，可以满足我们的慈悲心，然而这一切，都不能从根本上解决我们所言的"十三亿人竟扶不起一个跌倒老人"的质疑。健康是每一个人的基本权利，如果有一天，你的健康权得不到保障，你会怎么办？

"三小孩扶起摔倒老太婆，反被诬陷索赔"的事情自然是"金钱之风"吹出的人性之恶，展现的是"坏人变老"的历史痕迹。"旧社会把人变成鬼，新社会把鬼变成人"这个经典的论述告诉我们，道德人性和社会有关，如果讨论总是热血沸腾的谴责，就像有意在用道德掩埋事实的真相。当我们的热血冷却于时间之后，一切如旧。老人依然扶不起，我们依然再次经历道德与人性的煎熬。

根据国际研究机构的统计，中国社会医疗总费用占 GDP 总量的 5% 左右，排名一百四十多位，属于医疗保障欠缺的国家。而社会医疗保障制度健全的国家占比大多在 10% 以上，更何况，我们这个微薄的 5% 左右，其中大部分还被公费医疗者占用。

剥去时间的尘埃，想想这些"医不起"的人，他们并非天生如此之"坏"，他们的悲辛、狡诈与无赖，不是来自命运的传承，而是来自社会的变迁。

我们所谓"扶不起"的另一面，是"医不起"，以及乐崩礼坏的道德崩溃。一切美丽的东西都要有所附丽，谁也没有权利去和整天饿得气息奄奄的同胞讨论道德问题。在中国，做坏人成本很低，做好人成本很高，这让道德工具调整社会行为难上加难，而这些问题的改善，首先应该从制度做起。

4. 解除思想疑虑，是指有时新闻评论可以回答人们心中百思不得其解的困惑，消除人们长久以来的思想疑虑，起到很好的解惑作用。

例如，长久以来人们习惯于将经商谋利与良心和道德对立起来，几乎所有人都认为做好事必然是损己利人的，做生意还讲良心和道德十有八九是赚不到钱的。但 2012 年 6 月 18 日《中国青年报》刊发的由评论员曹林写的一篇题为《"做好事有利可图"让道德更亲切》的新闻评论，就结合良心油条哥的真实经历告诉人们道德和获利并不是天生对立的，讲良心也可以获利丰厚，甚至名利双收，从而消除了许多人心中都存在的一个思想疑虑。其中有两段是这样写的，特摘录如下。

看英雄事迹和典型报道，常会被他们的豪言壮语所感动，但有时候，当英雄面对镜头说出的并不是什么豪言壮语，而是朴素的家常话时，同样能产生感动的力量。比如，近来被舆论赞美的"良心油条哥"，因炸油条不用废油而受赞誉。成名后的他被邀请参加第四届中国食品安全论坛并与部长们一起发表演讲，他在演讲中就没有豪言壮语，甚至低调到可能会让一些喜欢唱高调的道学家感到有损道德英雄的高大形象。

他在演讲中并没有充满崇高感地谈自己为何做出这一利他的行为，而是谈"不用废油"给自己带来的种种好处。他算了一笔账："刚开始这样做，担心成本增加会亏本，每天倒掉三四斤油20多元，每月损失四五百元，但我坚持诚信经营，明码标价，别人卖 4 块钱一斤，我卖 5 块钱一斤，没想到的是虽然成本增加了，价格上涨了，来吃早餐的人却越来越多。盈利也比原来多了四分之一。""油条哥"想通过这笔账传递一个观念：做好事是有利可图的。

(三) 表态作用

新闻评论作为新闻媒体上最主要的直截了当的发言方式，在许多时候可以代表新闻媒体对当前发生的重要事件或重大问题直接表明态度。对于全国性的重大问题和事件或国际性的事件及问题，全国性的新闻媒体还可以代表党和国家发表新闻评论，表明我们党和国家的立场和态度。

新闻评论的表态作用具体体现在以下四个方面。

1. 代表政府表态。这主要是指党和政府主办的主流媒体在一些重大事情发生时可以代表党和政府发言表态。如《人民日报》、中央电视台、中央人民广播电台可以代表党中央和国家政府表态，《陕西日报》、陕西省电视台、陕西省人民广播电台可以代表陕西省委和省政府表态。

2. 代表媒体表态。在一些重大事件或重大问题出现时，新闻媒体可以发表较高规格的新闻评论（一般是社论、本台评论、本报或本台评论员文章），以媒体的名义发言表态。

3. 代表公众表态。新闻媒体还可以站在广大公众的立场上刊播新闻评论，反映大多数人的观点和态度，这类新闻评论可以是媒体的评论员写的，也可以是选择或约请某个受众撰写的。

4. 代表个人表态。新闻媒体还可以选择刊播完全代表个人观点和态度的个人署名评论，完全表达的是作者个人的观点和态度，大多数安排在开放性的新闻评论专栏里、言论版上，或者某个知名人士在媒体上开设的个人评论专栏里。很多媒体还在后面注明：言论仅代表个人观点，文责自负。颇有点"虽然我不赞成你的观点，但我誓死捍卫你说话的权利"的味道。

例如，2020 年 3 月 23 日《人民日报》刊发的新闻评论《美方政治偏见误己害人》，就代表我们党和国家旗帜鲜明地对美国一些政客一而再地把美国新冠肺炎日益严重的责任推卸给中国的恶意抹黑言行进行痛斥和谴责，很好地发挥了新闻评论代表政府表态的作用。

美方政治偏见误己害人

钟　声

2020 年 3 月 23 日　《人民日报》

奉劝美方一些人早日放下政治偏见，主动与"政治病毒"隔离，加入全球战疫的队伍，否则只会误己害人。

新冠病毒疫情在美国蔓延，美方一些人却依然铆足劲头干着霸蛮无度、荒唐至极的勾当。为了达到把责任推卸给中方的目的，他们刻意散布"政治病毒"，充满种族歧视色彩；他们污称中方分享疫情信息不够公开、透明，恶意编造中国当为美国疫情蔓延负责的谣言，令人不齿；更有甚者，他们无理要求中方赔偿损失，简直就是放辟邪侈、诬赖成性。

事实面前，美方一些人的谬论根本不值一驳。中方从 1 月 3 日起即开始定期向美方通报疫情信息和防控举措，1月4日两国疾控中心负责人通电话，同意就信息沟通和技术协作保持密切联系。两国各部门一直保持沟通，两名美方专家参加中国—世卫组织联合专家考察组对中国进行了为期9天的考察，中方还向美方分享了疫情防控经验，双方专家进行了诊疗技术交流。3月初以来美国疫情加速蔓延，距离中方向其通报疫情已经过去两个月。美方应该扪心自问，这两个月美国到底采取了哪些防控举措？

美方一些人总该记住自己说过的话。1月25日，美国总统特朗普发推特称，中国人民一直在非常努力地遏制新型冠状病毒，美国非常欣赏中方的努力和透明度；2月7日，特朗普总统在中美两国元首通电话时积极评价中国应对疫情举措；3月13日，特朗普总统向记者表示，中方分享的数据有助于美方抗击疫情。1月27日，美国卫生部门对中国政府在疫情防控中展现的透明姿态及双方进行的卫生合作表示赞赏；1月28日，美国卫生与公众服务部部长亚历克斯·阿扎表示，中国发布新型冠状病毒的基因测序结果，这是非常了不起的，使得美国一周内就开发出病毒诊断工具。这些事实说明，根本不是中国耽误了美国，而是中国帮助了美国。美方一些人现在对中国大搞污名化，良心何在？

美方抗击疫情遇到困难，根子在他们自己。中国卓有成效的联防联控，为世界争取到宝贵的时间窗口，这是举世公认的事实。美国媒体曾细数美方各种失误：病毒检测试剂盒最初存在问题，花了近3周才找到解决办法；不同机构相互推诿扯皮；白宫一直淡化疫情威胁……美国民众反映，病毒检测价格昂贵，且条件苛刻，检测无门。美国前亚太事务助理国务卿坎贝尔直言不讳地指出："中国采取的极其严格的防疫措施给予我们很多时间，但我不确信我们有效利用了那些时间。"

中国对全球公共卫生事业尽责担当，疫情发生以来中国采取最全面、最严格、最彻底的防控举措就是明证。世卫组织多次表示，中国采取的有力措施既是在保护中国人民，也是在保护世界人民。世卫组织总干事高级顾问艾尔沃德表示，中国采取的策略改变了疫情曲线，避免了数十万人感染，"中国人民奉献很多"。其他国家发生疫情后，中国秉持人类命运共同体理念，积极提供帮助：派遣专家团队，援助抗疫物资，交流防控经验，分享诊疗方案，探讨国际合作……赞赏中国行动，敬佩中国担当，感谢中国支援，这是世界各地的主流声音。

美方行动呢？美方不但拖欠世卫组织经费，最近还计划大幅削减经费。美方先是隔岸观火，对中国采取的防控疫情措施指指点点，甚至不乏乘人之危、落井下石的举动；如今眼看美国疫情形势日趋严峻，便怨天尤人、嫁祸于人。应当警惕，美方一些人出于政治私利污蔑中国，对全球团结起来共同抗击疫情的大局有百害而无一利。

究竟谁是负责任的，谁是不肯尽责担当的，世界自有公论。正如世卫组织所强调，诋毁他国和人民所带来的危险要大于病毒本身。奉劝美方一些人早日放下政治偏见，主动与"政治病毒"隔离，加入全球战疫的队伍，否则只会误己害人。

（四）深化作用

新闻评论要尽可能地从思想、理论、政治、科学的高度提出问题、分析问题并提出解决问题的方法，而不能局限于就事论事。对于新闻报道来说，新闻评论应该起到深化报道主题的作用，要讲出事实中蕴含的道理来，让受众在看或听了新闻评论后能受到些启迪，能对事实的认识和理解更深刻。

新闻评论的深化作用具体而言表现在以下四个方面。

1. 洞察事物本质，指的是有的新闻评论能够透过事物的表象洞察事物的本质，发现藏在事物背后的本质、规律，帮助受众更深、更彻底的理解事物。

2. 做出理性分析，指的是新闻评论可以从感性认识上升到理性认识，对一些新闻事实进行理性分析，经过思想和理论上的提炼和升华，挖掘出其中普遍的社会意义，从全局的高度说明问题。

3. 把握普遍联系，指的是新闻评论通过对同类的多个新闻事实的比较和分析，把握其中的共性和普遍联系，得出规律性的认识，从而帮助受众更全面的认识和理解事物。

4. 指出变化规律，指的是新闻评论通过对事物进行纵向和横向的比较分析，把握住事物发展变化的规律，从而准确地预测事物的发展趋势和结局。

例如，《工人日报》在1986年11月21日曾经刊发过一篇新闻评论《和尚就是和尚》，笔调幽默而又论述深刻，读后让读者对一些社会现象有了更深的理解和认识。评论在一开始这样写道："一处香火颇盛的寺庙最近被有关部门定为副处级，于是那位主持寺庙的大和尚便俨然成了一名副处级干部。呜呼！连六根清净、看破红尘的出家人，在这一点上也未能免俗，岂不悲哉！"文章接着提到几件类似的事情，例如，中国社会科学院的一位一级研究员、国际知名学者，只是在一位中央领导同志亲自批示按副部级待遇，才解决了他的住房、用车等问题；为了住旅馆方便，有的记者、编辑只好在住宿登记单上填上"记者长""编辑长"这样的职务，等等。作者举出这些看似可笑的现象，并不是为了讲笑话，而是通过对此类社会弊端的深入分析，指出它的实质和产生的根源以及消除的办法。首先，这种现象有着深刻的阶级根源和社会根源，这种"只认官衔不认人"的现象，同人们头脑中仍然存在的封建意识有密切的关系。其次，这也是思想方法和工作方法简单化的反映，用一个标准、一刀切的形而上学观点看人论事。再次，这种情况也说明我们在许多方面的政策，包括知识分子政策尚未完全落实，评论最后作者意味深长地说："和尚就是和尚，教授就是教授，研究员就是研究员……而不再有任何注释，不管是括弧内的还是口头上的。在全社会形成这样一种观念，将是一个历史性的进步。愿这一天早日到来！"

这篇新闻评论对 20 世纪 80 年代中期我国社会普遍存在的比较严重的官本位现象，从思想、理论、历史的高度进行深入分析，不仅使读者对此类现象有了更深刻的认识，而且使读者在认识和分析问题的能力上得到提升。

再比如，2011 年 10 月 13 日广东佛山两岁小女孩小悦悦在路上被一辆面包车撞倒和碾轧，18 个路人先后经过，但都当没看见，而其间悦悦又被一辆货车碾轧过去。最终悦悦被第 19 名路人（注：58 岁的拾荒老人陈贤妹）抱到路边，后被其父母送往医院救治，但终因伤势过重不治身亡。事发后各大新闻媒体纷纷报道并评论。《人民日报》在时隔一个多月后对此事结合其他事实进行了评论，这篇题为《"守德"如何不再难?》的新闻评论很好地深化了我们对此类事件的认识。

"守德"如何不再难?

廖小言

2011 年 11 月 23 日 《人民日报》

最近,社会道德领域的一些现象给人"冰火两重天"之感。吉林长春一家小馄饨馆的店主,收下乞讨老人捡的游戏币和圆铁片,照样送上热腾腾的馄饨;河南郑州卖馒头的老太 7 年"无人售馍",顾客自觉"天下无贼",使人感到暖流涌动。而一些老人倒地之后无人救助的场景、佛山"小悦悦"事件的伤痛,又让人颇觉寒意袭来。

其实,在"冰火两重天"的表象背后,是更令人纠结的"道德两难"问题。当道德面临现实风险,我们能否为道德埋单?如果见义勇为可能付出被诬陷的司法代价,老人倒下了扶还是不扶?如果救助伤者可能因救助不当被告上法庭,孩子被撞救还是不救?当经济快速攀升,社会急剧变迁,各种出人意料的道德事件像集束炸弹轰击传统道德理念,我们又该如何坚守道德底线,重构道德世界?

这确实是横亘在我们面前的严峻挑战,只有找准这一现实问题的"题眼",才能找到破解的钥匙。一方面,馄饨店主、售馍老太同样面临道德风险,却用信任、爱心等朴素的情怀避免了"两难"处境,带来了良性的道德循环,这说明人们并不乏道德良知与勇气,个体的善行也能激发出令人敬佩的道德能量。

另一方面,一系列负面道德事件也在警醒我们,如果好人屡屡受到诬陷讹诈,如果法律在关键时刻不能站在善良这一边,如果社会心理一再被暗示行善的后果,那么人们即使在情感上渴望扶危济困,在生活中也很可能选择独善其身。"道德两难"由此向社会现实提出了迫切的课题:营造道德践行的社会环境,解除道德行为的后顾之忧。

让道德不再为难,降低行善所要付出的代价和成本,是破解"道德两难"的现实路径,也是描绘社会道德图景的基础工程。正反的事例告诉我们,道德不仅是个人的良知与修养,更是社会共同的责任与担当。这就需要执法者守护道德底线,别让常理推定淹没道德情理;需要媒体坚守社会道义,不再为吸引眼球去夸大渲染；需要公众守望社会公德，不再只是针对他人而抛开自己去做道德评判。只有这些成为常态，才能走出"道德两难"的困境。

换一个视角来看，日本作家粟良平感人肺腑的《一碗清汤荞麦面》正在长春那个小馄饨馆中，以关爱和尊重为主题上演；一些公司贴出的行善"撑腰通告"，以责任与行动为潜台词传播；山东"最美女孩"刁娜在车流中救助陌生伤者，车祸肇事者、被救者、施救者三家人互谅互帮，以良知和大爱感动了无数人。这些让人眼热的场景都在真切地告诉我们：只要更多的人站出来去修复和维护道德，就能为破解"道德两难"提供更多现实支点，让"两难"变成受助者获益、道德受鼓舞的"两全"。

"道德两难"的存在，也在提醒我们，当经济的洪流冲刷道德的堤岸，对道德的坚守与建设迫在眉睫，决不能让道德"亡羊"了才想起"补牢"，"积重"了才想起"难返"。因此，我们需要不断深入探究道德问题的演化轨迹，照亮其曲折路途，疗治其存在病症，以抓经济搞改革那样的干劲，脚踏实地致力于精神家园的建设，这样才能创造出与时代梦想相辉映的道德成果。

这篇新闻评论并没有仅止于就事论事，也没有像其他评论此事的新闻评论一样更多的进行道德谴责，而是更深地从每个碰到这种事的人究竟救与不救的道德两难以及如何破解这种道德两难展开评论。读后不但让人耳目一新，而且认识得到了升华，理解更深刻了。

第二章　中国新闻评论的演变与发展

第一节　新闻评论产生和发展的条件

新闻评论并不是自古就有的，也不是随着新闻事业同时诞生的，它是在新闻事业发展到一定的阶段后才逐步诞生的。新闻评论在世界各国诞生的时间也早晚不一，而且当前世界各国新闻评论的水平和质量也存在显著差别。可以看出，新闻评论的产生和发展取决于诸多因素和条件。认真研究各国新闻评论发展的历史，我们将制约新闻评论产生和发展的条件概括为以下三个。

一、新闻事业的产生和发展水平是制约新闻评论产生和发展的物质条件

最早的新闻评论是报纸上的新闻评论。回顾最早的新闻媒介——报纸的产生和发展史，我们可以从中找到新闻评论的源头。世界上最早的定期报刊是在 17 世纪初诞生于德意志地区的，世界公认这标志着新闻事业的正式诞生。但在最初的一个世纪的时间里报刊上都没有真正的新闻评论。一直到 18 世纪初，最早在英国的一些杂志上开始经常性地刊发新闻评论，当时有三大评论期刊名噪一时，它们是被称为"英国报业之父""英国评论之父"的丹尼尔·笛福 1704 年创办的《评论》、理查德·斯梯尔 1709 年创办的《闲谈者》、理查德·斯梯尔和约瑟夫·阿狄生 1711 年创办的《旁观者》。到了 18 世纪末，英国的一些报社建立起了社论制度，当时把报纸上的新闻评论称为

首席文字或领导文字，一般由报社采编部门的领导人撰写。美国直到 19 世纪后一些政党报纸上才开始出现新闻评论，直到 19 世纪中期廉价大众报纸蓬勃兴办后新闻评论才大量刊发。我国直到 19 世纪 70 年代才在香港的报纸上出现真正的新闻评论，1874 年年初王韬在当时已经由英国统治的香港创办《循环日报》，每日刊发评论。随着广播、通讯社、电视的发展，才逐步出现了相应的评论。

可以说，新闻事业的发展是新闻评论产生和发展的物质条件，是其前提和基础。没有新闻事业的发展，就没有新闻评论的发展；新闻评论是在新闻事业发展到一定的水平和阶段以后才产生的。而且，一般而言，一个国家新闻评论的水平是与这个国家新闻事业的水平基本一致的，一个国家新闻事业的水平越高其新闻评论的水平也相应地越高。

二、近代政治、思想的进步与活跃，是新闻评论产生和发展的精神条件

虽然说新闻事业的产生和发展是新闻评论产生和发展的物质条件，但我们研究各国的新闻史会发现新闻评论都没有随新闻事业同时产生，一般都是要晚于新闻事业不短的时间才诞生的，而且新闻评论的发展水平与新闻事业的水平也并不那么一致。这是由于新闻评论不仅受新闻事业这个物质条件的制约，而且其产生和发展与政治思想这个精神因素也有极大的关系。一般而言，只有在政治思想较为民主、自由、宽容的情况下才可能产生和更好地发展。

比如，我国是世界上最早出现报纸的国家，有实物为证我国在唐代就有了邸报，以后各朝代基本都有报纸，但所有这些报纸都只传播消息而从不发表评论，这是因为封建统治者根本不允许这些报纸评论。而在其他各国情况也大抵如此，在封建统治时代就算有报纸也是只被允许传播消息，不允许发表评论。这种情况在那些完成了资产阶级革命的国家早期也依然没有根本改变，还是没有出现新闻评论。比如，被认为是西方资本主义鼻祖的英国在 1688 年就完成了"光荣革命"，建立了君主立宪制的资本主义国家，但也是到了 1704 年才出现了《评论》杂志，开始刊发评论，直到 18 世纪末一些报社才建立了社论制度，经常性地刊发新闻评论。其他陆续完成资本主义革命

的国家报刊上出现新闻评论的时间就更晚了。究其原因就是因为这些国家当时思想还不够活跃，政治上还不够开明。所以，新闻评论未能与新闻事业同时诞生，是由于新闻评论的出现还需要思想较为活跃、言论较为自由、政治较为开明的社会环境。而且，纵观各国的新闻史，我们还可以看到：在经济发展和新闻事业水平相近的国家里，相对而言，哪个国家政治上更民主、思想上更包容、言论上更自由，其新闻评论水平往往也更高。所以说，思想、政治上的民主、进步与活跃，言论上自由是新闻评论产生与发展的精神条件。

三、悠久的中国古代议论文的传统是我国新闻评论产生和发展的文化渊源

新闻评论本身属于议论文的范畴，在我国它发端于古代的议论文。我国有着非常悠久的古代议论文的传统和历史，其历史几乎与有文字记载的历史一样悠久。从先秦诸子百家到唐宋八大家，再到明清，我国可以说代代都有论说文名篇佳作流传下来。这些论说文就是我国新闻评论丰厚的文化渊源。

我国最早的报刊评论就是政论文，而政论文其实就是八股文——策论的变化，策论是中国从先秦时期就大量使用的一种文体，本质上是文人论政的主要方式。我国从唐代开始进行的科举考试，其主要考试内容就是策论，到明清时期，这种策论更是发展成为格式限定非常严格的八股文。策论作为科举考试使用的主要文体，也自然成了广大读书人使用最多最熟练的一种文体，这也是我国各朝各代都有大量优秀的论说文流传下来的原因，因为策论也属于论说文的范畴。我们当今新闻媒体上大量使用的新闻评论，依然可以从古代大量优秀的论说文中汲取丰富的营养。

以上三个条件对于我们理解新闻评论的历史、现状和未来发展趋势都有重要的意义。

第二节　中国新闻评论历史的简要回顾

一、中国新闻评论的源头——古代论说文时期（1874 年前）

我国是世界上最早创办报纸的国家，有实物为证早在唐朝就有了邸报，现存的世界上仅有的年份最早的两份原始状态的报纸就是 1900 年在我国甘肃敦煌莫高窟出土的两张"进奏院状"残页，这两份都是唐代官方办的邸报，产生于公元 887 年唐僖宗光启三年，现分别收藏于英国伦敦大英图书馆和法国巴黎国立图书馆。中国唐宋元明清代都有报纸，但这些古代报纸并不是现代意义上作为大众传播媒体的报纸，它们主要传播的是官方的政务信息，而且从不刊发任何形式的评论。虽然中国在封建社会历朝历代都有大量优秀的论说文流传于世，但从未出现在古代报纸上，也没有发展成为新闻评论。1815 年，英国传教士米怜和马礼逊在邻近中国的马六甲创办了第一份中文近代报刊《察世俗每月统计传》，但其上也从未刊登过新闻评论，连新闻报道都极少。直到第二次鸦片战争结束后的 1874 年，在已经被英国占据的香港才出现了第一份经常刊发政论的中文报纸——由王韬创办的《循环日报》，由此也结束了中国没有新闻评论的时期。

在 1874 年之前，可以看作是中国新闻评论的孕育时期，也可以说是论说文时期，论说文是孕育我国新闻评论的母体。在中国，论说文迄今已有 2000 多年的历史，从先秦诸子百家，到秦汉、魏晋、唐宋、明清时期，中国的论说文可以说代代有名篇佳作。

论说文，又称议论文、说理文等，是一种直接对客观事物发表意见的文体。在这类文章中，作者主要运用逻辑思维的方式，采用逻辑推理的方法，直接发表自己对客观事物的看法和见解，"直抒己见"是其最突出的特点。

（一）先秦时期论说文中的代表作

孔子：《论语·学而》（论说文集）

孟子：《孟子·梁惠王》（论辩文集）《天将降大任于斯人也》

荀子：《劝学》《天论》《礼论》

韩非子：《五蠹》《问田》《难言》

墨子：《非攻》《尚同》《兼爱》

［例］："今有人于此，少见黑曰黑，多见黑曰白，则以此人不知白黑之辩矣；少尝苦曰苦，多尝苦曰甘，则必以此人为不知甘苦之辩矣。今小为非，则知而非之；大为非攻国，则不知非，从而誉之，谓之义：此可谓知义与不义之辩乎？是以知天下之君子也，辩义与不义之乱也。"

——《非攻》

（二）秦汉时期论说文中的代表作

李斯：《谏逐客书》

贾谊：《过秦论》、《论积贮疏》、《陈政事疏》（一称《治安策》）

晁错：《论贵粟疏》

司马迁：《史记·李将军列传》

［例］："传曰：'其身正，不令而行；其身不正，虽令不从。'其李将军之谓也！余睹李将军，悛悛如鄙人，口不能道辞。及死之日，天下知与不知，皆为尽哀。彼其忠实心诚信于士大夫也！谚曰：'桃李不言，下自成蹊。'此言虽小，可以喻大也。"

——《史记·李将军列传》

（三）唐宋时期论说文中的代表作

韩愈：《师说》《杂说》《原毁》《进学解》

柳宗元：《三戒》《天说》《封建论》《晋文公问守原议》

欧阳修：《朋党论》《与高司谏书》《醉翁亭记》《丰乐亭记》

苏洵：《六国论》《权书》《衡论》

王安石：《答司马谏议书》《游褒禅山记》

［例］：韩愈《杂说四·马说》："世有伯乐，然后有千里马。千里马常有，而伯乐不常有。故虽有名马，祗辱于奴隶人之手，骈死于槽枥之间，不以千里称也。"

二、中国新闻评论的出现与发展——报刊政论、时评时期（1874—1915年）

这个时期大体上是 1874 年到 1915 年新文化运动开始时。这个时期可以说是我国新闻评论诞生及初步发展时期。

我国近代史上第一份中文报刊《察世俗每月统记传》揭开了中国近代报刊的历史，也揭开了中国新闻评论的历史。其言论以宣传宗教教义、宣扬伦理道德为主，虽有个别接近现实的言论出现，但基本谈不上新闻性。

《东西洋考每月统记传》由普鲁士传教士郭士立 1833 年在广州创办，是外国人在中国境内出版的第一份中文近代报刊，不少评论直接触及现实矛盾，使评论开始有了一定的现实性和针对性；开设了固定的言论专栏，并在版面上做强势处理。但这些评论还不是真正的新闻评论，只是具备了部分新闻评论的特征。

（一）王韬的政论

1874 年 2 月 4 日，王韬在已经被英国占据的香港创办了《循环日报》，这是中国新闻史上第一份以政论著称的报刊，其上经常刊发的政论已经基本具备了新闻评论的主要特点。这也标志着中国的报刊上有了新闻评论，由此结束了中国没有新闻评论的历史。主编王韬也是中国第一位报刊政论家，1883 年 5 月，王韬将其撰写的报刊政论汇编为《弢园文录外编》出版，这是中国新闻史上第一本报刊政论文集，也可以称之为第一本新闻评论集。

该报始创的报刊政论文体，对近代报刊的发展产生了深远影响。王韬的政论继承和发展了我国古代论说文的传统，突破了当时桐城时文、八股程式的局限，强调文章是"载道之器"，指出"文章所贵在乎纪事抒情"，不应拘泥于章法，墨守成规。他的政论对报刊上新闻评论这一文体的形成、发展和政论文风的改观都起到了开拓和奠基的作用。

王韬的政论有以下几个特点。

1. 直抒胸臆，想写什么就写什么。王韬认为文章是"载道之器"，就是表达自己思想观点、情感态度的载体，在内容和形式上都不应该有什么限制，想写什么就写什么。

2. 很少引经据典。王韬更多的是通过政论来阐述自己的维新变法思想，常常是通过列举新近的事实来论证自己的观点，很少引经据典。他文中列举的事实虽然并不都是新闻事实，但也极少用史实，其观点很多来源于西方或受外国启发，因而也极少用中国传统的四书五经等典籍来佐证，尽管王韬有很深厚的国学功底。

3. 在体裁和表现形式上主张无所师承，想怎么写就怎么写，与当时盛行的桐城派文体和八股文形成了鲜明的对比。王韬主张"文章所贵在乎纪事抒情"，不应拘泥于章法，墨守成规，不应该像桐城派和八股文那样过于注重形式，只要能把事情说清楚、把道理讲明白、把感情很好地表达出来，怎么写都行。

4. 在评论表达方式上主要是两种：一是"设言解说"，就是先引入一段话或文字（一般是出自经典著作或著名人物的讲话），然后联系事实进行阐述生发；二是"据事评析"，就是先说一件新近发生的具体的事情，然后引出自己的观点看法，再进行分析评论。

认真分析王韬所写的政论，我们发现其评论总体而言论多评少，不管是作为论据还是评论对象的事实也不都是新近发生的，因而现实针对性和时效性不太强，有些甚至都算不上是新闻评论。但这毕竟只是国人写的最初的新闻评论，尽管存在不少瑕疵，但其首开新闻评论先河的重要作用不容否定。

（二）梁启超的政论、时评

梁启超是继王韬之后中国近代报刊史上最有影响的政论家、报人。作为资产阶级改良派最主要的报刊活动家，在他担任《时务报》总主笔期间撰写刊发的几十篇政论曾风靡一时，以《时务报》政论为代表的报章文体，成为独树一帜的"时务文体"。时人评价说"举国趋之，如饮狂泉"，"上自通都大邑，下至僻壤穷陬，无不知有新会梁氏者"。

梁启超于1898年年底"百日维新"失败后在日本创办了《清议报》，开设了《国闻短论》专栏，所刊言论具有很强的时效性和针对性，形成了时事短评及时评这两种新闻评论形式。他还在该报撰写刊发了大量社评，社论这种新闻评论体裁也初步形成。可以说梁启超以一己之力把新闻评论这一新的报刊文体大大向前推进了一步。

梁启超"时务文体"的特色他自己概括为以下三点。

1. "纵笔所至，略不检束"。就是说他的文章行文如天马行空，想到哪写到哪，不加以丝毫的约束和限制。而实际上梁启超的评论思路清晰逻辑严谨，形散而神不散，是紧紧围绕其中心论点有序展开的。

2. "务为平易畅达，时杂以俚语、韵语及外国语法"。就是说他的评论务求以平等的口吻、通俗浅显平易的语言、流畅清楚地表达，还时常夹杂着方言俗语、合辙押韵的词语以及部分外语来表情达意。梁启超在主办《时务报》时是23岁，非常年轻，这时的梁启超才思敏捷、学识渊博、忧国忧民、精通多国外语，所写的评论可以说是文采飞扬且非常新潮时尚，颇受年轻人喜爱。

3. "条理清晰，笔锋常带感情"。就是说他的评论条理分明层次清楚结构合理，字里行间饱含着爱国激情。年轻的梁启超深感中国的落后，痛恨列强对中国的侵略，一心希望通过维新变法使祖国强盛起来，加之国学功底深厚、学贯中西，写文章极快且思路清晰激情澎湃，非常难得。这一特点在其脍炙人口的名篇《少年中国说》中体现得淋漓尽致。

（三）报刊政论及其特色

政论：简单地说就是从政治角度议论新闻事件或现实问题的议论文。与现在的新闻评论有所不同的是，早期的报刊政论不太强调新闻性，也不怎么注重时效性，写法上多为设言立说，坐而论道。更多的还是在表达作者自己的政治思想和观点，以及对一些国家大事的看法等。有些联系时事比较紧密的具有较多的新闻评论的特征，有些则更接近于古代的策论。

王韬、梁启超、章太炎等人是我国报刊政论的奠基人和代表性人物。正是他们把古代的策论一步一步发展成了近代报刊上不可或缺的一种重要的文体——新闻评论。

与传统的论说文相比，政论已成为一种报刊文体，具备了现代新闻评论的许多特点，是由古代的论说文向现代新闻评论过渡时期的产物。

（四）早期时评及其特色

时评：顾名思义，就是时事评论性的文章，全称是新闻时评，又称时事评论，简称时评。它是传播者借助大众传播工具或载体对刚刚发生或发现的新闻事实、现象、问题在第一时间表达自己意愿的一种有理性有思想有知识的一种论说形式。以议论时事为主的评论，最初专指时事短评。简单地说，就是评说一件事情、一个问题或者是针对几件事情、几个问题进行评说。

19 世纪末至 20 世纪初，报刊时评在我国开始出现。1904 年 6 月 12 日，由康有为、梁启超为首的保皇派委派狄葆贤在上海创办《时报》，梁启超将其在《清议报》《新民丛报》上开创的时事短评这种新的评论文体移植到这家日报上，专门在各版设置《时评一》《时评二》《时评三》等专栏，所发评论注意与当天重大新闻相配合，篇幅短小，时效性强，一日数篇，分版设置。时评也成为《时报》的一大特点。此后，许多报纸群起效仿，时评也很快成为报纸上必不可少的一种文体。

与政论相比，时评更注意新闻性，特别是时效性，因此已经完全具备了今天的新闻评论的诸多特点。

三、中国新闻评论的成熟——报刊新闻评论大发展时期（1915—1978 年）

这个时期是报刊新闻评论体裁日益丰富、发展日渐成熟的阶段，时间上大体从 1915 年新文化运动开始一直到 1978 年我国实行改革开放前。

（一）五四运动前后报刊评论的变化

1. 报刊评论的舆论引导作用不断加强。从 1915 年新文化运动开始后，到 1919 年五四运动爆发，以及其后的几十年间，由于国内封建专制政权被辛亥革命推翻，袁世凯复辟帝制也被推翻，国内陷入军阀割据的动荡中，谋求不同救国道路的进步知识分子及各路政客纷纷运用报刊评论的形式传播新思想、新文化、介绍十月革命、传播马克思主义及西方资本主义思想等。报刊上新闻评论的数量及质量都有很大提高，其舆论引导作用也不断加强。

2. 报刊评论的体裁样式呈现出多样化的趋势。当时的报刊上已经出现了专论、代论、来论、外论等各类评论形式，就连杂文、述评等边缘文体也逐渐成为常用的报刊评论文体。可以说，短短十几年时间报刊上的新闻评论在体裁上就迅速走向了成熟与完备。

3. 报刊评论日益通俗化。新文化运动开始后，白话文和标点符号逐步得到推广，报刊也越来越注重面向普通民众。报刊评论也随之越来越多的使用白话文写作，在语言和表述方式上都发生了重大变化。具体而言，评论语言日益通俗易懂、浅显平易，表达方式上较为空洞、理论化的政论少了，贴近普通民众生活、内容具体短小的时评、述评、杂文等多了。

（二）1915 年至 1949 年代表性评论家及作品

1. 陈独秀的评论：《本志罪案之答辩书》《孔子之道与现代生活》《偶像破坏论》《劳动者的觉悟》。陈独秀既是新文化运动的发起者、领导者，也是中国共产党的缔造者和早期领导者，他在《新青年》《每周评论》等报刊上撰写发表了许多优秀的新闻评论。

2. 李大钊的评论：《最危险的东西》《新的！旧的！》《庶民的胜利》《新纪元》《我的马克思主义观》。李大钊是新文化运动的重要领导者，也是中国共产党的主要创始人之一，还是最早把俄国十月革命的消息报道给中国、把马列主义介绍到中国的人。

3. 鲁迅的杂文：《电的利弊》《我之节烈观》《战士与苍蝇》《论"费厄泼赖"应该缓行》《中国人失掉自信力了吗》。鲁迅是杰出的无产阶级革命家、民主战士、评论家，五四运动和新文化运动的重要参与者，在报刊上撰写发表了大量杂文和其他体裁的新闻评论，尤其对杂文的发展贡献卓著。

4. 邹韬奋的小言论：《肉麻的模仿》《展望》《自主外交与民众后盾》《激变》《热烈宣传与持久抗战》。邹韬奋是新中国成立前中国最杰出的新闻工作者之一，毕生从事新闻出版工作，一生主办过 7 种报刊，其所办报刊都极受普通民众欢迎，多次打破当时报刊发行量最高纪录。他也是极其出色的新闻评论家，在报刊上撰写发表了各种体裁的新闻评论数百篇。

5. 张季鸾的社评：《最低调的和战论》《读周恩来先生的信》《呜呼领袖之罪恶》《蒋介石之人生观》。张季鸾堪称当时最杰出的新闻评论大家。张季鸾主持《大公报》的新闻评论长达 15 年，在很长时间他每天下午坐着黄包车来到报社，看完大样写社评，经常挥笔而就在很短的时间里写出一篇水平极高持论公正的社论，刊登在次日出版的报纸上。他的评论，不偏激褊狭，不任性使气，其论事析理，稳健明达，不温不火，如沐清风，如饮浓茶，娓娓道来，入木三分。他从不靠笔走偏锋、哗众取宠来夺人耳目，而是以分析的透辟、说理的犀利名世。他有一副永远清新的头脑，活泼绵密而又提纲挈领的思路，更有高人一筹的见解；而一流的学识经验与文字技巧，使他不但面对国际国内纷至沓来的新闻事件，能够迅即作出反应，帮助公众了解事件背景，作出平实可靠的分析评论，甚至能在纷纭繁复的难局中，预测事件进展，指明一线出路。当时有人评论说，张季鸾为文如昌黎（韩愈），如新会（梁启超），无僻典，无奥义，以理胜，以诚胜，故感人深而影响远。这种风格，播洒于万千社评之内，如春风化雨，润物细无声，有助于造就社会上健全的判断力，有益于公众非情绪化的理性思维能力，有助于迈向一个健康的公民社会。

6. 毛泽东的评论：《一个极其重要的政策》《别了，司徒雷登》《将革命进行到底》《南京政府向何处去》《"友谊"还是侵略》。毛泽东不仅是中国共产党和中国革命的杰出领导人，也是非常优秀的评论家，他在《解放日报》《新华日报》等报刊上撰写发表了大量出色的新闻评论和新闻报道。毛泽东的评论分析深刻、旁征博引、论证有力，不仅能对形势的发展趋势做出准确的预测，而且有很强的说服力。

（三）新中国成立以来新闻评论的曲折发展

1. 1949 年至 1957 年——国民经济恢复和建设时期新闻评论的发展

从评论的内容上看，经济评论的比重明显增加。新中国成立后，中国共产党从革命党变成了执政党，党的主要任务由夺取政权转变为领导经济建设。这八年中国完成了社会主义改造，基本建成了比较完备的工业体系，国民经济不仅得以全面恢复还有了一定的发展。随着形势和主要任务的变化，报刊上的新闻评论在内容上由原来的政治、军事为主变为以经济建设为主，经济评论成为报刊上的新闻评论中比重最大的类型。

评论的议论方式上，解释型、阐述型、引导型评论明显增多。在以武装夺取政权为主要目的的战争年代，我党所办的报刊上刊发的新闻评论主要是驳斥敌人的反对政治观点的驳论型论、战型和阐述我们的立场和观点的阐述型评论。而到了新中国成立后，以经济建设为主要任务时期，新闻评论主要用以解释和阐述我们党和国家制定的各项方针政策、法律法规，以及引导广大人民群众更好地理解并贯彻执行各项方针政策，因而解释型、阐述型、引导型评论自然大幅增加，与敌人针锋相对的驳论型、论战型评论则大幅减少。

2. 1957 年至 1977 年——以阶级斗争为纲时期新闻评论的曲折发展和异变

（1）1957 年到 1960 年的坎坷时期

反右时期的报刊评论。1957 年我国发生的政治上的反右扩大化也极大地影响了报刊上的新闻评论，新闻评论一度沦为打击批判右派分子的重要工具，一些新闻评论言辞激烈、动辄上纲上线，甚至点名对右派分子进行攻击，已经超出了新闻评论应有的尺度和分寸。

"大跃进"时期的报刊评论。1958 年至 1960 年，我国政治上和经济建设上由反右进一步发展至"左"倾冒进的"大跃进运动"，全国从上到下掀起了工农业生产大干快上的热潮。工业生产中盲目乐观地提出在主要工业产品的产量方面在 15 年内赶上和超过英国，农业生产中则宣称"人有多大胆，地有多大产"。一时间我国的各级报刊上充斥着吹牛浮夸的新闻评论。新闻评论完全偏离了实事求是的原则和科学的思想指导。

（2）1960 年至 1965 年的调整时期

报刊评论的改进与发展。1960 年，党中央认识到了"大跃进"的错误，对国民经济实行了"调整、巩固、充实、提高"的方针，在政治思想方面也重回了实事求是的路线，党报新闻评论又回到了实事求是的轨道上。"大跃进"时期的大量虚假新闻和浮夸的新闻评论从报刊上消失了。新闻评论有所改进和发展，有真知灼见、真情实感的新闻评论多了，书生气、说教腔、教条主义的新闻评论少了。

邓拓等人的《燕山夜话》《三家村札记》《长短录》，是调整时期我国报刊上涌现的最优秀的几个评论家和评论专栏。1961 年 3 月 19 日，时任《人民日报》社长的邓拓以马南邨的笔名在《北京晚报》副刊上开设了杂文专栏《燕山夜话》，每周二、四刊登两次，到 1962 年 9 月 2 日结束，一共刊发了152 篇杂文。这些杂文题材广泛、旁征博引，将知识性、思想性和趣味性熔于一炉，写得引人入胜、发人深思，赢得了众多读者的喜爱。《三家村札记》则是 1961 年邓拓与吴晗、廖沫沙三人在中共北京市委理论刊物《前线》半月刊上开设的一个杂文专栏，由三人轮流执笔写作，共发表 67 篇杂文，水平和质量极高。《长短录》是《人民日报》于 1962 年 5 月 4 日在副刊上开办的一个杂文专栏，主要作者有夏衍、吴晗、孟超、廖沫沙和唐弢，办得有声有色，针砭时弊不遗余力，谈古论今包罗万象，深受读者喜爱。

在《燕山夜话》的带动下，《前线》的《三家村札记》、《人民日报》的《长短录》、《大众日报》的《历下漫话》、《云南日报》的《滇云漫谈》等杂文专栏一时涌起，有知识性、趣味性又不失新闻与时代背景的杂文品种空前活跃。

（3）1966年至1976年的灾难时期

"文化大革命"是一场给党和国家及全国人民带来严重灾难的内乱。在这场持续十年之久的浩劫中，我国报刊上的新闻评论完全背离了新闻评论实事求是的原则，是我国新闻评论史上的一次大倒退。"文化大革命"的一种重要方式是在各级党报上开展大批判，经常在报刊上刊发评论对资产阶级走资派、反动学术权威、右派分子点名进行公开批判。党报上的评论沦为"大批判"和政治斗争的工具，严重异化。

对"文化大革命"时期的新闻评论的特点，曾担任人民日报评论部主任并在1982年起为中国社会科学院研究生院新闻系的研究生们讲授新闻评论课的范荣康同志这样概括："若是从新闻评论学的角度来分析，还可以把'文革评论'称之为'四无评论'：无中生有，无需论证，无限拔高，无限上纲。"[①]范荣康在其著作《新闻评论学》中这样写道："新闻评论以新闻（事实）为评论的对象和根据，'文革评论'一反常态，没有新闻，没有事实，就大放厥词。这种无中生有的评论，炮制者含沙射影，指桑骂槐，自以为得计，读者如坠雾中，摸不着头脑。"[②] "新闻评论是通过严密的论证，把隐藏在新闻事实背后的本质性的东西揭示给读者，使读者得到启迪，受到教育的。可以说，论证是新闻评论的核心。没有论证，也就不成其为新闻评论了。'文革评论'却反其道而行之，只下结论，没有论证，因而这种评论是武断的，不讲道理的，不是靠真理去说服读者，而是靠所谓'无产阶级司令部的声音'去压服读者。"[③] "无中生有，无需论证，为无限拔高大开方便之门。凡是'无产阶

---

① 范荣康：《新闻评论学》，北京：人民日报出版社，1988年2月第1版，第146页。
② 范荣康：《新闻评论学》，北京：人民日报出版社，1988年2月第1版，第146页。
③ 范荣康：《新闻评论学》，北京：人民日报出版社，1988年2月第1版，第150页。

级司令部'看中的事情，或者过问的事情，放心大胆地去给它涂脂抹粉，准没错，哪怕是把豆腐渣说成一朵花，把臭狗屎说成三鲜汤的都是'最最最忠'的表现。"① "无限上纲是无限拔高的孪生兄弟。一手是'捧'，捧到天上去，一手是'批'，批入十八层地狱。一捧一批，形影不离，因人而异，因事而异，交替使用，组成了'文革评论'的噪音合唱。'批'的办法，就是无限上纲。用这种办法炮制出来的新闻评论，能把蚂蚁说成大象，能把芝麻说成西瓜；当然，更不用说，能把是说成非，能把白说成黑。"②

四、中国新闻评论的扩展——新闻评论的多媒体发展时期

1976 年粉碎"四人帮"以后，我党纠正了"左"倾错误，政治和思想领域开始了拨乱反正，新闻事业和新闻评论都逐步恢复了实事求是的马克思主义传统。1978 年年底，党的十一届三中全会召开后，不仅重新确定了实践是检验真理的唯一标准，而且确定了实行改革开放的重要道路。新闻评论也随同国家政治、经济、社会一起步入了发展的快车道，进入了大发展的新时期。

（一）报刊评论的丰富与发展

如果说我国的经济体制改革首先是从农村开始的，那么新闻评论的革新和发展则首先是从报刊开始的。报刊上新闻评论的丰富与发展体现在以下几个方面。

1. 评论题材的扩展。在改革开放之前我国报刊上的新闻评论在题材上基本局限在政治和经济两个领域，其他方面则很少涉及，就是在经济领域也是主要集中在农业和工业两大行业，其余行业鲜少论及。随着改革的逐步深化和经济社会的全面发展，第三产业迅猛发展，社会分工日益细化，很多新兴行业从无到有迅速发展壮大，新闻事业也有了长足的发展进步。在这样的时代背景下，新闻评论的题材有了极大的拓展，许多原来不能评论的事物现在可以评论了，许多以前没有的评论类型，如今出现了并发展壮大了，如法治新闻评论、财经新闻评论等。

---

① 范荣康：《新闻评论学》，北京：人民日报出版社，1988 年 2 月第 1 版，第 152 页。
② 范荣康：《新闻评论学》，北京：人民日报出版社，1988 年 2 月第 1 版，第 155—156 页。

2. 评论体裁的丰富。在改革开放前，我国报刊上的新闻评论体裁还是比较单调的，以"老三类"（社论、评论员文章、短评）居多，虽然偶尔也会刊发编者按语、杂文，但数量很少。改革开放后，这种情况有了很大的改变，首先是个人署名的专栏评论纷纷涌现，既有如《人民日报》一版上开设的《今日谈》这样新闻性和时效性都很强的篇幅短小的专栏小言论，也有如《中国青年报》开设的思想性较强篇幅较长的评论专栏《求实篇》。除此之外，在报刊上消失已久的新闻述评、杂文等新闻评论体裁也越来越多地出现在各报版面上。新闻评论的体裁日渐丰富多样。

3. 评论比重的增加。改革开放前的很长时间报刊上的新闻评论基本都集中在头版，其他版面上鲜见有评论，不仅数量少，而且在报刊上各种类型的文章中新闻评论的比例也很低。而改革开放后随着新闻事业的快速发展，报刊上新闻评论的数量大幅增长，不仅很多版面上都开设了不同类型的新闻评论专栏，而且编者按语、短评、述评等新闻评论也经常出现在不同的版面上，新闻评论在报刊各类文章中的比重也有了显著提高。

4. 公众参与程度的提高。报刊上开设的各种评论专栏绝大多数都是面向广大公众的开放性的公共专栏，题材广泛作者多样，其上刊发的评论大多数都来自报社外的从事各行各业的干部、群众。各报为了提高评论公众的参与度采取了很多办法，比如，栏目名称许多都很亲民，叫《群言堂》《七嘴八舌》《街谈巷议》《人民论坛》等；许多报刊版面公开向读者征集评论稿件，甚至有奖征集；许多报刊在自己的网站上给出多个评论选题，由读者投票选择确定；很多报刊还选择多条网民的留言、评论刊发在版面上。如今的报刊上刊发的新闻评论中过半都是社外人士撰写的，公众参与程度日渐提高。

5. 报刊言论版的出现。改革开放以来，随着言论的日益自由和社会越加开放和民主，很多报纸都开设了专门的言论版，每天拿出一个整版来刊发来自社会各界人士对一些社会现象、社会问题、新闻事件等的观点、看法、思考。比如，《深圳特区报》开设了言论版《群言》；《中国青年报》开设了言论版《青年话题》；《工人日报》开设了言论版《新闻评论》；《人民日报》开设了言论版《评论》。言论版的出现和发展，既是报刊重视新闻评论的表现，也是报纸发挥新闻评论的优势与广播电视媒体以及网络新媒体进行竞争的结果。在与其他类型媒体的竞争中，新闻评论是报纸非常有优势的一种拳头产品，能非常好的体现报纸的思想深度和个性特点，而且新闻评论大都具有原创性，可以避免雷同和同质化。

以下是几个言论版：

《深圳特区报》的言论版《群言》

《中国青年报》的言论版《青年话题》

《人民日报》的言论版《评论》

（二）广播电视评论的兴起与成熟

　　1980年第十次全国广播工作会议召开，首次提出广播要自己走路，更好地为社会主义现代化建设服务。自此以后我国的各级广播电台和电视台的新闻部门不再只是简单地播讲报刊上的新闻和评论，而是开始自己采制具有广播、电视特点的新闻报道和新闻评论节目，音响评论、谈话体评论、录像评论等新的具有广播、电视特点的新闻评论节目纷纷出现在电波中和荧屏上。广播电视新闻评论从20世纪80年代中期开始兴起并迅速发展壮大，到20世纪90年代中后期，广播电视新闻评论在我国已经相当成熟了。当时中央级和省级广播电视台都至少有一个颇有影响的新闻评论节目，如中央电视台的《焦点访谈》《实话实说》、中央人民广播电台的《新闻纵横》《午间杂谈》、省级广播电视台的《南京零距离》《有报天天读》等。这个阶段广播电视评论的兴起与成熟主要表现在以下几方面。

　　1. 广播电视评论时效性的提高。随着广播电视新闻节目开始探索走自己的路，各种自行采制的具有广播电视自身特点的新闻报道和新闻评论节目开始越来越多地出现在电波中和荧屏上。由于广播电视节目制作和播出时间短，这些广播电视新闻评论较之于至少也要一天才能刊发出来的报纸新闻评论时效性要高得多，有些广播电视新闻在重大事件发生时会进行现场直播和评论，或者由主持人现场分析评论或者现场连线专家学者、领导干部进行评论，其时效性远非报纸评论可以相比。

　　2. 广播电视评论独特类型的形成。随着广播电视新闻节目从20世纪80年代后开始探索走自己的路，各种自行采制的具有广播电视自身特点的新闻评论节目开始越来越多地被制作出来。面对报纸特别是电视的激烈竞争，近几十年来广播在探索适合自身特点的新闻评论样式及评论手法上进行了不懈的努力，大量谈话体和运用音响效果的新闻评论节目的出现，体现了广播新闻评论自身的特色和独特的魅力，受到了听众的广泛欢迎。

　　广播新闻评论中具有自身特点和优势的体裁主要有：广播谈话、评论员评论（主持人评论）和音响评论。（1）具体来说，广播谈话又分为漫谈式和对话式两种。漫谈式广播谈话是指采用谈话的口吻，由一个播音员或主持人（如今一般都是主持人）面对听众展开一种拟态交流，主持人既做谈话者也做听众，在叙述事实和分析议论中充分考虑听众的感受和可能提出的想法和产生的问题，在"自问自答""自说自话"中融入交流、对话的因素，使听众在收听中产生交流感和参与感，颇有点像单口相声表演，主持人在谈话中经常会说："大家可能会说了""有人可能会问了"等。这种体裁很有广播的特点和优势，颇受听众欢迎。对话式广播谈话是指由两个播音员或主持人（通常都是一男一女）对谈，一问一答、探讨交流、关照呼应，形成交流和互动，既可以活跃谈话气氛，又可以调动听众的思维，在交流与论辩中使谈话逐层深入，使听众自然而然地了解和接受评论的观点。其情境很像对口相声，两位主播一个捧哏一个逗哏。这种广播特有的新闻评论类型可以形成真正的交流和对话，现场感、真实性和感染力都很强。（2）评论员评论（主持人评论）是指由评论员（主持人）自己撰写（或参与写作）并由其自己播讲的评论，这种评论一般不直接代表媒介发言表态，更多的是以第一人称以个人名义发表看法，具有比较鲜明的个性特征，由于播讲者至少也是参与写作，表达的是自己的观点和态度，有助于使文字语言与有声语言有机结合，更准确地传达评论的内涵。此外，这类评论节目大多是现场直播，更容易发挥广播快速、灵活的优点。（3）音响评论是指在广播评论节目中除了使用播音员或主持人播讲的解说词和论述性语言外，还使用实况音响和背景音响等来辅助评论的广播特有的一种新闻评论类型。这些音响可以是伴随新闻人物或事物出现的实况音响，比如采访录音，也可以是用来说明主题、服务于内容表达而使用的资料性音响。可以说音响评论是最具有广播特点和优势的一种广播特有的新闻评论体裁。

电视新闻评论中具有自身特点和优势的体裁主要有：谈话体评论、主持人评论和电视述评。（1）电视谈话体评论一般是由记者（或主持人）主持，在演播室或其他固定场景与特定的谈话对象围绕着某一新闻事件、热点社会现象或社会话题，以访谈、座谈或论坛的方式进行交流、探讨的一种电视独有的新闻评论节目形式。根据参与人数的多少又可以分为访谈式（也称对话式）、座谈式和论坛式三种。电视访谈式评论是指由主持人（或记者）在演播室（或其他场景）与一到两个谈话对象进行访谈或对话的谈话体电视评论。在这种节目中，主持人（或记者）以提问和控场为主，访谈对象则以回答问题、表明态度、发表议论为主。节目中被约请的谈话对象一般或者是新闻当事人，或者是该领域的权威专家，或者是主管部门的领导。这种面对面的访谈使谈话者处于平等交流的气氛中，主持人和谈话者可以在有问有答的交流中对问题进行较为深入的分析评说。电视座谈式评论一般是由主持人邀请与探讨的事件、现象或话题有关的政府官员、专家学者和其他人士，在演播室就此发表意见、交流看法和进行讨论的电视谈话体评论，参与的人数大多在三人以上十人以内，交流感和互动性较强。电视论坛式评论一般是由主持人在演播室现场主持，参与者不仅包括专门邀请的谈话对象，还包括部分受邀的观众，人数常常达到几十甚至上百人。在西方国家，这类电视谈话节目被称之为"脱口秀"（Talk Show）。它与访谈式和座谈式评论的区别不仅在于人数更多，更在于现场观众的介入，这使得此类节目的人际交流感和现场参与感大幅度加强，经常会有不同观点、意见的论辩与争鸣，讨论的氛围更为活跃和热烈。

3. 广播电视评论手段的创新。在 20 世纪 80 年代中期广播电视提出走自己的路之前，我国广播电视上的新闻评论基本都是将报刊上刊发的评论拿来直接播讲，只是广播中能听到播音员字正腔圆的声音，电视上还可以看到播音员的形象而已，其评论手段与报刊没有多少区别。但从广播电视开始"自己走路"后这种情况有了很大的变化，尤其是广播电视形成了自己独特的新闻评论休裁后，其评论手段也有了很多创新。广播评论主要是借助于声音符号来传播事实性信息和意见性信息，其声音符号既包括有声语言也包括音响，广播新闻评论中使用的有声语言和音响的内涵有了很大的扩展，有声语言包括播音员或主持人的解说、议论，记者的口述，采访对象的谈话等；音响包括记者现场采录的音响和后期录制时使用的背景音响（包括音乐、音效和历史资料音响等）。评论手段较之报刊更为丰富，表现力也更强。电视评论可以使用声音、图像、字幕等多种符号对事物进行分析和评论，是一种声画兼备、视听结合的评论。其评论手段在 20 世纪 80 年代中期后也有了极大的发展，随着媒介技术的迅猛发展，电视评论综合运用画面、音响、屏幕文字和解说词、论述性语言等多种传播手段，集文字、声音与图像符号于一身，形象、生动，感染力极强。

4. 广播电视评论影响的扩大。20 世纪 80 年代中期后，随着越来越多的新闻评论类节目出现在电波中和荧屏上，广播电视新闻评论的影响也在迅速扩大，到 20 世纪 90 年代后期其影响力已经完全超越了报刊上新闻评论的影响。在各级新闻广播中大量谈话体和运用音响效果的新闻评论节目纷纷涌现，体现了广播评论自身的特点和独特的魅力，受到了大量听众的欢迎，如中央人民广播电台的《新闻纵横》《午间杂谈》栏目。央视和各地电视台更是早在 20 世纪 80 年代初开始就陆续创办了很多电视新闻评论栏目，如央视的《观察与思考》《焦点访谈》《实话实说》《面对面》《新闻 1 + 1》《新闻会客厅》等，北京电视台的《BTV 夜话》、广东电视台的《社会聚焦》、上海电视台的《新闻透视》、福建电视台的《记者观察》等。这些电视新闻评论栏目以前所未有的规模进入了电视新闻界，央视和各省市电视台纷纷成立了新闻评论部，到了 20 世纪 90 年代中期中国电视新闻评论进入了发展的高峰期和黄金期，其影响力更是一时无两。

（三）网络言论的出现

我国的四大商业门户网站（新浪、搜狐、网易、腾讯）及人民网、新华网等国家级新闻性网站基本都在 1997 年到 1998 年先后成立，此后网络作为新兴的第四大大众传播媒体迅速走入寻常百姓的日常生活。网络不同于报纸广播电视的一个显著特点是它不仅是一个刊发新闻和评论以及其他资讯的媒体，更是一个人人都可以发言和发布信息的平台，而且网络的容量是远远大于三大传统媒体容量之和的海量。网络自从 20 世纪末在我国诞生后发展迅猛，我国在短短十几年间就成了网民数量最多的国家。据中国互联网络信息中心（CNNIC）发布的第 45 次《中国互联网络发展状况统计报告》显示，截至 2020 年 3 月，我国网民规模为 9.04 亿，互联网普及率达 64.5%。伴随着网络的迅速发展，网络言论也从无到有、从少到多迅速发展起来，如今网络新闻评论的数量、水平和影响力较之报刊和广播电视新闻评论可以说是有过之而无不及，大有后来者居上之势。具体而言，网络言论的发展主要体现在以下几个方面。

1. 对传统新闻评论特征的冲击。网络新闻评论跟传统新闻评论比至少有这么几个特点和优势：首先是传播主体的广泛性，充分体现出其草根性和民主性的特征，这是一种真正来自人民并为人民所用的草根评论。其次是强烈的交互性，网络言论的广大受众是以主动而非被动的姿态共享评论的发布、传播和交流的过程的，他们既是受众也是传播者，既是评论的制作者也是发布者，在这个过程中有非常频繁的互动和交流。再次是发布更快反应更迅速，网络评论以快速反应、先声夺人见长，常常是网民看了新闻后有感而发迅速评论，后台编辑立即审核稍加处理马上发布，其发布速度之快令传统媒体望尘莫及。最后是题材更广泛、形式更多样。网络新闻评论其选题范围较之传统媒体评论更为广泛，大到国际国内大事，小到社会新闻家庭琐事都可以成为其评论对象。网络新闻评论的形式可以说是五花八门多种多样，可以用文字，也可以像广播电视一样用声音和视频，还可以使用一些网络特有的方式，如表情包、动图、跟帖等。

2. 对传统新闻评论功能的延伸。传统媒体上的新闻评论的社会功能我们将其概括为认识、监督、教育、协调四个方面，对其自身功能我们将其概括为引导、表态、解惑、深化四个方面。而网络新闻评论除了照样能发挥上述功能外，还能发挥得更好甚至更多。例如，网民对一个热点新闻事件或社会问题可以发表几万几十万甚至过百万千万的评论和观点，这既能使真理越辩越明，充分表达各方观点，也能在众人的互相启发下无限逼近事实真相，从而使正义得以伸张。再比如，同样是监督功能，无论是监督的力度还是范围，传统媒体新闻评论都无法与网络新闻评论比。可以说网络言论不仅能把传统新闻评论的功能发挥得更好，而且还能发挥出许多其发挥不了的功能。

3. 对传统新闻评论体裁的补充。传统媒体上的新闻评论体裁全都被搬到了网络上，但由于媒介技术的快速发展和更先进更丰富的表现手段，网络上不断地有新的评论体裁被创造出来。比如，博客（网民把自己日常生活、所思所想、新闻信息等发布在自己开设的网络日志里）、微博（是一种小型博客，信息字数有所限制）、跟帖、动图、恶搞视频、网络段子等，其中很多都是新闻评论。这些不断涌现的新的网络评论体裁是对传统新闻评论体裁有益的补充。

中国新闻评论的发展历程给我们这样两点启示。

第一，伴随着传播媒介、传播技术和传播方式的变革与发展，新闻评论的内涵越来越丰富，外延越来越扩大。随着社会的发展，新闻评论的题材范围越来越广越来越多，与之相应的其类型也越来越多，如财经新闻评论、法治新闻评论、体育新闻评论、教育新闻评论等；新闻评论的体裁也越来越多，从其刊播的载体分有报刊新闻评论、广播新闻评论、电视新闻评论、网络新闻评论等，从写法和特征分有社论、评论员文章、编者按语、短评、广播谈话体评论、主持人评论、电视新闻述评、杂文、跟帖、微博评论等。

第二，新闻评论由古代论说文发端，历经政论、时评、新闻评论等各个阶段，逐渐演变为纵贯古今、跨多种媒介的传播系统，成为报纸、杂志、通讯社、广播、电视、网络等大众传播媒介不可或缺的一大类传播手段。

第三节　新闻评论的发展趋势

一、融合化趋势

当前我们正处于融媒体时代，几十年来我国的新闻媒体发展经历了多媒体、新媒体、全媒体和融媒体几个不同的阶段，各种新闻媒体正在深度融合。可以说，融合化不仅是今后媒体发展的重要趋势，也是新闻报道和新闻评论发展的一大趋势。新闻评论发展的融合化趋势具体表现在以下几个方面。

（一）新闻报道与新闻评论的相互渗透与融合

新闻评论与新闻报道作为新闻媒体最基本的两种新闻表现手段，各有其自身的写作特点、要求和功能使命，两者缺一不可，也不能互相取代。不过从各大媒体新闻工作的现实情况及发展趋势来看，新闻评论和新闻报道越来越多地正在由彼此独立截然不同向相辅相成互相配合甚至相互融合发展。这种融合化的趋势表现为新闻评论与新闻报道的配合、融合、糅合三种情形。

1. 配合关系。是指新闻媒体会为一些重要的新闻报道配发新闻评论，这种配发的新闻评论有编者按语、短评、评论员文章等。由于这些新闻评论是配合和依托新闻报道而写的，其选题和由头甚至主要论据都来自所配合的新闻报道，既能大大缩减评论的篇幅，又能使评论的时效性和针对性大大增强。

由于新闻报道传播的主要是具体的、零散的、微观的事实和信息，难免片面和偏颇，而新闻评论则可以对这些事实和信息进行由此及彼、由表及里、由点到面的思考、加工和升华，从理论和实践的结合上深入挖掘其中带有普遍意义的内部联系、道理和规律，以达到深化报道、协调舆论及弥补报道的不足的作用。为新闻报道配上评论有助于增强报道的分量，有助于避免报道的负面效应，同时也提高了新闻评论自身的新闻性、指导性和说服力，两者可以说是相得益彰。例如：2020 年 1 月 13 日的《中国青年报》7 版上刊登的这篇新闻报道和为其配发的评论，就形成了很好的配合关系。

一核心期刊发"吹捧导师"论文引关注
致歉并撤稿　主编申请引咎辞职

邱晨辉　马富春

2020 年 1 月 13 日　《中国青年报》

本报北京 1 月 12 日电　近日，主题为《生态经济学集成框架的理论与实践》的两篇论文引发关注，论文于 2013 年发表在学术期刊《冰川冻土》上，用较大篇幅阐述了"导师崇高感"和"师娘优美感"。1 月 12 日，《冰川冻土》编辑部在其官方微信公号发表《撤稿声明》，郑重致歉并决定对该文撤稿。

《撤稿声明》称："日前，相关网友在微博等网络平台发表信息，质疑我刊 2013 年第 5 期刊发文章《生态经济学集成框架的理论与实践》学术性不足。我刊获悉这一情况后高度重视，经报编委会审核，决定对该文撤稿。我刊在该文刊发前审核不严，在此郑重致歉！衷心感谢相关网友的关心和批评，我们将严肃对待发表文章质量问题，杜绝类似情况再次出现。"

中青报·中青网记者在知网查询到，《生态经济学集成框架的理论与实践》作者为中国科学院寒区旱区环境与工程研究所研究员徐中民，其导师是中国科学院院士、中国科学院寒区旱区环境与工程研究所研究员程国栋，后者同时任《冰川冻土》的主编。

1 月 12 日，程国栋对媒体表示，徐中民在《冰川冻土》上发表的相关文章与《冰川冻土》的学术定位不符。作为主编，没做任何处理，应负重要责任，他已正式向领导申请引咎辞职，辞去主编的职务。

据介绍，《冰川冻土》由中国科学院寒区旱区环境与工程研究所、中国地理学会主办，是我国冰、雪、冻土和冰冻圈领域唯一的学报级学术期刊。此前，该期刊曾获中国百强报刊（2015 年）、中国精品科技期刊（2017 年）、中国国际影响力优秀学术期刊（2018 年）。

谁用国家的钱资助了"吹捧导师"论文
张　国

人们对这两篇论文的关注点不仅是其符不符合期刊学术定位，更在于作者在论文第一页标注了研究经费来源：受"国家自然科学基金重点项目（91125019）"资助。

1 月 12 日，主题为《生态经济学集成框架的理论与实践》的两篇论文在社交网站引起了讨论，主要是因为其用较大篇幅阐述了"导师崇高感"和"师娘优美感"："我们赞美导师，你是无穷的源泉，让弟子们思涌吞笔；我们依恋师娘，你有母亲的情怀，让弟子们溪中荡漾。"

作者徐中民系中国科学院寒区旱区环境与工程研究所（现已并入中科院西北生态环境资源研究院）研究员、博士生导师。在 2013 年 10 月发表的这两篇论文中，作者论述了自己的导师、著名冻土学家程国栋院士"酒量不在大小，关键是能控制"和"幽默是耳顺"的提醒，特别注明了信息来源："酒量不在大小，关键是能控制"是导师 2012 年 7 月一次晚宴上讲的——"从此之后我再没有喝多过"；"幽默是耳顺"则是导师 2012 年春节贺年卡里赠言的第 17 条，"整个贺年卡的内容我作为附录收录在文献"。

徐中民称，"这里首先探讨了美和道的问题，然后以导师和师娘的事例为例，阐述了导师的崇高感和师娘的优美感；接着，在此基础上构建了带普适性的人的发展之路"。根据他的自述，论文原题就是《论导师的崇高感和师娘的优美感》。

论文共 35 页，分为两篇，发表在中科院寒区旱区环境与工程研究所、中国地理学会主办的学术期刊《冰川冻土》上。换句话说，自家的研究员，研究自家的另一位研究员，发表在自家主办的专注冰、雪、冻土和冰冻圈研究领域的学术期刊上。论文发表 6 年多波澜不惊，直至引发关注的当天，期刊编辑部宣布撤稿。期刊主编、涉事论文"被研究对象"程国栋院士已申请辞去主编一职。

本来，一位学者有权利在学术领域自由探索。作者醉心于探索导师和师娘的家庭生活，以"处于圆上部的导师勾勒的前进的方向"为定性数据，以"处于圆下部的师娘计算的家里的柴米油盐数量"为定量数据，这属于个人研究兴趣，与他人无涉。

然而，人们对这两篇论文的关注点不仅是其符不符合期刊学术定位。

按惯例，作者在论文第一页标注了研究经费来源：受"国家自然科学基金重点项目（91125019）"资助。国家自然科学基金主要来源于中央财政拨款，这项研究有没有脱离项目设定的方向？

根据众多受资助论文和中科院寒区旱区科学数据中心等公布的信息，编号为"91125019"的基金项目，指的是"黑河流域中游水—生态—经济模型综合研究"项目，属于国家自然科学基金"黑河流域生态—水文过程集成研究"重大研究计划下的重点项目之一。2010 年启动的这项重大研究计划又称"黑河计划"，程国栋院士担任"黑河计划"专家组组长。2014 年，程国栋及其团队发表关于黑河集成研究的综述文章，作者就包括徐中民研究员。

国家自然科学基金委等机构此前公布，"黑河计划"以黑河流域为特定研究区域，预算总经费为 1.5 亿元。其中，重点项目的资助强度约为 200 万 ~300 万元。基金委项目库显示，"黑河流域中游水—生态—经济模型综合研究"项目的主持人就是徐中民。

在国家自然科学基金运行机制下，申请者需要提交项目计划书提出申请，经过同行评审通过后获得资助。按照《国家自然科学基金条例》规定，项目参与者不按照项目计划书开展研究、擅自变更研究内容或者研究计划的，会受到警告、追回资助经费等处罚。

在那些令人眼花缭乱的文字之外，这项研究与"黑河计划"有何必然联系？是否偏离了项目计划书所设定的内容？他的"91125019"号项目拿到了多少科研经费？这些问题仍需要基金管理部门、经费使用部门和所涉学者作出回答。

2. 融合关系。是指一篇新闻评论中分析评论部分与新闻性事实或信息陈述有机地融为一体，也就是作者常常在新闻评论中直接输入自己所见所闻的新鲜事实或者媒体上刚刚报道的新闻，以此作为立论的由头和依据，再缘此展开议论，有理有据，叙议结合，可大大增强新闻评论的新闻性和可信度。一般单独刊播的专栏评论、杂文经常叙议结合、新闻事实与评论分析相融合，还有新闻报道与新闻评论相互结合的新闻述评也是一边叙述报道新闻事实一边对其分析和评论，理论与实际结合、材料与观点统一、由感性认识升华到理性认识，也非常明显地显示出融合的关系和趋势。例如，2020 年 6 月 15 日《人民日报》第 13 版社会版上刊发的这篇新闻评论，新闻事实和评论分析就很好地形成了融合关系。

免费茶水　有情人生

周珊珊

2020 年 6 月 15 日　《人民日报》

小小善事，不仅能给别人带来温暖，也能慰藉自己。

每年夏天，南京某小区门口都会有一位给大家免费送茶水的老奶奶。22 年来，年年如此，从未间断。

老奶奶名叫崔传面，已经 70 岁了。今年夏天，她不仅给大伙准备了茶水，还特意带上了甘草和风油精，为过往行人解暑，也是分文不取。崔奶奶在家把开水烧好，用电风扇吹凉一些再端出门，方便路人直接喝……被人问起，她只是笑着说，大伙喝习惯了，我也送习惯了。

有网友评论说，初中写作文的时候曾引用过崔奶奶的事例，现在自己大学毕业了，崔奶奶还在坚持。这些年来，装茶水的保温桶换过十几个，门口小街巷也变成大马路，原先来喝茶的大多是菜贩、果贩，现在更多是快递小哥……时间流逝中很多东西都变了，但崔奶奶的茶水一直都在。一碗看似简单的茶水，有饱满质朴的爱意；一份看似简单的心意，能坚持 22 年实属不易。茶水为身体送上清凉，也为心灵增添了温暖。

坚守，让平凡小事不平凡。崔奶奶的茶水，触动了人心中最柔软的部分。在每个人的记忆里，或许都有这样坚持为大伙服务的身影，形式不尽相同，但人情温度却同样炙热。不禁让人想起那些一辈子帮人渡河的撑船老人、几十年翻山越岭治病救人的乡村医生。此情此景，唤起多少人向好向善的心愿。

反馈，让赠予和得到循环。享受茶水清凉的路人，也会给崔奶奶留下心意。有时是一些茶叶，有时是一些两角五角的零钱……赠茶人与喝茶人，彼此顾念，默默地形成了爱的循环。

奉献，则让行善者收获快乐。送上免费茶水，不光服务了路人，"让大家觉得南京还不错"，还令年已七旬的崔奶奶每天都很高兴。她说，"觉得找到了自己的价值"。她有退休金，生活不愁，服务他人收获的心灵快乐，让她的生活充满了价值感。

夏日里的一杯茶，雨天里的一把伞，深夜里的一盏灯……小小善事，不仅能给别人带来温暖，也能慰藉自己。我们不妨都行动起来，多做些这样的事。

3. **糅合关系**。是指在新闻评论中并不是一次性的完成事实与评论的融合，而是多次的多层次进行融合，即在提出问题、分析问题和解决问题的全过程都有两者的有机融合。这种叙议糅合的方法使用起来难度较大但效果很好，在新闻述评中比较常用，其优势就在于充分展现了新闻与评论的综合功能，在点与面的结合上开掘深度，明显地增强了新闻评论的新闻性和论证的力度。实践证明，在新闻评论写作中运用夹叙夹议的糅合手法，把具体的新闻事实与抽象的分析评论按照事物内在的逻辑层次有机地糅合，在叙事的基础上自然而然的生发议论，又在议论之中穿插叙事，有助于让受众明白结论是如何得出的，又是怎样逐步深化的。有助于新闻评论在阐明道理时有充足的依据，切实体现了材料与观点的有机结合、感性认识与理性认识的相互统一。例如，在刊发于1991年8月15日《经济日报》头版头条的这篇曾被中央党校收入辅导教材的新闻述评中，时任经济日报社工交部主任的詹国枢在述评的不同部分输入大量新闻事实和数据，夹叙夹议、事理结合，使新闻事实和评论分析多层次的糅合在一起，既把道理讲得层次分明清楚明白，又极具说服力和可信度。

少数企业"死"不了　多数企业"活"不好

詹国枢

1991 年 8 月 15 日　《经济日报》

绿野, 苗圃。

成千上万株小苗, 头碰头, 肩并肩, 密密麻麻挤在一起。空气, 严重不足, 养料, 极度匮乏, 眼见得小苗蔫蔫然日渐萎黄。

怎么办? 送气排风, 施肥浇水。效果不佳, 未见起色。

果断间苗! 把那些枝叶已经萎黄, 根须已经溃烂, 无法成材的病苗, 毅然拔除, 腾出空间。空气, 清新了, 养料, 充足了。一株株小苗伸枝展叶, 充满勃勃生机!

大自然生生不息的景观, 给予我们耐人寻味的启示: 小苗生长发育如此, 企业生存发展, 不亦如此吗?

(一)

不是我们不想让一些企业活, 而是客观环境不允许这些企业活。

那道理是明摆着的: 前几年, 投资膨胀, "经济过热", 呼啦啦你上马我开张冒出成千上万企业; 如今呢, 治理整顿, "宏观紧缩", 市场的两头——原料和产品, 再接纳不了这么多张嘴巴了。你想活, 我也要活, 咋办?"抽肥补瘦", "劫富济贫", 只好大家都窝窝囊囊憋憋屈屈地活下来。

活着虽然都活着, 效益没有了, 活力没有了, 生机也没有了。

我们先来看看棉纺业。原料, 最多只能提供 3000 万锭; 消费, 到顶也只能耗去 3000 万锭, 而现今全国棉纺厂的生产能力是多少呢? 4000 万锭! 出路两条: 如果没有 25% 的企业关停, 只能是全行业 25% 能力的闲置和效益的损失!

彩电: 全国已建生产线 167 条, 年生产能力 2000 万台, 市场容纳量最多1000 万台, 设备利用率不到 50%!

汽车: 大小汽车制造、装配厂达 2400 家, 有的年产汽车仅数百辆甚至只有几十辆。而经科学测定, 汽车制造业如要取得经济效益, 其经济规模为年产 30 万辆!

还有那大大小小星罗棋布的冰箱厂、洗衣机厂、家电厂、卷烟厂、羊毛衫厂……

曾记否，当年治理整顿我们提出了两个目标：总量紧缩和结构调整。总量紧缩的山头，已被我们攻克。

结构调整的山头，发起多次冲锋仍难以奏效。啥原因？那症结和难点，就在于我们的少数企业（尤其是国营企业）"死"不了——"风浪"来了，大家匍匐在地；"风浪"一过，全都站起身来，产业还是那些产业，结构还是那样的结构。

（二）

少数企业"死"不了，结构调整无从谈起！

少数企业"死"不了，产成品积压越来越多，达 1300 多亿元！

少数企业"死"不了，"三角债"的链条，碰到一个又一个"只吞不吐"的"黑洞"，前清后欠，越欠越多！

这还只是从企业外部看。从内部看，少数企业"死"不了，多数企业也没有生存危机，内部必然缺乏压力。而没有压力机制的企业，决不可能创造出高效益。

今年 8 月 8 日，《农民日报》披露了 1990 年度乡镇企业与国营企业经济效益对比材料：

——乡村集体企业实现利润 265.5 亿元，首次超过国营企业 246 亿的总额！

——乡村集体企业生产发展速度比上年增长 15.41%，而国营企业仅增长 1.53%！

——乡村集体企业销售利润率 5.675%，相当于国营企业 2.6% 的两倍多！

……

不用再抄录了。强烈的反差，已激不起读者新的惊讶和更多的感慨，因为"乡镇企业比国营企业活"这已是不用争辩的事实。当农民企业家鲁冠球在一次大会上自豪地预言，到 2000 年，乡镇企业无论产值还是利润都将取代国营企业，在国民经济中扮演"老大哥"角色时，听众中几乎无人持有异议。

为什么乡镇企业有那么生机盎然的活力？相对明晰的产权、灵活自如的经营机制、较少干预的企业自主权，这都是活力之源，但请别忘了更重要的一条——它已经做到了名副其实的"自负盈亏"：能活的，活得结结实实滋滋润润；不能活的，痛痛快快彻彻底底撒手"离开人世"。

在1800万乡镇企业取得远胜于国营企业经济效益的同时，1990年全国有近40万家乡镇企业被淘汰关闭！

如果我们把视野扫向全球，你会发现：

——加拿大。1990年破产企业11500家，超过1982年经济衰退时的纪录。

——美国。1990年破产企业60432家，比上年增加20%。

——英国。1991年头3个月平均每周有600多家公司破产，创同期破产最高纪录。

生生不息，新陈代谢，本是自然界万事万物生存发展的铁律，现代竞争的加剧，又进一步缩短了这生与死的更替周期。

国营企业的只能"生"不能"死"，已经使得我国经济发展的步履越来越沉重艰难。

（三）

不是不想"死"，而是不敢"死"啊！——某市一位主管工业的领导曾如此感喟。

是的，乡镇企业要关闭，那好办，牌子一摘，人员散伙，要回家的回家，该种地的种地，本姓"农"来还姓"农"，咱没话说。

国营企业就不同了。昨天还由国家发劳保发工资，今天工厂一"死"，得，没活干了，成百上千职工晾在那里，怎么安置？不又影响社会稳定吗？

职工安置，乍一看仅仅是生活安排问题，实际上它碰到的是两道难题：一是思想障碍，一是生活困难。

思想障碍，说白了就是职工思想得转过弯儿来，端了几十年的"铁饭碗"，而且几十年一直把这视为"社会主义优越性"，一旦饭碗碎了，工作没了，这弯儿要转过来的确不易。我们说："搞商品经济，有竞争就有优胜劣汰，就有企业倒闭破产。"

我们还说："搞商品经济，失业同价格、利率、税收一样，也是一种必不可少的机制和杠杆。社会主义的优越性并不在于是否存在失业现象，而在于在保持经济持续、稳定、协调发展的过程中，把失业率控制在一个合理的范围内。"这样一些在理论上早已有定论的观念，还得不断地通过舆论工具，潜移默化地渗入广大职工头脑中。"冰冻三尺，非一日之寒"，冰雪消融，亦非一日之功。

生活困难，即企业停产关闭后职工的基本生活保障。这一问题的根本解决，有待于社会保障制度的建立。令人欣慰的是，我国最大的特区海南省棋先一着，最近已出台全国第一个省级社会保障制度系列改革方案。有海南就会有广东、有上海、有北京、有全国！可以预料，社会保障制度改革，必将随着改革的深化而在全国加快推行。

尚未建立社会保障制度，职工安置是否就毫无办法了呢？答案是否定的。劣势企业被兼并，职工安置自然不成问题。就是企业倒闭破产，职工的安置，政府部门也并未完全无所作为。据统计，我国财政一年给予企业的亏损补贴已高达600亿元。倘若把其中六分之一挤出来，用于安置企业职工，变"暗养"为"明养"，也有100亿元之巨。这笔为数不小的费用，不正为我们提供了比较大的回旋余地吗？

把少数企业"搞死"，会不会影响社会稳定呢？有关人士认为，只要做到三点：一，加强舆论宣传，转好思想弯子；二，妥善安置职工，使其基本生活有保障；三，掌握适当分寸，控制一定比例，关停企业，是不会引起太大震荡的。稳定还须讲效益。牺牲效益求稳定，实不可取，保住效益求稳定，方为良策。

少数企业"死"不了，多数企业就"活"不好。——这是被无数事实证明了的无情的规律。

天时人事日相催，冬至阳生春又来。以"搞活大中企业"为中心环节的中国经济改革，已经走过坎坷不凡的12年岁月。抬头看，见前方又横亘着一座绕不过去的山头。莎士比亚名剧中哈姆雷特那震颤心灵的独白，正隐隐在我们耳畔回响：

"活着，还是死去？这是个重大问题。"

（二）不同媒介间评论样式的相互借鉴与融合

在新闻媒体不断走向融合的情况下，媒体上的新闻评论的体裁和形式也在互相借鉴、学习甚至融合。起初是广播电视把报纸上的社论、评论员文章等搬过来播讲，然后是自己摸索制作播出有广播电视特点的评论，近年来又出现了报纸模仿广播电视刊发"主持人评论"，广播电视上开始"有报天天读"了。

例如，新疆维吾尔自治区总工会的机关报《工人时报》就经常刊发这种"主持人评论"，一般由版面编辑充当主持人，就近日的某个热点事件或话题邀请几个相关人士各抒己见进行评论，最后由主持人进行总结。凤凰卫视由杨锦麟主持的《有报天天读》节目更是大受观众好评。《有报天天读》实际上是一档在电视上阅读和评论报纸上的新闻和评论的电视节目，是报纸评论和电视评论相互借鉴与融合的产物。

随着融媒体时代的到来，不同媒介间评论样式的相互借鉴与融合日益普遍，报纸借鉴学习广播电视评论形式，广播电视模仿甚至照搬报纸评论形式，网络则将报纸广播电视上的所有评论形式"一网打尽"全部拿来为我所用。各媒体上不同新闻评论体裁之间的边界越来越模糊。

（三）同一媒介不同评论体裁、样式间的穿插与融合

随着新闻事业的不断发展，同一媒介上的不同新闻评论体裁之间的边界也日渐模糊了，出现了融合的趋势。例如，报纸上的社论和评论员文章原本是两种不同的新闻评论体裁，但近年来也时常出现报社在临近发版前把社论降格为评论员文章或把评论员文章升格为社论发表的情况。原本社论一般是报社对某个重大问题或事件进行的较为官方和全面的分析评论，评论员文章则是报社对某个重大问题或事件进行的半官方半个人和侧重某个方面的分析评论。但如今报纸上这两种不同的新闻评论体裁间的区别和分野正在变得越来越模糊，尤其是在都市类报纸上。如今报纸上的社论很多都只是报纸最高规格的评论，并不一定对事物做全面的评论，它与评论员文章的区别越来越小了。再比如，中央电视台的著名新闻评论节目《新闻1＋1》，其中刊播的节目可以看作是电视新闻述评，但也完全可以看成是在新闻报道中添加了文前按语、多条文中按语和编后，就是新闻报道加新闻评论。如今在各种新闻

媒体上，新闻报道中穿插新闻评论、不同的评论体裁相互融合的情形非常普遍，这也是新闻评论融合化趋势的体现。

　　例如，在 2020 年 7 月 9 日的《人民日报》的头版头条位置，刊发了中共中央总书记、国家主席习近平给中国石油大学（北京）克拉玛依校区毕业生的回信全文及新华社发的报道，并配发了一篇评论，原本应该是配发一篇编后或者短评的，但当天的《人民日报》配发的却是一篇专栏评论。这体现出专栏评论与短评和编后体裁之间的相互融合。在近年的人民日报《今日谈》专栏中这样的用专栏评论来代替配发评论的情况已很是常见。

习近平回信寄语广大高校毕业生
把个人的理想追求融入党和国家事业之中　为党为祖国为人民多作贡献

2020 年 7 月 9 日　《人民日报》

回　信

中国石油大学（北京）克拉玛依校区的毕业生们：

　　你们好！来信收到了，得知你们 118 名同学毕业后将奔赴新疆基层工作，立志同各族群众一起奋斗，努力成为可堪大用、能担重任的西部建设者，我支持你们作出的这个人生选择。

　　这场抗击新冠肺炎疫情的严峻斗争，让你们这届高校毕业生经受了磨练、收获了成长，也使你们切身体会到了"志不求易者成，事不避难者进"的道理。前进的道路从不会一帆风顺，实现中华民族伟大复兴的中国梦需要一代一代青年矢志奋斗。同学们生逢其时、肩负重任。希望全国广大高校毕业生志存高远、脚踏实地，不畏艰难险阻，勇担时代使命，把个人的理想追求融入党和国家事业之中，为党、为祖国、为人民多作贡献。

　　各级党委、政府和社会各界要切实做好高校毕业生就业工作，采取有效措施，克服新冠肺炎疫情带来的不利影响，千方百计帮助高校毕业生就业，热情支持高校毕业生在各自工作岗位上为党和人民建功立业。

习近平

2020 年 7 月 7 日

（新华社北京 7 月 8 日电）

新华社北京 7 月 8 日电　　中共中央总书记、国家主席、中央军委主席习近平 7 月 7 日给中国石油大学（北京）克拉玛依校区毕业生回信，肯定他们到边疆基层工作的选择，对广大高校毕业生提出殷切期望。

习近平在回信中说，得知你们 118 名同学毕业后将奔赴新疆基层工作，立志同各族群众一起奋斗，努力成为可堪大用、能担重任的西部建设者，我支持你们作出的这个人生选择。

习近平指出，这场抗击新冠肺炎疫情的严峻斗争，让你们这届高校毕业生经受了磨练、收获了成长，也使你们切身体会到了"志不求易者成，事不避难者进"的道理。前进的道路从不会一帆风顺，实现中华民族伟大复兴的中国梦需要一代一代青年矢志奋斗。同学们生逢其时、肩负重任。希望全国广大高校毕业生志存高远、脚踏实地，不畏艰难险阻，勇担时代使命，把个人的理想追求融入党和国家事业之中，为党、为祖国、为人民多作贡献。

习近平强调，各级党委、政府和社会各界要切实做好高校毕业生就业工作，采取有效措施，克服新冠肺炎疫情带来的不利影响，千方百计帮助高校毕业生就业，热情支持高校毕业生在各自工作岗位上为党和人民建功立业。（回信全文另发）

习近平总书记一直非常关心高校毕业生就业工作，多次作出重要指示。中国石油大学（北京）克拉玛依校区 2016 年开始招生，435 名首届毕业生来自全国 16 个省份，目前总体就业率接近 85%，其中 118 人选择到新疆基层工作。近日，这 118 名毕业生给习总书记写信，汇报了大学四年学习和思想上的收获，表达了扎根西部、建设边疆的坚强决心。

志不求易者成，事不避难者进

向　丹

2020 年 7 月 9 日　《人民日报》

"志不求易者成，事不避难者进。" 7 月 7 日，习近平总书记给中国石油大学（北京）克拉玛依校区毕业生回信，肯定他们到边疆基层工作的选择，并寄语广大高校毕业生志存高远、脚踏实地，不畏艰难险阻，勇担时代使命，把个人的理想追求融入党和国家事业之中，为党、为祖国、为人民多作贡献。

不经风雨，不成大树；不受百炼，难以成钢。困难挑战往往是人生的"磨刀石"。困难越大，战胜困难后取得的成绩就越大；挑战越多，克服挑战后练就的本领就越强。边远地区条件艰苦，但脚踏实地、扎根基层，就能积累起受用一生的宝贵财富；脱贫攻坚任务艰巨，但想方设法发展产业、挨家挨户做好工作，就能带领更多群众过上好日子。不畏难、不服输，磨练真本领、挑起重担子，我们就能在危机中育新机、于变局中开新局。

青年向上，国家向前。这段时间以来，从 2020 珠峰高程测量登山队成功登顶，到北斗系统完成全球组网部署……每一件大事背后，都有着年轻人的奋斗身影，都彰显着年轻人的青春力量。始终保持艰苦奋斗的前进姿态，把小我融入大我，勇立潮头、奋勇搏击，就一定能在祖国最需要的地方奏响新时代的青春之歌。

二、个性化趋势

在计划经济年代，我国社会中占主导地位的是集体主义观念，从新中国成立到改革开放初期，整个社会崇尚的都是集体主义，大家更注重共性而不是个性。在这几十年中，男女老幼连服装都只有简单的几种颜色：蓝色、灰色、白色、草绿色，款式也非常单调。但到了 20 世纪 80 年代中期以后，随着改革开放的日益深化和人民群众生活水平的不断提高，中国社会的思想、观念、言论日渐开放和自由，个性和与众不同成为许多年轻人的追求。尤其到了 21 世纪后，随着网络的迅速发展，大众传播很快被分众传播、小众传播所取代，在社交媒体的助推下，个性化表达成了主流，人的个性得到了极大的彰显。在这种社会背景下，新闻评论也明显呈现出个性化的发展趋势。具体表现在以下几个方面。

（一）评论栏目的个性化

近年来，报纸上、广播中、电视上以及网络上涌现出了许多很有个性的新闻评论栏目，如：《中国青年报》的《冰点时评》，《中国劳动保障报》的《祥琦说法》，《新民晚报》的《岂有此理竟有此事》专栏；吉林人民广播电台的《记者观察》栏目，杭州人民广播电台新闻综合频率的《连线快评》栏目，嘉兴人民广播电台的《阿代快评》栏目；中央电视台的《实话实说》栏目，山东电视台的《乡村季风》栏目，北京电视台的《荧屏连着我和你》栏目等。这些评论栏目都有着鲜明的特点和个性，有些甚至是由一个人开设和主持的，烙印上了主持者独一无二的个性化印记。

再如，杨锦麟在凤凰卫视开设并主持的《有报天天读》《周刊点点评》等新闻评论节目；窦文涛在凤凰卫视开设并主持的《锵锵三人行》新闻评论节目等新闻评论节目都有着鲜明的个性色彩。

（二）评论文章（或节目）的个性化

随着越来越多的新闻评论类栏目和节目的开办，很多作家、专家、学者都开始为新闻媒体写作新闻评论了，甚至有些还从幕后走向了前台，开始主持起新闻评论栏目或节目了。这些有着很高的写作水平、专业造诣、研究能力的精英一般也有着自己鲜明的个性，他们写的评论、主持的栏目或节目自然也很有个性。

（三）评论员（或主持人）的个性化

前面提到的杨锦麟、窦文涛、崔永元，还有中央电视台的许多新闻评论员，如敬一丹、水均益、白岩松、王志、董倩等，都有着各自不同的个性。一批又一批个性鲜明的评论员不仅为新闻媒体提供了大量的优秀的与众不同的新闻评论，同时他们的个性也赋予了评论栏目和节目鲜明的个性。

三、开放化趋势

过去很长时间以来，新闻评论都是由报社主笔、主编及资深编辑、评论员执笔来写的，不要说普通受众，就是一般编辑、记者、作家都没有资格写作评论。但改革开放以来，尤其是新闻媒体越来越市场化和大众化的情况下，媒体上的新闻评论栏目和节目也越来越开放化，很多媒体更是千方百计地发动和吸引普通受众参与新闻评论的写作。这种开放化的趋势主要体现在以下四个方面：

（一）选题范围的开放性

新中国成立之前，我国基本上以报刊评论为主，少量的广播评论也基本上是拿报刊上的评论来播讲的。那时的评论选题范围基本上局限在政治、军事两个方面，经济、文化、国际、民生方面少量涉及，其他领域的选题基本上看不到。新中国成立后到改革开放前，我国新闻评论依然以报刊评论为主，广播电视评论基本没多少发展。而且，这几十年间新闻评论的选题范围扩大的不多，随着社会主要矛盾的变化，新闻评论的选题也随之变化，政治、经济方面的评论选题占多数，尤其是经济反面的选题大幅增加。由于战争已经结束，军事方面的评论选题大幅减少。但来自社会民生、文化体育、娱乐等领域的评论选题依然很少。

这种情况随着改革开放的逐步深入正迅速改变，如今新闻媒体上的评论选题可谓是包罗万象。法治评论、财经评论、体育评论、影视评论、文艺评论等，不同类型、不同领域的评论蓬勃发展、争奇斗艳，可以说有多少行业就有多少类型的新闻评论。如今，新闻评论的选题范围之广、开放程度之高可以说是前所未有，没有多少领域是不能评论的。

（二）选题方式的开放性

过去，新闻评论的选题大都是总编、主笔自己确定的，或者在编委会、编前会上讨论确定的，是个别人、小范围确定的事情。如今，新闻媒体上大多数的评论选题都已不再是由几个内部人士来确定了，而是由受众来决定。近年来，新闻媒体开设了越来越多的开放式的新闻评论专栏、专版、节目，许多评论都是受众自己写了投来的。不少媒体还在自己的网站上让网友投票决定下期的评论选题。广播电视开办的新闻评论栏目也都开通热线电话、公布电子邮箱、网址等欢迎受众提供选题和线索。

（三）议论方式的开放性

随着我国改革开放的日益深化，社会的民主自由程度在不断提高，思想文化、价值观念日趋多元化，对同一件事情往往不再只有一种解释、一个看法，不同的人会从不同的角度看待和评价同一件事。正所谓"仁者见仁智者见智"。这些看法可能都是正确的，区别只是观察问题的角度不同而已。当然，并非所有的事情都是这样可以有很多不同的看法的，在那些大是大非的问题和触及原则和底线的事情上，就只能有唯一正确的看法。

如今，很多新闻媒体的评论栏目、节目在议论方式上也日益开放，很多栏目、节目采用座谈会、论坛等各抒己见乃至争论、辩论的方式进行，经常刊播不同观点和见解的评论，让受众了解不同的观点后自己去做出判断。

（四）结论方式的开放性

如今，许多广播电视评论节目在结尾时，主持人常常并不给出结论，只是提出问题让受众去思考，或者对多种不同观点持开放态度。

例如，下面这几篇对同一件事发表的评论，不仅观点各不相同，甚至有些还截然相反、针锋相对，而且角度也多种多样，作者也职业不同、身份各异。

先来看《中国青年报》上的一篇新闻报道和编辑为其配发的编后。

博士学位近在咫尺毅然退学　再战高考为换专业

田文生

2003 年 7 月 24 日　《中国青年报》

23 岁的刘早这个暑期收到了清华大学建筑系的高考录取通知书。

这意味着刘早将在 4 年后取得清华大学的建筑学本科文凭（清华建筑系学制是 5 年，因为刘早已经拥有学士学位，可免修部分公共课程，入校后可与大二学生同学）；而此前他已经是国内某顶尖大学（注：清华大学）的"直博生"（硕博连读）。如果不是作出新的选择，他原本可以在 4 年后获得博士学位。

这位已经修完一个学期研究生课程的男孩，事隔 5 年再度参加高考的唯一目的是：要学习适合自己的专业。

"几个月前，我的同学告诉我，有一个被保送到中国最好的大学读博士的人再次回到我们学校读书，准备参加高考，当时我以为他喝醉了说胡话，于是我和他打赌，输方为对方洗两个星期的臭袜子。"重庆市长寿中学一名高中学生说，"结果我真的洗了两个星期的臭袜子。我非常佩服刘早，不是因为他很帅，不是因为他是我们学校今年的高考状元，而是因为他的勇气、他的自信、他的理性、他对自己未来的高度负责。"

化工专业非我所爱

刘早读研之后才确认，从本科学到现在的化工专业并不适合自己。

1998 年，刘早第一次参加高考，其第一志愿是浙江大学，专业志愿依次是建筑学、计算机、生物医学工程，后以 612 分的成绩，上了浙大的调档线，被该校调剂录取到化学工程与工艺系。

刘早说，本科学习强调打基础，学生对专业的了解和研究并不深入，因此他对自己的专业谈不上感兴趣，也谈不上反感。冲着保送研究生的指标、奖学金和学士学位，刘早学得很认真。在浙大，刘早的综合成绩从大二到大四一直是全班第一，还担任了该系学生党支部书记。

因为家境不是特别好，从大二开始，刘早就用奖学金和各种勤工俭学收入供自己读书，不再用家里的钱。

2002 年本科毕业后，刘早被保送到另一所大学化工反应工程专业"硕博连读"，这所大学一向被认为是中国最好的大学。刘早在该校读了一个学期，听了不少学术报告会，对专业的了解开始深入。学期即将结束时，导师给刘早定下了博士毕业论文选题——一个纯理论的学术课题。

走过一个学期，刘早渐渐发现，在化工专业学下去似乎并不是自己应该走的路。

刘早说，其实，化工专业的就业前景很不错，他的大学同学中很多人毕业后去了宝洁、强生、杜邦、通用等世界知名公司。而他在深入了解了化工专业的特点以后却发现该专业完全不适合自己：该专业，尤其是他的论文课题对数学要求很高，而数学偏偏是他的弱项；该学科需要较强的逻辑思维能力，而他却长于形象思维。他还是希望自己能够学习与实践结合得更紧密些的应用学科，而不是一直从事纯理论的学术研究。

有一个细节很能说明刘早的天赋所在：中学时他去看望上美术辅导班的同学，同学正在学素描，刘早也现场画了平生第一幅素描。没想到，辅导该班的四川美术学院的老师问刘早："你学素描多久了？"此外，中学时代，刘早的书法作品曾在全国性比赛中拿过一等奖。

针对自己的特点，刘早最中意的专业是建筑学——一门在他看来需要创造力、想象力和艺术灵感的学科。

放弃名校博士学业合不合算

刘早曾和一名建筑学教授联系，询问自己这种情况的学生能否报考建筑学的研究生。结果那位老师说，"你考吧，反正你也肯定考不上"。这让刘早意识到，搞建筑需要基础知识，需要有本科学习经历。

在对专业特点和个人情况反复进行权衡后，刘早作出决定：退学，重新参加高考。"经过认真考虑后，我认定建筑就是我终身的专业和事业，我学建筑的愿望是如此强烈，以至于决心自己即使考不上清华，我也愿意到其他大学学建筑。今年高考，我还填报了重庆大学的建筑系。现在，我更看重专业，是不是名校反而退到第二位了。""我刚有退学重新参加高考的想法时，很多同学都告诉我说这样做不划算。我的导师是在德国获得博士学位的，他用自己曾一度苦闷但最终获得成功的经历劝我慎重考虑。事实上，如果咬牙坚持，我肯定也能把化工专业学下来，但可能学得不开心。我也犹豫过，一边是令许多人羡慕的名校博士学位，一边还是未知数，重新参加高考我未必就能考上这样的名校。"刘早说，"但经历了并不太长时间的认真思考后，我选择了退学。对于这个决定，我有着清晰的认识，相信自己的能力在建筑学领域能够得到更好的体现。我真正作出了这个决定，也就很少有人反对我了。"

今年3月，刘早回到自己的高中母校——重庆市长寿中学学习，随后参加高考，以644分的高分实现了进入清华大学建筑系的愿望。

希望后来人不再盲目选志愿

"兜了5年的圈子，现在能如愿以偿地开始学建筑，我很幸运。"刘早坚持认为，过去的5年不是遗憾，相反，那是自己的一笔财富："除了学习成绩外，我锻炼了能力，增加了社会阅历，多结交了朋友；作为一名工科学生，我的思维也变得更加缜密严谨……"

经过这番曲折才找到自己喜欢并适合的专业，刘早把主要原因归于高考填报志愿时的无知和盲目。这也是促使他愿意公开自身经历的原因，刘早希望以后的中学生不要再像他一样兜个大圈之后才明白什么是自己想要的。

刘早认为，在高中阶段，很少有学生能真正了解自己的优势劣势所在，也未必知道自己以后究竟适合学什么专业、干什么职业，所以高考填报志愿多是盲目的。同时，高考报志愿时，学生获取的信息量太少，他们对大学和专业的认识，往往是肤浅甚至错误的，基于这些信息难以负责任地作出可能影响一生的选择；社会上也往往热炒某些时髦专业，极易形成误导，影响学生的判断。

总结自己这5年的经历，刘早想提醒后来人，在高考志愿选择方面，什么都比不上自己喜欢和适合重要。"其实，想换专业的大学生挺多的。"重庆师范大学一名大学生听说了刘早的经历后感慨，"高考志愿填报就像恋爱结婚，有的人在填报志愿时就选择了最适合自己的专业，也考上了这个专业，这样的'恋爱'和'婚姻'肯定很幸福；但有的是'拉郎配'，对对方并不怎么了解，由于种种原因而走到了一起，这其中有的人经过调整还会过得很好，但有的人却无法作出这种调整，只能是要么终生郁闷，要么干脆'离婚'。关键是最初就要选择正确的对象，可是，我们怎么才能找到自己真正的'意中人'？"（刘早系化名）

编后

刘早和他的选择让我们惊讶。我们知道有很多大学生不喜欢自己的专业。为了改变专业，有人考研，有人辅修，也有人毅然决然退学再次参加高考，但像刘早这样，在名校的博士学位已经唾手可得，后面的深造、就业肯定也是一路坦途的时候，放弃这似锦的前程的人还是凤毛麟角。可刘早就是能为了从事自己喜欢的专业，宁愿从头开始。更何况，以后究竟如何，对他还是未知数。

现在又正值高考录取之时，许多考生面临抉择。刘早的果敢让人钦佩，也让人困惑。付出如此高的成本去追寻一个有风险的梦，值吗？兴趣和能力倾向在一个人的专业和职业选择中究竟有多重要？要知道，兴趣是可以改变的，能力是可以塑造的。即使是影响人职业选择的另一个要素——价值观，也会随着时代、环境和个人的经历而改变。刘早现在喜欢并认为自己适合学习建筑，可是如果他真进入这个专业会不会发现自己只是想当然呢？每个人无论对待学习、工作还是生活，都会有感到不喜欢、不契合的时候，这时是应该调整自己努力适应，还是像刘早这样选择放弃？

刘早的经历更让我们深思。许多人回忆往事时，认为高考填报志愿自己作出了令现在后悔的选择，为什么？仅仅是因为招生信息的缺乏吗？想改变方向去学习自己喜欢的专业、从事自己钟情的职业，难道只能回过头再参加一次高考才能实现吗？这里面有没有教育制度自身的问题？

每个人都有自己的答案，我们欢迎广大读者各抒己见。

了解了新闻事实后，我们再来看看《中国青年报》上面向社会开展的开放式的讨论"讨论·放弃读博重新高考值不值"，刊发了数篇来自不同地方、不同职业、不同年龄的读者的评论，非常好地体现出媒体新闻评论的开放化趋势。此外，也看看多家新闻媒体对此事刊发的各不相同的新闻评论，体现出新闻评论总体的开放性和观点的多样性。

（1）放弃读博重新高考值不值？

刘早之福　社会之悲

陆小娅

2003 年 7 月 25 日　《中国青年报》

昨天，本版刊出的《博士学位近在咫尺毅然退学　为换专业再战高考如愿以偿重庆考生 5 年周折终入清华建筑系本科到底值不值》引发了人们对"刘早现象"的探讨，网上跟帖一天间就累积了几百条。一个年轻人付出极高的成本去追寻一个有风险的梦，到底值不值？今天，我们刊登心理咨询专家、本报"青春热线"的创办人陆小娅的文章作为开篇，展开"刘早现象"的讨论。今后，本版编辑部将陆续把各方各界的见解呈献给读者，与大家共同探究教育与人生抉择的关系。

刘早毅然中断已经开始的研究生学业，重新参加高考，并考取了自己真正喜欢的专业，我为刘早感到高兴。虽然为此刘早免不了要和小弟弟妹妹们一起上课，并要在事业上比同龄人晚起步很多，但我相信，有兴趣这个强大的内在动力，刘早不仅会在学习上更加投入，而且也会在未来的职业生涯中享受更多的快乐，甚至更有成就。和整整一生相比，四五年的时间毕竟还是短的，何况生命潜能的发挥、对社会的贡献、人生的充实、满足、快乐，都不是仅仅用时间的标尺来度量的。

人生的青壮年期，工作不仅占据了除吃饭、睡觉外的大部分时间，而且也是个人价值感、满足感最重要的来源，所以我们没有理由不认真地选择自已该干什么。不过，就像"初恋时我们不懂爱情"一样，人往往在尚未成熟到能作出恰当选择的时候，"选择"就已经逼到头上了。中考、文理分班、高考，一次次选择摆在了青少年面前，可他们对自己、对职业都还不甚了解，所以像刘早一样做了不恰当选择的大有人在。

第一次的选择不恰当，可不可以做第二次、第三次选择？我想，社会发展水平越高，人们作出再选择的机会也越多。现在大学生选择退学再考，压力比若干年前肯定小多了。记得"青春热线"开张不久，曾有医学院女生找我咨询，称自己无论如何不喜欢临床医学，而又不能退学。想想一辈子干自己不喜欢的事，她说"活着有什么意思"。相比起来，刘早能够退学再考，一些高校允许学生到大二再选专业，不都是一种进步吗？

当然，学了自己不喜欢的专业，不一定都走退学重考的路子，毕竟重考也是有很大风险和代价的。可行的路子还有考研，或者工作后再改行。我不知道是否有人做过统计，毕业后改行的大学生有多少？我相信还是为数不少的。这些改了行的大学生，也未见得就比别人差，因为工作后所需要的东西，不仅仅是大学学的那点专业知识。

刘早是幸运的，他虽然走了一段弯路，但毕竟弄清了自己真正喜欢的是什么。不幸的是，还有好多年轻人到了二十五六岁，只知道自己不喜欢的是什么，却搞不清楚自己喜欢的是什么。

但另一方面，大学生毕业后改行，或像刘早一样退学重考，从社会角度看，也是一种教育资源的浪费。

怎样减少个人选择时的迷茫和教育资源的浪费？其中一个办法是开展职业生涯辅导。但职业生涯辅导必须是全方位的：不仅应该在大学搞，也应该在中小学搞；不仅要帮助青少年认识职业，还要帮助青少年认识自己；不仅要给青少年辅导，还要给他们的父母辅导。

（2）放弃读博重新高考值不值？

为何要将爱好当职业

冯雪梅

2003 年 7 月 28 日　《中国青年报》

我曾经的外语老师 John 是一个标准的美国青年，喜欢嚼口香糖，看

NBA，打橄榄球。他在大学里念教育专业，毕业后满世界跑，去所有他想去的国家教英语，兴高采烈地满足着自己的爱好。John 的爱好当然不是当老师，而是旅游，周游世界。John 从不认为教育专业是自己真正的兴趣所在，却也从不因此而痛苦。在他的眼里，职业和爱好是完全不同的两件事。

而研究生刘早，放弃将来可能获得的博士学位，重新参加高考，以便选择一个自己喜好的专业。我看，这完全是一种个人选择，不存在值不值得，或该不该的问题。在他的选择中，个人的兴趣、爱好被摆在了第一位，并且将其与未来的职业相联系。但这并不代表爱好就一定得成为一种专业、职业。

很多时候，我们并没有给自己的兴趣、爱好以充分发展的空间，把爱好当作职业，在我看来，其实是一件挺可悲的事。有几个人敢说爱好比职业更重要？既要选择一项职业，又不要放弃自己的爱好，于是就有了把爱好当专业、当职业一说。人的一生既然不太会只从事一项职业，那总有些职业不是爱好。或者，如果有一天，你的爱好改变了，你的职业也能轻而易举地随之改变吗？

原本不同的两件事情，为什么一定要把它们扯到一起？职业是什么？对绝大多数人而言，它只是一个谋生的手段，一份经济收入而已。职业是一种规范，存在目标性，存在约束，存在压力；爱好则是一种天性，没有目标性，自由、不受约束，这和职业的本质特点相冲突。就像社会的很多规则违背人的天性一样，很多时候，职业会磨灭一个人原有的一份喜好。

对大多数人而言，所学的专业，只是对未来从事某种职业的一种准备。大学教育能够培养一个人的专业知识、职业素质，却无法培养一个人的兴趣爱好。我们强调的往往不是爱好本身和它的重要性，而是它可能带来的附加值，比如爱好是否能让我们更热爱自己的职业等。许多家长在送孩子去参加奥数班、钢琴班、舞蹈班……但我不知道他们中有多少人是真正培养孩子养成一种爱好，有多少人是为了特长生能够在各类考试中加分而努力。在这些很具有目的性的思维方式中，爱好实际已经失去了它本身的意义。

强调爱好与职业的统一，是因为与职业相比，爱好显得无足轻重。想想看，在评价一个人的时候，你想到的一定是他的职业，而非他的爱好。我们对一个人职业的尊重，也远远超过对其个人爱好的尊重。相对于职业而言，我们将个人爱好放在了不太重要的位置，但是人的天性又决定了他无法完全舍弃爱好仅为工作而存在。也许正是想给爱好一个恰当的位置，才强调它与职业相统一的重要性。

在美国，有各种各样因共同爱好而组成的学会，像鲸鱼研究会、火箭爱好者协会之类，有人甚至纯粹是出于个人爱好而研究氢弹，写出了令国防部头疼的有关如何制造氢弹的论文。而在我的身边，有毕生致力于研究哥德巴赫猜想的普通人，这些人的日子过得并不怎么好，因为他从事着一项与自己工作和生活毫不搭界的研究。很多人的评价是，他在"不务正业"。

假如刘早知道自己成了化学家之后，依然可以在业余时间从事建筑设计，并且能够获得支持将自己的作品矗立在城市广场，他还会坚持要求退学改学建筑吗？

（3）放弃读博重新高考值不值？

凭兴趣选择专业就无遗憾吗
一位文科研究生的自白

李剑

2003 年 7 月 29 日　《中国青年报》

贵报 7 月 24 日刊登了刘早的故事，我的确佩服那位考生的勇气与毅力，也衷心希望他今后能在自己喜欢的建筑专业成就一番事业。但根据我的感受，我认为，完全凭兴趣选择专业，不考虑社会发展的需求也会给自己今后的发展带来遗憾。

上中学时，我各门功课比较平均，总体学习成绩还算可以。我的数学挺不错，在学校的数学奥林匹克竞赛中还获得过二等奖。所以按当时的成绩，我报文科班与理科班皆可，最后我选择了文科是因为自己性格外向，认为自己适合学文。

考大学时读英语专业，毕业后教英语。经过 3 年的刻苦学习我考入了一大城市的以工科为主的高校读研究生，学习政治专业。在那里，我发现自己的选择似乎是错误的。当时，学校研究生的宿舍自选，我与另外 3 名工科研究生同住一间。3 年间我们关系很好，但也经常出现些不和谐的音符，大多是因为关于文理科孰优孰劣的争执。虽然我嘴硬，为学文争辩，但优劣差别还是显而易见的。

首先，实惠就在眼前。他们读书期间，可以帮助"老板"（研究生对导师的通用称呼）干活。这既可以为自己的毕业论文课题做准备，又能挣到不菲的收入。而我们成天看书，被他们当作是一种消遣，因为文科的东西容易懂啊。那些是理工科学生在业余时间看的，没什么复杂的。所以他们从实验室回来，常表现出做了特别繁重工作的架势，直喊累，还卖乖地说，"老板"在剥削他们。而当我从教室看一天书回来，他们往往是以耻笑的语气说，你们学文科的真好，每天玩。唉，他们的学习是学习，我们的学习竟然成了玩！而我却认为，他们每天由"老板"带着做课题，每月有上千元的收入，选其中的一部分写成论文就可以，是实在的，可以看得见的，是容易做的。而我们唯有靠干家教挣几百元，却要冥思苦想那些虚无缥缈的东西，其实真正难的是我们！

其次，前景优劣明显。很多人对出国情有独钟。理工科的人在这方面明显优于文科。读书期间，他们考 GRE，考 TOFEL，一待毕业，申请出国，风光无限。而国外又有多少大学肯接收文科学生呢？即便就业，他们也相当有优势，找工作开口要价四五千。而学文科的就软多了，我的毕业推荐表上，意向仅有 2000 元。找个工作尚且不易，岂敢狮子大开口！以后的工作也证明我的要价是正确的。谈起以后的前景，他们也为我担忧，有什么发展前途呢？搞政治，当大官吧，不太可能。唉，对此我无话可说。

毕业以后，我选择了留校工作，更是亲身体会到读文科的种种不利。

刚开始工作，同事们都用怀疑的目光看着我，怎么？研究生？研究生不出去挣大钱，在学校里混什么，你靠死工资，猴年马月能买得起房子？谈恋爱谁找你，如果是我女儿肯定不会嫁你这样没钱的男人！我们学校的领导都是专家、博导，在学校发展将来也不可能有什么前途啊。以后的种种事情更让我体会到学文的悲哀。产学研相结合的时代，大家都去产，而不去学和研了。在学校里，部分工科教授们对搞行政的人员横眉冷对，他们认为搞行政的不学无术，没什么本事。

唉，认了吧，社会发展就如此，不适应形势就应受到淘汰和排挤。同样读一二十年的书，最后的待遇竟然相差那么大！同样为科学事业奉献终身，有的可以拿几百万元的奖金，有的却躺在医院里为转让著作版权而困扰。

感叹也没用，不就因为当初我喜欢文科而选择了文科嘛！

（4）放弃读博重新高考值不值？

专业　职业　事业

童大焕

2003 年 7 月 30 日　《中国青年报》

我佩服刘早的勇气，却并不欣赏他的选择。对建筑艺术感兴趣，就一定要拿个建筑专业的文凭吗，哪怕比别人多付出 5 年青春的代价？

社会在不断地发展，人所面临的领域在不断地扩大，兴趣也会不断地发生变化。如果每一次兴趣的转移或"发现"（许多人直到二三十岁甚至更大年纪都还不知道自己的"职业兴趣"），都需要像刘早这样的"从头再来"，个人和社会的代价都未免太大。再说，任何一种兴趣爱好，一旦成为职业，就不可能再像单纯的兴趣一样"取舍自如，行藏由我"，更大的程度上是一种"戴着镣铐的舞蹈"。时间一长，你同样可能感到厌倦，那时，支撑你坚持下去的信念，也许就不再是兴趣和理想，而只是责任。到那时，我们又该怎么办？

看看你我的高中和大学同学，多少人今天所从事的职业与大学所学的专业毫无关系，至于兴趣，同样有多少人到今天还说不清！更典型的例子是费马先生，他的职业是一个地方的议员，但他的业余兴趣却是数学演算，他提出的费马大定理，全都是在与朋友的信件往来中完成的，他把和朋友玩数学计算当成了一种莫大的乐趣。眼前的例子是《南方周末》报道过的"蒋春暄现象"，数学奇才蒋春暄在数学上取得了远高于国内许多数学家的成就，但在国内数学界却连发表论文的机会都没有。而有意思的是，蒋春暄并非数学界中人，他的职业跟他的数学兴趣也没有关系。

对我们绝大多数人来说，专业、职业、事业，三者之间是有很大差别的，能够三者合一的，不说在国内，就是在世界范围内，可能也是凤毛麟角。如何处理其间的关系？我想，爱因斯坦的话也许可以作为一剂良方，他说：人的差别主要在于业余时间。这至少包含了两层意思：一是人的学习是终身性的，远不是大学4年本科那么点可怜的知识可以帮助我们对付一生；二是业余时间的有效利用率，是导致人的最终差别的重要原因。我的意见是：大学本科，主要是学习一种学习的方法，再加上一种独特的人文精神的熏陶。工作以后，则尽量在八小时以内完成工作，八小时以外则尽情发挥、发展自己的兴趣。当你的兴趣可以成为"职业的资本"，你再不妨顺着兴趣—职业—事业的方向一步步迈进。

当然，我上面提到的两个例子都是属于纯理论领域的，人们不需要多大的成本，甚至不需要任何文凭就可以从事纯理论的自然科学和社会科学研究工作，并有可能取得惊人的成绩，其中不需要社会来承认其"职业转换"。在工科领域，情况可能会有些不同，主要的不同在于职业转化的不同，在工科的许多领域，社会设置了许多职业准入门槛，要求从事某项职业必须具备某方面的文凭、职称等。尤其是现在，由于某些部门的逐利行为，不少部门都在其管辖范围内有意抬高职业门槛谋利。这其实是一种社会倒退，与公民的发展自由相悖，应当及时引起有关立法、权力机构的重视，市场自己能解决的，应该无条件还给市场。

其次，我们的大学也应该在专业转换上迈出新的步伐。现在一些高校开始尝试学生有限度地转换专业，这是一个进步。但目前绝大多数局限于本专业品学兼优的学生可以适当转专业，但更需要转专业的，可能恰恰是本专业学得不怎么好的学生。其中的问题值得探讨。

（5）放弃读博重新高考值不值？

教育之痛

文　妍

2003 年 8 月 4 日　《中国青年报》

对于刘早中断研究生学业重新参加高考的行为，有文章认为是"刘早之福、社会之悲"，我想应该再加上 4 个字——"教育之痛"。退学重考的做法客观上确实是对教育资源的浪费，尤其是我国的高等教育资源并不充足；但另一方面，浪费社会教育资源的根源并不在于刘早的选择，而在于刘早所处的教育环境——无论是基础教育还是高等教育都尚不能给受教育者提供充分自由的发展空间。也就是说，是教育制度自身存在的问题导致了教育资源的浪费。

当然，我们不能仅凭一个人的个体行为就给整个教育环境下结论。可事实上，如刘早般对所学专业不满意的却大有人在，只不过有人强迫自己坚持学下去，有人通过考研、改行等形式改换了专业。学生不喜欢自己的专业，这一直是社会和高等教育界关心和讨论的问题。2000 年，北京市一家科研机构就大学生的专业满意度做过一项调查，在接受调查的 874 名大学生中，有42.1％的学生对所学专业不满意；如果可以重新选择专业，有65.5％的学生表示将另选专业。

对刘早个人来说，放弃读博重新高考是自己的选择，不需要他人做出值不值这样的价值判断。但对于社会而言，刘早的价值就在于，他以决绝的行动暴露出我们教育制度中的种种缺陷。

上大学之前，大多数学生始终生活在封闭的校园里，在 12 年的基础教育阶段，他们接触的不过是数学、语文、外语等几个科目的有限知识；他们生活的中心是学习，学习的中心是为了在高考中取得好成绩。

学习内容的有限和单调，不仅限制了学生的视野，也让学生逐渐丧失学习的兴趣。英国哲学家、教育家怀特海（Whitehead）说："在众多的科目中选择-小部分进行教授，其结果是，学生被动地接受不连贯的思想概念，没有任何生命的火花闪烁。"在这样的教育环境下成长，很多学生可以被动接受，却不会主动选择，在面对高考志愿表的时候，甚至都不知道自己喜欢什么。"刘早现象"所触及的"教育之痛"，其实更多是痛在高等教育。由于多数高校还是按专业招生，数量众多的专业常常令大部分高考考生和家长无所适从，考生盲目选择入学后又追悔莫及的现象在所难免。而且学生入学后又过早进入专业学习，不仅知识面偏窄，而且日后腾挪空间也比较小。

而西方国家本科阶段强调基础教育，比如，美国一些大学，本科生在前 3 年就没有院系专业之分，学生在全校可以自由选课，到了大四再选择自己感兴趣的院系，修几门专业必修课。这样，学生不仅拓宽了基础，而且可以了解大学的学科和专业，发现自己的兴趣和特长，比较理性地选择自己真正喜欢的专业；即使进入某专业学习后感觉不适应，调整转换的空间也非常大。本科教育注重基础，不仅仅能够给学生提供选择的空间和自由，而且有益于学生的个性发展和创新能力培养。

此外，我们的高校对于转系的限制一直比较严格，更别说转学了。近一两年，部分高校开始逐步放开对转系的限制，但能享受"优惠政策"的仍然是少部分学生。学校不敢把自由选择的权利交给学生，恐怕是担心学生都奔热门专业去了，一些基础学科、长线专业无人问津。维护基础学科的发展的确很重要，但这不能成为限制学生自由发展的理由。我一个在国外读博士学位的朋友，前不久刚刚换了导师，只是因为他对那位新导师的研究方向更感兴趣，而前导师对他的选择很支持。

刘旱幸也不幸。他能够有重新高考的机会要感谢高考放宽报名限制，但如果他所处的教育环境能够更宽松，他根本不需要再考一次就能轻松地去学习建筑。

不过，应该乐观的是，我们的教育之痛正在慢慢减轻。这当然尚待时日，到那时将是更多学生之福。

网友说话：舍博士考本科的悲剧不能再重演

李启咏

2003 年 7 月 30 日　人民网

"刘旱事件"最近引起强烈反响。

《中国青年报》2003 年 7 月 24 日的报道，1998 年，刘旱（化名）首次参加高考时，他的第一志愿是浙江大学，专业志愿依次是建筑学、计算机、生物医学工程，后以 612 分的成绩，上了浙大的调档线，被该校调剂录取到化学工程与工艺系。本科学习强调打基础，学生对专业的了解和研究并不深入，因此他对自己的专业谈不上感兴趣，也谈不上反感。冲着保送研究生的指标、奖学金和学士学位，刘旱学得很认真。在浙大，刘旱的综合成绩从大二到大四一直是全班第一。

2002 年本科毕业后，刘旱被保送到另一所大学化工反应工程专业"硕博连读"，这所大学一向被认为是中国最好的大学。刘旱在该校读了一个学期，听了不少学术报告会，对专业的了解开始深入。学期即将结束时，导师给刘早定下了博士毕业论文选题——一个纯理论的学术课题。走过一个学期，刘早渐渐发现，在化工专业学下去似乎并不是自己应该走的路。

化工专业的就业前景很不错，他的大学同学中很多人毕业后去了宝洁、强生、杜邦、通用等世界知名公司。而刘早在深入了解了化工专业的特点以后却发现该专业完全不适合自己：该专业，尤其是他的论文课题对数学要求很高，而数学偏偏是他的弱项；该学科需要较强的逻辑思维能力，而他却长于形象思维。他还是希望自己能够学习与实践结合得更紧密些的应用学科，而不是一直从事纯理论的学术研究。

今年3月，刘早毅然回到自己的高中母校——重庆市长寿中学学习，随后参加高考，以644分的高分实现了进入清华大学建筑系的愿望。针对自己的特点，刘早最中意的专业是建筑学，这是一门在他看来需要创造力、想象力和艺术灵感的学科。

经过这番曲折才找到自己喜欢并适合的专业，刘早把主要原因归于高考填报志愿时的无知和盲目。这也是促使他愿意公开自身经历的原因，刘早希望以后的中学生不要再像他一样兜个大圈之后才明白什么是自己想要的。

笔者认为，刘早的这种举动，一方面反映了这个学生有主见、敢于冒险的精神，另一方面也反映了教育管理的弊病，类似行为不但造成中学教育资源的浪费，也造成高等教育资源的浪费，更严重的是，学生学习自己不适合、不喜欢的专业，对他们的精神和智力都是一种摧残。因此，从这个意义上说，"刘早事件"是个悲剧，是僵化的中国教育管理机制的悲剧。此类问题存在了很多年，亟须引起重视，并加以解决。主要是两个问题。

第一，中学教育对学生的职业指导的必要性。

我们常常教育学生要树立远大理想，那么理想的实现靠什么？靠具体的职业。每个人都有自己的职业生涯，这不但是自己安身立命、实现个人抱负的途径，也是国家繁荣昌盛的保证。因此，职业问题是大问题，不是无关紧要的小问题。

高考志愿与孩子将来从事的职业往往紧密相连。现在高中毕业填写高考志愿时，很多孩子往往不知道自己的优势和劣势，不清楚比较适合从事哪些职业。家长和老师也常常灌输一些职业和工作方面的知识，但是很少，也很肤浅，因为家长和教师也往往只知道跟自己工作关系密切的东西，其他行业、其他职业，他们也常常很陌生。有的孩子高中没上完，就参加工作了，如果孩子在中学没有受过职业指导，那么，他们终生就可能接受不到这种教育。

所以中学阶段应该开设职业指导课，主要用来传播跟每个人职业密切相关的知识，考察他们的职业倾向，测试他们从事某种职业的能力，给他们提供指导。并尽可能地让他们有实践的机会，即有类似于职业学校或者高校学生那样的短期"实习"的机会。

现在中学里都忙着做习题，搞应试，把这些东西忽视了，应该及时补充一下。

当然，在大学阶段，这一指导也应继续下去。

第二，高等教育阶段，应该尊重学生意愿和自己的智力优势，允许学生至少换一次专业。

很多人由于缺乏指导，而且缺乏真实的感受，填报高考志愿时缺乏有效指导，结果到了大学，才知道自己并不喜欢现在的专业，并且有相当数量的学生根本没报考现在的专业，是调剂过来的。有的学生越学越没兴趣，越学越讨厌，越学越消沉，甚至把兴趣转到了业余爱好上。这对学生的智力资源是个很严重的浪费，对他们的精神也是一种无谓的消磨。这样的学生有多少？因为没有统计资料，现在还不得而知。但从笔者在现实生活中了解到的情况，感觉比较普遍。

因此，要么是报考志愿时不报专业，到大学里学习一段时间再选择，要么是进入大学后，每个人都有一次转换专业的机会。这样，就不会再出现像刘早那样舍弃不久就可以到手的博士学位而重新参加高考的事情。

允许换专业，并不是让学生随意改换，而是根据学生的专业表现和意愿，在教师指导下有计划、有步骤地进行。

现在中学教育和高等教育都在搞改革，但是万变不离其宗，一切改革的目的都应当是为了学生，为了学生的发展。加强对学生的关怀，加强职业指导，增加专业的转换机制，不应当成为教育管理中一个不可逾越的障碍。

做自己人生的信天翁

曹保印

2003 年 8 月 21 日　《工人日报》

刘早是一名重庆学子，他中断了清华大学化工反应工程专业的硕博连读，重新参加高考，并被该校建筑系录取。刘早说，这样做是为了找到最适合自己的专业和职业。

《中国青年报》日前的这则报道，很快在社会上引发了人们对刘早的质疑：付出如此高的成本去追求一个有风险的梦，值吗？

这让我想起了一则故事。

泰莱是纽约曼哈顿教区的神父，有一天，教区里有位病人生命垂危，请他去主持临终前的忏悔。他听到病人这样说："仁慈的上帝！我喜欢唱歌，音乐是我的生命，我的愿望是唱遍美国。作为一名黑人，我实现了这个愿望，我没什么要忏悔的。现在我只想说，感谢您，您让我愉快地度过了一生，并让我用歌声养活了我的孩子。"

一个流浪歌手，临终时说出了这样的话，让泰莱非常吃惊，因为这名歌手的所有家当，就是一把吉他。他的工作是每到一处，把头上的帽子放在地上，开始唱歌。四十年来，他用苍凉的歌声感染听众，从而换取应得的报酬。黑人的话也让泰莱想起了另一个人的临终忏悔。那是位富翁，他对神父说："我喜欢赛车，我从小研究、改进、经营它们，一辈子都是如此。这种爱好与工作难分、闲暇与兴趣结合的生活，让我很满意，并从中赚了大笔的钱，我没什么要忏悔的。"

黑人歌手和富翁的话让泰莱感慨良多，他立即提笔给一家报纸写了篇文章。他在文章中说："怎样度过自己的一生才不留下后悔呢？我想也许做到两条就够了：第一条，做自己喜欢做的事；第二条，想办法从中赚钱。"后来，这两条就成了美国人公认的最不后悔的活法。

现在，再回过头来看刘早：他付出了如此大的成本，虽然去追求的是一个有风险的梦，但这个梦对刘早来说，却是最渴望得到和最喜欢的。以一个高质量完成了高等教育的成年人的理智，去思考问题和选择自己的人生道路，在多元文化日趋蓬勃的今天，理应受到尊重，而不是质疑。这是他拥有的最基本的私权利之一。

其之所以还会在社会上引起轩然大波，一个最重要的原因便是，在一些人的思想观念里，功利永远是第一位的，所谓幸福、快乐、兴趣、爱好等，只能建立在功利之上，而不是相反。也正因如此，我们的教育才长期陷在应试教育的泥沼中难以自拔，我们的孩子才长期困在分数的镣铐中挣扎舞蹈。

在神话故事中，信天翁是最有主见的鸟，它喜欢在自己选择的天空和高度上自由飞翔。那么，在现实生活中，我们是不是也要信任、培养和支持青少年做自己人生的信天翁，让他们在自己选择的天空和高度上自由飞翔，以更大地成就理想，更好地享受幸福呢？

要知道，让他们感觉自己是在最不后悔地活着，不但能大大激发他们的聪明才智和向困难做坚决斗争的勇气，更能使他们拥有永远幸福、快乐的人生。而后者，无论是对青少年，还是对所有人，都应该是最重要的。

四、专业化趋势

随着社会的不断发展，社会分工也越来越精细，人类掌握的知识总量也在几何倍数的增长，每个人的时间都是有限的，不可能什么都学什么都懂。再优秀的评论员也不可能什么事情都能评论得头头是道，只能是对自己擅长的某个领域的事情能分析得比较专业而已。因而，如今新闻媒体上的评论日益向专业化发展。这具体表现在以下几个方面。

（一）评论内容与范围的专业化

现在的新闻媒体已经从做大众传播转向了做分众传播、小众传播：报纸版面众多，不同的版面面向不同的读者群体、做不同领域的新闻，如时政新闻、社会新闻、体育新闻、财经新闻等；广播则早已实行频率专门化，不同的频率面向不同的听众，如交通广播、音乐广播、新闻广播、财经广播等；电视也同样实行了频道专门化，不同的频道有不同的定位和分工，如新闻频道、经济频道、综艺频道、体育频道、电影频道等。新闻媒体的内容也相应地有了专业化的分工，就像前文中说的那样，其中的新闻评论也越来越专业化，细分为政治评论、法治评论、财经评论、体育评论、电影评论、文艺评论等。这些专业的评论也都出现在行业媒体、专版、专门频道、专门频率、专门节目、专门栏目中。这就是新闻评论内容与范围的日趋专业化，这与媒体的专业化、分众化是同步的。

（二）评论主体的专业化

这主要是指越来越多的专业的评论由专业人士来写：一方面一部分优秀的评论员经过长期的学习和钻研成长为某个领域的内行和专家，对这个领域的问题评论得越来越专业；另一方面一些行业翘楚、业界精英、专家学者应邀或者自发拿起笔来为媒体撰写本行业问题的新闻评论。这些专业人士在新闻评论作者中所占的比重正在逐年增加。

例如，本节前面所列的评论《舍博士考本科的悲剧不能再重演》的作者李启咏就是一个教育领域的专家，他的职务是中国艺术教育促进会理事。另一篇评论《刘早之福　社会之悲》的作者陆小娅则是一位心理咨询师。

（三）评论方式的专业化

经过长期的发展，新闻评论的体裁日益丰富，在各种新闻媒体上使用得更加广泛，已经成为专业新闻媒体上不可或缺的重要组成部分。新闻评论已经发展成一种独立的新闻文体，并形成了成熟的文体特征、明确的写作规范和要求。如今，要想写出达到新闻媒体刊播要求的新闻评论，必须要经过一定的专业学习和训练，掌握新闻评论学的专业知识、不同新闻评论体裁的写作要求和专业的评论手法。

例如，下面这篇刊发于《人民日报》上的新闻评论的作者就是一位大科学家，他对于科学研究的认识就非常专业。

请多给科学家们一些时间

王贻芳

2014 年 5 月 16 日　《人民日报》

● 基础研究周期长、出成果慢，不像投资建厂，今天投了钱，明天就能出产品

● 在基础研究中搞急功近利，就会逼着科研人员搞"短平快"、想方设法

多发论文，甚至学术造假，有百害而无一利

●目前我国的基础科学研究正处在快速上升阶段，如能持续稳定地给予长期支持，就一定会集中涌现出一批重大的原创性科研成果

目前，社会上对我国的基础科学研究进展有很多质疑，比较有代表性的就是：为什么国家投入那么多钱，还没有产生多少了不起的成果？在这个问题上，我想谈谈自己的看法。

首先，比较而言，我国在基础研究方面的投入并不多。有人可能会说，我国科技投入近年来持续快速增加，到2012年不是已经突破万亿元大关、位居世界第三了吗？但大家可能不知道：我国最近20年的科技累计投入量，不及美国最近两年的投入，也少于日本最近4年的投入。这里说的科技投入，除了基础研究，还包括应用基础研究和技术开发。其中，2012年我国基础研究经费不到500亿元，在科技投入中占比只有4.8%。世界科技强国的基础研究投入比例是多少呢？美、日、英、法等创新型国家的这一指标，多年来一直保持在15%～20%。

其次，在基础研究进展上，既要横向看，也要纵向比。我国的基础研究整体起步于改革开放之后，经过30多年的积累，已经建立起一套比较完整的学科体系，许多领域能够在平等的基础上跟国际同行进行沟通与交流。回到30多年前，完全不是这番景象。那时候虽然也有一些成果，但真是凤毛麟角，谈不上规模，更谈不上整体。在如此薄弱的基础上，在经费投入起点极低的情况下，我国的基础研究能够发展到现在的水平，已经很不容易。

当然，不可否认，现阶段我国基础科学领域的确还没有取得很多重大的原创性成果。这其中既有长期以来经费配置不合理、评价导向不科学等因素，也与基础研究自身的特点有关。一方面，基础研究周期长、出成果慢，不像投资建厂，今天投了钱、明天就能出产品；另一方面，在基础研究整体水平偏低的情况下，很难期望在短期内超越基础雄厚、整体水平领先的发达国家。青藏高原上有那么多世界高峰，是因为它的基础海拔高、山峰众多，随便拿出一座来就比泰山高。基础研究也是这样，只有整体水平上去了，才会"冒出"更多"珠峰"。

对于基础研究，既不能搞实用主义，也不能搞急功近利。经济建设上急功近利的恶果，有雾霾、水污染、交通拥堵、食品不安全……现在大家都深受其害；在基础研究中搞急功近利，就会逼着科研人员搞"短平快"、想方设法多发论文，甚至学术造假，有百害而无一利。

基础研究是发现与研究自然界的各种基本规律、建立完整的知识体系的智力活动，其目的是帮助人们更好地了解自然、理解自然，最终使人类能更好地利用自然。试想，一个大国如果没有完整的高水平学科体系，如果不能更多掌握人类已有的知识，这个国家能有远大的前途与光明的未来吗？经济上去了，会成为富国；科研上去了，才会成为强国。从这个意义上说，投资基础研究，就是满足国家的战略需求，就是投资国家的未来。

过去这些年，我国的基础研究一直是在打基础，无论是设备、人员、研究方法等，各方面都在打基础。目前我国的基础科学研究正处在快速上升的阶段，如果在保持现状的基础上，能够再持续稳定地给予长期支持，比如说10年、20年或30年，就一定会涌现出一批重大的原创性科研成果。我本人有这个信心，相信许多同行也有这个信心。

静水深流，宁静致远。在基础研究上，希望社会大众不要太急于求成，多给科学家们一些时间。

第三章　新闻评论的选题与立论

从这一章开始我们进入新闻评论的具体写作环节的学习。任何一种新闻评论，不管是报刊新闻评论还是广播电视新闻评论，不管是社论评论员文章这种长篇大论，还是短评编者按语这种短小的评论，其从写作角度都分为以下几个环节：选题、立论、标题、结构、语言、文采和文风。只要把这六个环节都研究透彻弄明白了，就能写出优秀的新闻评论来。这一章我们就来学习新闻评论写作中最基础也是最重要的两个环节——选题和立论。

第一节　新闻评论的选题

一、选题的概念

人们常说的"题好一半文"中的题实际上并不是指的标题，确切地说是题目、选题，也就是写作的对象，具体到新闻评论写作中就是评论的对象、问题、新闻事实等。

（一）新闻评论的选题有两层含义

一是指一个新闻单位在一个时期内确定要评论的若干问题，反映这家媒体这个时期内的宣传报道思想，一般以计划的形式出现，也叫选题计划。制订重要评论选题计划是各大新闻媒体的一项重要任务，尤其是社论（本台评论）评论员文章这样的大中型评论选题计划更是如此。新闻单位的编委会一般都要定期研究制订评论选题计划，遇到如全国两会这样的重要会议和重大政治事件还要专门研究拟订评论选题计划。通过评论选题计划就可以看出一家新闻媒体近期的报道思想、宣传重点，提倡什么反对什么等。这个选题计划可以说是中观甚至宏观意义上的选题。不仅媒体管理层要制订选题计划，优秀的评论员也应该根据这个计划和自身情况拟订自己的选题计划。

二是指一篇新闻评论选择并确定的论题，即选择和确定这篇评论所要分析、议论的对象和范围，体现这篇新闻评论特定的写作意图。这是微观意义上的选题。可以这么说，一篇新闻评论的选题就是确定就事论理的具体的"事"，有的放矢的这个"的"。

新闻评论的选题不同于命题。选题是确定评论什么问题，命题则是确定一篇新闻评论的题目。同一个选题，完全可以从不同的角度写作，也就可以有多个不同的题目。比如，评论同一件事也就是同一个选题，可以从社会管理的角度写，可以从道德的角度分析，也可以从经济的角度写，还可以从教育的角度写，这就有了很多不同的题目。当然，选题与命题有着非常密切的关系。一般来说，题目都是要表述要评论的问题的，只不过可以直接表述，也可以间接表述。

选题和立论也不同。它们是新闻评论写作的两个不同的环节。选题是确定一篇评论要提出和分析什么问题以及从什么角度分析问题，而立论则是确定用什么立场和观点去分析这个问题（也就是态度），进而确定要得出什么样的结论。二者是一个过程中的两个不同的环节。一般而言，选题在前立论在后，选题大体规定了立论的出发点，而立论则赋予选题以灵魂。

（二）选题的重要性。

在新闻评论写作或制作过程中，选题是第一道工序。任何一篇新闻评论都是从确定选题开始的，选题的及时与否、恰当与否，直接影响到评论的质量和成败。如果一篇新闻评论确定的选题很有价值，可以说评论还没有开始写已经成功了一半了，反之亦然，如果选题没多大价值，哪怕评论员再有生花妙笔绞尽脑汁也写不出高质量的评论来。这就如同一句俗语说的，麻袋上绣花——底子太差！

新中国成立初期曾任人民日报社社长的邓拓曾说："社论的选题计划乃是

所有选题计划中最重要的，它的完善与否将影响整个报纸宣传的政治效果。"一篇新闻评论质量的高低主要就是看其是不是言之有物，有的放矢，是不是提出了当前迫切需要解决的问题。在评论写作中，确定论题的过程就是选题的过程，这也是评论写作的首要环节。一篇评论的优劣首先取决于选题，能否找到优秀的选题直接关系到评论的质量好坏，也极大地影响到整个写作程序的进行。一个优秀的评论选题是一篇评论引起受众兴趣的重要前提，而且评论写作的其他环节，包括立论、结构、语言等都是以选题为前提和基础的。

二、选题的标准

在明白了选题的概念和重要性后，我们再来看看新闻评论的选题应该遵循什么样的标准。在阶级社会中，由于新闻评论具有很强的阶级性和政治性，不同的国家和阶级对于新闻评论的选题是有着不同的标准的。但是，不管哪个国家、阶级的媒体，当他们在确定某个新闻评论选题时总是认为他们要评论的问题具有评论的价值和宣传（或者说报道）的价值。因此，可以说评论的价值和宣传的价值是新闻评论选题要坚持的两个标准。

（一）评论的价值

评论的价值是评论选题的一项重要标准，例如，我们常常会说这个问题值得发评论那个事情不值得发评论，这里所说的"值得""不值得"实际上就是说这个问题或事情有没有评论的价值。

任何新闻媒体对选题评论的价值的确定都是以其所代表的国家、阶级、集团的政治目标、政治利益和思想观点为标准的。无产阶级专政国家的新闻媒体认为有评论价值的，资产阶级的媒体不一定认为也有评论的价值，反之亦然。当然，也有些问题无产阶级媒体和资产阶级媒体都认为有较高的评论的价值，但是对于到底有什么价值有多高的价值，各自理解也不会一样，相应的评论选题的角度也不一样。对此，不同的国家、阶级有不同的标准。

对于我国的新闻媒体来说，评论的价值一般表现为看我们的评论对象政治上是否重大、是否为广大群众所普遍关心、是否具有现实迫切性三个方面。所谓政治上是否重大就是说看这个选题是不是与我们党和国家政治生活中的各项大事有关以及相关程度。比如，中国共产党第十九次全国代表大会召开就是我国政治生活中的一件极其重大的事情，在大会开幕闭幕及召开期间甚至结束后很长时间，我国各大新闻媒体都会以此为选题撰写刊播大量新闻评论。所谓是否为广大群众所普遍关心是说看这个选题是不是与广大人民群众的利益息息相关，是否被广大人民群众所关注，以及相关和关注的程度。比如，国家决定提高医保报销比例和覆盖范围就是广大人民群众非常关心的问题，各大新闻媒体也会以此为选题撰写刊播大量新闻评论。所谓是否具有现实迫切性就是说看这个选题是不是当前迫切需要解决的重大问题。比如，2020 年上半年的新冠肺炎疫情就是当时我国最迫切需要解决的最重大的问题。

一般来说，一个评论选题在这三个方面具备的越多、程度越高，评论的价值就越高。而且这三个方面并不矛盾和对立，一篇新闻评论的选题完全可以同时具备这三个要素。比如，每年的两会召开既是我国政治生活中的一件大事，政治上非常重大，而两会审议通过的政府工作报告也是广大群众所普遍关心的内容，同时也是具有现实迫切性的。当然，我们不可能要求所有的新闻评论选题都做到三者兼具且程度很高，但一篇新闻评论的选题在评论的价值方面起码要具备其中的一个方面，这是底线。如果一个方面都没有也就意味着这个选题没有任何评论的价值，也就不值得评论。当然具备得越多越好，具备得越多评论的价值就越高。

（二）宣传的价值

作为新闻评论的选题，仅仅具有评论的价值还不够，还必须同时具有宣传的价值，这是由新闻评论的性质和特点所决定的。

评论选题宣传的价值是指评论对象本身包含的有利于传播者，并能证明和说明传播者的某种政治主张的素质。这具体体现在两个方面：一是它具有现实适宜性，就是说这个问题现在可以宣传、能够宣传，也应该宣传。例如，随着我国改革开放的日益深入和计划生育政策的长期实施，我国人口老龄化和劳动力不足的问题也日益严重。但很长时间以来这个问题碍于与计划生育基本国策相悖而不便于公开评论。但到了 2015 年 12 月 27 日全国人大常委会表决通过了人口与计划生育法修正案，全面放开二胎生育政策定于 2016 年 1 月 1 日起正式实施后，这个问题的评论时机成熟了，可以探讨、能够评论也应该评论了。现实生活中，经常会有些问题虽然具有较高的评论的价值，但是由于受到各种条件的限制，在当时或当地不能或不便于以新闻评论的形式在新闻媒体上公开评论，也就是说这个选题不具有现实适宜性，当然也就不能作为评论的选题了。二是指它具有广泛的群众性，就是说这个问题、观点反映了人们共同的呼声和愿望。有些问题虽然有很高的评论的价值，但如果它和绝大多数普通群众的关系不大，比如，党和政府召开的有些重要会议，如果会议内容与广大人民群众没有直接关系，就不大适合作为媒体新闻评论的选题。就算是一些媒体以此为选题刊发了评论，其传播效果往往也不会好，大多数受众都不会看。一些主流媒体上刊播的评论虽反映了官方的观点，但就是由于它与广大群众关系不大，不具有广泛的群众性，所以不受群众待见。

三、选题的来源

选题对于写好一篇新闻评论如此重要，那我们究竟该到哪里去找选题呢？换句话说，选题从哪里来呢？一篇新闻评论质量的高低主要是看它是不是言之有物、有的放矢，是不是提出和解决了当前最迫切需要解决的问题。而要找到这样的问题，唯有深入实际深入群众调查研究党和政府的各项方针政策在实际执行的具体情况和出现的问题，了解广大群众的意见、呼声、愿望和诉求。这实际上已经告诉我们新闻评论的选题主要就来自上级党委和政府制定和提出的各项路线方针政策精神理念等，以及广大人民群众的生产生活实践。具体而言，从内容来讲，新闻评论的选题主要来自三个方面：上级的精神、指示、安排；广大人民群众的实际工作、生活；新闻媒体新近的重要报道。

（一）上级的精神、指示、安排

这是指当前的客观形势、舆论动向和宣传任务，以及最近中央发布的重要决定、做出的工作部署和最新的政策精神等。这些不仅是评论选题的重要来源，而且有助于选题和立论体现正确的政治方向，赢得人们的普遍重视。

具体来说，上级的精神主要是指党中央和国务院就国家和社会发展提出的一些高度凝练的精神和科学理念，比如，科学发展观、以人为本精神、生命至上人民至上思想等。上级的指示主要是指党和国家主要领导同志对某个重大事情或问题的重要批示、指示、决定等。例如，2015 年 8 月 12 日，天津港瑞海公司危险品仓库发生火灾爆炸事故，造成重大人员伤亡及经济损失，中共中央总书记、国家主席习近平立即作出重要指示，要求天津市组织强有力力量，全力救治伤员，搜救失踪人员。8月15日，习近平总书记再次作出重要指示，天津港"8·12"瑞海公司危险品仓库特别重大火灾爆炸事故以及近期一些地方接二连三发生的重大安全生产事故，再次暴露出安全生产领域存在突出问题、面临严峻形势。血的教训极其深刻，必须牢牢吸取。各级党委和政府要牢固树立安全发展理念，坚持人民利益至上，始终把安全生产放在首要位置，切实维护人民群众生命财产安全。上级的安排则主要是指党和国家对一些重大工作事项的部署和安排。比如，国家对扶贫攻坚工作的安排部署，对抗击和防控新型冠状病毒疫情工作的安排部署等。

我们的新闻评论选题要宣传和解释党的路线方针政策以及不同时期各级党委和政府安排部署的重要工作。以我国各级党委机关报为例，其上刊发的许多重要新闻评论的选题都是从上级的精神、指示、安排中来的。

例如，下面这篇刊发于人民日报《今日谈》专栏的小评论，其选题就来自于上级的指示。

全力以赴抗洪抢险

张　凡

2020 年 7 月 13 日　《人民日报》

汛情就是命令，防汛刻不容缓。

习近平总书记对进一步做好防汛救灾工作作出重要指示，强调要采取更加有力有效的措施，切实做好监测预警、堤库排查、应急处置、受灾群众安置等各项工作，全力抢险救援，尽最大努力保障人民群众生命财产安全。

今年以来，全国累积降水量比常年同期明显偏多且降雨集中，多个省份发生严重洪涝灾害。汛情当前，从"时刻准备、全力以赴"的承诺，到"洪水不退、我们不撤"的决心，各地冲锋破浪、迎战洪水的行动，推动防汛救灾工作取得积极成效。但随着我国全面进入主汛期，防汛形势十分严峻。各地区各部门必须坚持人民至上、生命至上，全力以赴抗洪抢险，为人民筑牢防汛救灾的责任堤坝。

越是险情当前，越考验党员干部的责任担当；越是关键时刻，越需要万众一心的坚实行动。闻"汛"而动，迎难而上，用责任与行动把确保人民生命财产安全落到实处，我们一定能打赢防汛救灾这场硬仗。

（二）广大人民群众的实际工作、生活

这是指实际生活中层出不穷的新情况、新变革、新问题、新事物，以及来自广大人民群众和社会基层的呼声和要求。这是新闻评论选题取之不尽用之不竭的最主要来源。

新闻评论抓选题实际上就是要抓住当下现实生活中的各种矛盾和问题。因而，新闻评论的选题归根结底主要是来源于客观存在着的现实生活。新闻评论实践中，也有不少人错误地认为新闻评论的选题主要从上面来，于是出现编委会找上级党委要评论选题，评论员找编委会要评论选题，好像评论选题就装在上级党委的文件袋里，藏在媒体负责人的脑海里，攥在编辑们的手心里。这完全是错误的。实际上，"上级的精神"里面确实也蕴含着丰富的新闻评论选题，但那是选题的流而不是源，是评论选题的一部分来源，而不是主要的来源。抓新闻评论的选题，"截流"固然重要，但"开源"更重要。

现实生活中可以说是处处留心皆选题。如人民日报《今日谈》《人民论坛》等栏目中的评论选题绝大多数都来自现实生活。比如，下面这篇刊发于2020年6月7日人民日报《今日谈》专栏的评论，其选题就来源于我们非常熟悉的日常生活。

卫生好习惯　健康相与伴
钱一彬
2020 年 6 月 7 日　《人民日报》

外出回家，第一件事就是洗手；亲友聚餐，使用公筷公勺；公共场合，咳嗽、打喷嚏时自觉做好遮挡……

如今，一些在抗疫期间推广的好做法、养成的好习惯，逐渐融入日常生活，成为文明健康新风尚。

疫情防控能有效提升全民健康素养。从注重营养搭配到保证充足睡眠，从讲究科学健身到重视心理健康，人们在抗击疫情中重新审视自己的生活习惯，在参与爱国卫生运动中进一步培养健康意识。越来越多的人认识到，"上工治未病"，预防是最经济，也是最有效的健康策略；越来越多的人明白了，每个人都是自己健康的第一责任人，健康的"钥匙"就握在自己手里。

当前，我国境内疫情得到有效控制，防控工作转为常态化。同时，外防输入压力持续加大，国内疫情反弹的风险始终存在。越是这样的时候，越要绷紧弦、越不能放松防控。从我做起、从点滴做起，坚持不懈、持之以恒、善作善成，让抗疫过程中养成的良好习惯成为健康风尚，我们就能更好地拥抱幸福生活、共享健康中国。

这些栏目的作者大都是来自不同单位的报社通讯员，他们的评论选题一般也都来自人民群众生活的海洋，都是作者在自己的工作和生活中发现的和感受到的。比如，下面这篇刊发于 2020 年 6 月 16 日《人民日报》第 5 版上题为《小小出入证，治理大文章》的评论，其选题也是来自作者自己的日常生活。像这样来自当下的生产生活实践的新闻评论选题，坐在编辑部里是很难想到的，只有到火热的生活中去寻找和发现。很多新闻评论写作的实例都说明，现实生活的海洋中蕴藏着新闻评论选题的丰富宝藏，只要我们深入实际认真观察细心体悟，当一个有心人，完全可以发现很多好的新闻评论选题。

小小出入证，治理大文章
——推动社区治理精细化

魏 薇

2020 年 6 月 16 日　《人民日报》

进入炎夏，如何让居民出入小区更加便捷？在北京市通州区大方居社区，居民无需掏出纸质出入证，无需进行体温查验，"刷脸"便可进入小区。原来，新安装的智能门禁系统可以自动识别人脸并测量体温，身份相符且体温正常大门自动打开，身份不符或体温过高则会预警。这一电子出入证赢得居民好评。

新冠肺炎疫情防控期间，社区是疫情防控的第一道防线，而出入证的使用是优化社区管理的重要措施，为居民健康上了一把"安全锁"。从手写版到印刷版，从一日一换到画钩"打卡"，各地乡村、小区、街道设计出各具特色的出入证。有的备注咨询电话，便于居民联系；有的印上二维码，便于返城人员线上登记；有的设计成五颜六色，便于分类管理；有的还规定了出门次数、时长甚至减少外出的奖励办法，鼓励通过"宅生活"战胜疫情。出入证的设计理念、使用方式，折射出社区治理的能力水平。

客观来看，并非所有纸质出入证都令人满意。对居民而言，凭证出入灵活性差，常常有人因为忘带出入证而"有家不能回"；对社区而言，不断换证、分别制证工作量大、管理繁琐。有的出入证不含个人信息，存在被他人借用的漏洞；有的虽印上个人照片，又会因为反复比对而降低通过效率。从这个角度看，一些社区试行的电子出入证，在保证有效防控疫情的同时，体现出低风险、高效率、省人力的特点。

打赢疫情防控阻击战，重点在基层、难点在基层、最大力量也在基层。面对人口流动性大、人员结构复杂等问题，如何提高治理效能？电子出入证给我们以启发。从电子出入证到智能语音外呼系统，从服务机器人到监控无人机，科技不仅为治病救人插上翅膀，也为社区联防联控、科学管理决策等基层治理命题提供了解答，让疫情防控事半功倍。

"让城市更聪明一些、更智慧一些，是推动城市治理体系和治理能力现代化的必由之路。"更聪明、更智慧，也意味着更人性、更温暖。例如，电子出入证采集居民信息，也要保护好数据安全；智能应用要服务年轻人，也别忘记教会老年人等群体；自动化设备降低人力成本，也需要社区工作者与居民的暖心互动。以管用、灵活、高效的制度措施与用心、用情、用力的社区工作作为配套，才能更好赋予科技以温度。

作为社区治理的阶段性措施，出入证虽是权宜之计，但电子出入证背后的科技赋能，将助力社区治理提档升级，为居民带来更舒心、更安心的生活。

虽然说现实生活中有取之不尽用之不竭的新闻评论选题，却并不意味着评论选题就是"得来全不费工夫"的。现实生活中的矛盾和问题与新闻评论的选题毕竟不是一回事，并非生产生活中的随便一个问题都是需要评论或者可以评论应该评论的。新闻评论选什么题还得权衡利弊审时度势，只有那些能够反映生活的本质、为党和人民群众所关心的问题，那些针对性强能给人以较大启发的问题才可以作为新闻评论的选题。

（三）重要的新闻事实、新闻事件和新闻典型

这一般都是当前社会舆论关注的焦点、热点，是媒体结合实际引导舆论、发挥新闻评论作用的好题材，也有助于使评论的选题富有针对性、新闻性和时代感。

在新闻评论中这类选题是很多的。一般新闻媒体上配合新闻报道刊播的评论，包括编者按语、短评及一些评论员文章，常常都是以所配合的新闻报道所提供的重要的新闻事实、新闻事件和新闻典型作为其选题的。

1. 重要的新闻事实是指那些新近发生的有着很高的新闻价值但又没有确切的发生和结束时间的重大事实。比如，2020 年一季度因受到新冠肺炎疫情的严重影响，自改革开放以来我国经济首次出现负增长；2010 年中国 GDP 首次超过日本，中国成为仅次于美国的全球第二大经济体；根据世界卫生组织报告，中国近视患者人数有 6 亿之多，而我国青少年的近视率高居世界第一。此类新闻事实都属于重要的新闻事实，将其作为新闻评论的选题是非常有价值的。

2. 重要的新闻事件是指那些新近发生的有着确切的发生时间的人为组织实施的重要事件（如三峡工程开工、北京奥运会召开、北京世界园艺博览会召开等）或者突然发生的重大事件（如 2020 年年初爆发的新冠肺炎疫情、2015 年 8 月 12 日天津港瑞海公司危险品仓库发生的火灾爆炸事故、2008 年 5 月 12 日中国汶川发生的强烈地震等）。这类重大新闻事件不管是好事还是坏事，由于其造成的影响巨大，既是新闻媒体争相报道的对象，也是非常有价值的新闻评论选题。比如，以下一些新闻评论都是以重要的新闻事件为选题的：以中国共产党第十九次全国代表大会召开为选题 2017 年 10 月 26 日《人民日报》刊发的社论《引领新时代的坚强领导核心》；以天津港瑞海公司危险品仓库发生的火灾爆炸事故为选题 2015 年 8 月 21 日《京华时报》刊发的评论《公开危化品分布图应成为制度》；以武汉理工大学硕士研究生陶崇园坠亡事件为选题 2018 年 4 月 3 日《中国青年报》刊发的评论《研究生自杀，板子不能只打任何一方》等。

3. 重要的新闻典型是指新闻媒体突出报道的先进典型人物以及少量的负面典型，因为在他们身上有着社会发展倡导和需要的崇高品质和精神或者严

重失职、失德甚至犯罪而对社会有着警示作用，从而有了很高的评论价值，是新闻评论非常好的选题。例如，以下这些新闻评论都是以重大的正面新闻典型或负面新闻典型为选题的：2015 年 10 月 6 日《人民日报》以中国女科学家屠呦呦由于在发现青蒿素和治疗疟疾的新型疗法上的突出贡献获得了 2015 年诺贝尔奖生理学或医学奖为选题，刊发了题为《以自信，以自省》的评论；2012 年 6 月 18 日《中国青年报》以因炸油条不用废油而受到广泛赞扬被誉为"良心油条哥"的正面新闻典型为选题，刊发了题为《"做好事有利可图"让道德更亲切》的评论；2018 年 5 月 19 日《中国妇女报》以因夫人在女儿幼儿园班级微信群大发官威引发众怒进而被查处的四川广安市委副书记严春风这一负面新闻典型为选题，刊发了题为《别把"严书记"被查归因于红颜祸水》的评论。

四、选题的类型

新闻评论的选题的来源多种多样，有的来自刚刚发生的新闻事件，有的来自作者在日常工作生活中的感悟，还有的来自上级的安排以及新闻媒体的策划和组织，选题的分类标准也多种多样，因而也有很多不同的类型。为了便于学习和使用，我们按照选题的性质简单地将其分为以下三种类型。

（一）事件性选题

这是指以新闻事件为分析议论对象的选题，这类新闻评论也被称作"事评"，主要是就事论事或就事论理。对于此类选题来说，选题就是选择哪个新闻事件来作为评论对象。这实际上是我国报刊上的新闻评论诞生初期从政论发展到真正的新闻评论时最早出现也是使用最多的一种评论类型。20 世纪初期我国报刊上的时评、社论大多都是此类事件性评论，如前文中说的选题的来源中就有重大的新闻事件。

这种类型选题的新闻评论由于能及时对公众关注的新闻事件进行分析和评论，时效性很强，能很好地满足受众释疑解惑和了解他人对重要时事看法的需要，因而不仅在新闻媒体评论中使用最多，也最受受众欢迎。

（二）社会性选题

这是指与公众生活和工作密切相关的、能够引起普遍关注的社会现象或问题类选题。这又分为社会现象类选题和社会问题类选题两种类型。

社会现象通俗地说就是所有与人类社会有关的活动。人们通常用社会现象来表示社会中所发生的一切现象，或者表示社会中或多或少有利益关系的普遍的现象。也可以说，所有关于人类的事情都可以称得上是社会现象。比如，城市化、拆迁、农民工、食品安全、高房价、老龄化社会、环境问题等都是社会现象。

社会问题是影响社会成员健康生活，妨碍社会协调发展，引起社会大众普遍关注的一种社会失调现象。一般而言，人们往往从三个方面界定社会问题：一看是否符合社会运行、发展的规律；二看是否影响社会成员的利益和生活；三看是否符合社会的主导价值标准和规范标准。

一切存在只要进入社会范畴的都可以称之为社会现象，它区别于自然现象，比如，日升、月落。然而，两者又有交叉。例如，海啸是一种自然现象，但它淹没大陆和岛屿上的房屋和人，又成了一种社会现象。社会问题则是社会上存在的有碍于社会进步的某些现象。例如，大学生就业难问题、农民工进城问题等。可见，社会现象大于社会问题，前者包含后者。社会现象里有相当一部分是不以人的意志为转移的存在，而社会问题则有相当一部分是可以通过人的努力去解决的，这是二者的区别。新闻评论以某种社会现象或某个社会问题为评论对象，我们就可以把这个选题归为社会性选题。

社会性选题往往时效性较差，关键是看能否切中时弊，抓住大家广泛关注的社会现象或问题，并能做出科学的和深入的剖析，进而提出切实可行的解决问题的办法。

（三）常规性（周期性）选题

这是指新闻媒体配合重大的节日、纪念日、主题日或者其他呈周期性的事情所确定的评论选题。比如，奥运会、全国两会、夏收、国庆节、抗战胜利纪念日、世界环境日等。由于这些事情有较为固定的出现周期，完全可以预期和预先准备，还有特定的主题和意义，也是新闻媒体必须要报道和评论的选题。此类选题可以说是各大新闻媒体的规定动作，关键是看能不能写得跟过去不一样、跟其他媒体同选题的评论不一样。

第二节　如何抓选题

第一节讲的选题的标准、来源、类型等其实也是谈如何抓选题，这节主要是从写作实践的角度探讨抓评论选题的技巧和方法。

一、把握时机，瞄准目标

（一）新闻评论抓选题一定要把握好时机

若评论的时机不成熟，往往评论写得再好也不能刊播，即使勉强刊播传播效果也不会好；有时，时机把握得好，即使评论写得不太好，也能刊播出来，甚至效果还不错。这是由于新闻评论具有很强的新闻性和政治性。一般来说，评论选题应重点把握以下四个时机。

1. 开头之时。这是指党和国家、当地政府的一项新政策、新精神、新措施等刚刚出台的时候，一个新生事物初露端倪的时候，一个新问题刚刚提出来的时候，一个新经验刚刚得以推广的时候……

这些时候最宜抓选题，因为这时对这些新东西大家大都不了解，最关心也最困惑，媒体如能及时抓住时机，撰写刊播评论，帮助大家释疑解惑，加以正确的引导，往往很受欢迎。

例如，为了进一步规范校外培训，减轻中小学生过重课外负担，教育部于 2020 年 5 月初印发了《义务教育超标超前培训负面清单（试行）》，《中国青年报》刊发了下面这篇新闻评论。这就是在一项新政策刚刚出台的时候以其为选题进行评论。由于选题抓得好抓得及时，这篇新闻评论的传播效果也非常好。

减负的中小学，不该再有上不完的培训班

郭慧岩

2020 年 5 月 13 日　《中国青年报》

为了进一步规范校外培训，减轻中小学生过重课外负担，教育部近日印

发了《义务教育超标超前培训负面清单（试行）》。

从禁止教授小学 1~3 年级学生四位数及以上的加减法，到禁止让"小学低学段学生理解《滕王阁序》"；从禁止在寒暑假培训下学期教科书知识内容，到禁止使用繁、难、偏、怪的练习题，这份负面清单细致得让人惊叹。

作为判定培训机构改革教学内容是否超标超前的"说明书"，这份负面清单为各地开展查处提供了明确依据。当前，所谓的"培训"大多数都是"提前学习"，虽然短期内可以提高成绩，但从长远来看，揠苗助长不但会扰乱正常教学秩序，还会对孩子的成长造成伤害。

近年来，从中央到地方，在治理校外超前超标培训问题上下了大力气。"校外培训机构不能提前学、超纲学"，已基本成为共识，相关部门也要求每个培训机构把培训班次、培训内容、招生对象等报教育部门备案审核，审核同意之后才能办班。

超前学习培训班之所以有市场，并不难理解。在当下仍以分数作为主要标准来评价学生、作为招生主要依据的背景下，家长们的焦虑需要有寄托，这时候一些培训机构便会趁"需"而入，满足家长、孩子"弯道超车"的愿望，哪怕只是一种短期的提升。别人家孩子在补，自己要是放弃的话，总觉得输在了起跑线上。

而教育资源的不均衡更助推了一些中小学校与校外培训机构互相勾连，少数教师采取"课上不讲、课下讲，校内不讲、校外讲"，也会逼迫一些学生参加校外培训。这也就可以解释，面对这份详细的负面清单，为何一些家长会担心超前超标学习仍然难以避免。

因此，校外超前超标必须严打，评价体系的改变与健全也要加快速度，才会更快铲除校外超标超前培训的土壤。

需要注意的是，在严打严查校外超标超前培训的同时，也要加强对校内教学的监管，确保"不超"的同时也"不漏"，若出现校外"不能讲"，校内"没有讲"的情况，不仅是对学生的不负责，也是失职失责。

这份负面清单会产生什么样的效果，作用有多大，还得通过实践来验证。可以肯定，只要各地相关部门不打折扣地实施，一定能让许多学生、家长受益。

如何减轻中小学的负担，如何评价义务教育阶段的成果，一直都是社会关切的重要话题。每一次改变、每一次努力，都让我们距离美好目标更近了一些。也只有不断深化制度改革，建立健全多元评价体系，孩子才能真正找回这个年龄应有的快乐，而不是长大后回忆童年，只有做不完的难题，上不完的培训班。

2. 卡壳之时。这是指党和政府的某项方针政策、工作措施等在执行（实施）的过程中遇到较大的困难和阻力的时候。一般这种时候干部群众中的思想问题和实际困惑也很多，需要新闻评论打破关卡排除思想认识上的阻力。这也是新闻评论抓选题的大好时机。

例如，在我国的许多大城市教育主管部门都三令五申严禁办各种与升学择校有关的奥数班，更是隔一段时间就会进行大范围的查处。但奥数班依然是屡禁不止，甚至越查办的越多。换句话说这项政策在执行（实施）的过程中遇到了极大的困难和阻力。《中国青年报》刊发的下面这篇新闻评论就是在北京的这项政策碰到很大阻力的时候，以其为选题评论的。抓选题的时机很好，对问题分析得也很透彻。

禁止"奥数"考验政府执政能力？

李新玲

2012 年 9 月 6 日　《中国青年报》

将信将疑成了公众对这次北京市出台治理小学奥数与升学挂钩系列举措的态度。其实，有关部门的做法果断而坚决：

8 月 21 日，北京市政府责成市教委采取多项措施坚决治理奥数成绩与升学挂钩，同时对全市所有学校进行全面检查，集中查处与奥数竞赛和培训挂钩的入学行为。一经查实，将对相关责任校长和区县教委主任进行问责处理，绝不姑息。

8 月 28 日，北京四中、中国人民大学附属中学、北京师范大学附属实验中学等 30 所示范中学负责人，与北京市教委签订责任书，承诺严格执行北京市教委的小升初入学政策，不直接或变相采取考试的方式选拔学生，不将奥数等各种竞赛成绩、奖励、证书作为入学依据，不举办以选拔生源为目的的任何形式奥数竞赛培训班。

可是，人们立刻提出疑问：北京禁奥数已经不是一次两次了，哪一次不是反弹后更剧烈？一位孩子已经上大学的家长这样总结奥数的起起落落：奥数就像个球，打下去再弹起来，而且弹得更高。

这不是夸张。十几年前的奥数班，顶多是学习初中的知识，现在已经深奥到要涉及高中的一些知识，而且几何、统计无所不包；过去，一个孩子上一个班就可以了，现在要想进入顶尖的学校，一个班已经万万不能，多的要上三四个培训班。

所以，不仅家长不信，老师更不信。前几天，一位媒体同行在微博上报料：东城区某小学老师告诉孩子们：奥数要继续上，谁信政府谁就考不上好学校。1998 年、1999 年取消过奥数，听话停下来的都没考好。2003 年、2004年又取消过一次，各校都偷着考试，听话的都倒霉。

"谁信政府谁就考不上好学校"是老师总结出来的奥数与升学挂钩的"真理"，更像是在向政府叫板。能不能令行禁止是考验政府执政能力，或者是考验政府脸面的时候了。

为何几道数学难题，或者更准确地说是几个高难度的"数学体操"，就能与政府执政能力挂上钩？这是因为经过几次禁止与反弹过程，大家已经看清了奥数背后的实质到底是什么。在北京这个国际大都市，"小升初"乱象背后不是优质教育资源不足，而是教育资源的不均衡，而且，这种不均衡有加大的趋势。具体表现既有教学条件、教学设备等看得见的硬件，更有师资的差异、课程设置的差异，甚至是国际交流的深度、广度的差异，这些软差异带来的影响就是学生发展的差异、升入优质高中校的差异，继而是进入清华北大这些国内一流高校的差距。

有差异就有择校，有择校就有选拔，有选拔就会有考试，看清了这一路径，"小升初"优胜者的家长才会告诫后来者：别信奥数禁令，没了奥数，还会有思维训练、思维拓展、竞赛数学等，总之换汤不换药，学校总得有选拔的标准吧？

更有大量家长明确反对禁止奥数，他们认为普通人家的孩子，能进入好学校的唯一通道就是"拼孩子"，没有了奥数，他们"拼爹"拼不起。

那么，在义务教育阶段，政府应该做的也就非常清楚了：别再人为加大学校之间的差距，平衡教育资源，取消重点校、示范校之称，减少强校巨型校的数量，让就近入学比例逐步升高，让优质高中与其所办的初中脱钩。这一切的终极目的只有一个：让"小升初"变得像六年级升入七年级一样顺畅自然。

新学期开始，记者在一所小学门口接到大量培训机构的招生宣传材料，材料上，凡是有"奥数""小奥"的地方，都被用墨水涂黑，可是，诸如班级、班次、开课时间、人数、费用等重要信息，全部保留着。与其说是掩耳盗铃，不如说是示威。

3. 十字路口。这是指人们在工作、生活、学习中处于几条道路的交叉点上，徘徊观望不知如何选择的时候。

我们每个人、每个企业、每个单位，甚至国家、社会在前进的道路上都会遇到重大的选择，这种选择对选择者今后的发展影响极大，而面临选择的选择者未必清楚不同的选择究竟是否正确，因而很需要得到及时正确的分析和指点。

例如，在每年高考填报志愿选择大学要学习什么专业时，就是每个考生人生中一个重要的十字路口，这次选择将决定绝大多数考生未来的道路、方向甚至前途。但同时绝大多数人并不十分清楚该如何抉择，不知道什么专业适合自己。2014 年 7 月 6 日《中国青年报》就在头版刊发了一篇新闻评论分析评说当时网络上热议的"千万别报某某专业"现象。

"千万别报体"的背后

曹 林

2014 年 7 月 6 日 《中国青年报》

今年江苏省理科第一名想报北大新闻学专业，但据这位状元称，"这两天，所有采访我的记者都不建议报新闻，所以我在考虑要不要读金融"。这条新闻引发了网友的跟风，被称作高考填志愿另类指南的"千万别报体"蹿红网络：千万别报考古，因为"逗比"的世界没人懂；千万别报学前教育，因为操着卖白粉的心，赚着卖白菜的钱；千万别报环境工程，因为实习基地在垃圾处理场。

这些吐槽，多数属于跟风娱乐，考生如果缺乏主见，看了这些"千万别报体"，就根本没专业可报了。去年北京高考学生填报志愿现场，就发生过类似一幕。一女生问前来采访的记者新闻学怎么样，记者马上摇头说："这个职业看似自由，但是压力太大，工作不定时，建议入行要慎重。"女生的志愿里同时还填报了教师专业，负责报考志愿的老师看到了也忍不住说："当老师不容易，再好好想想。"女生一头雾水："听你们说完，我的志愿都没法填了。"

考生千万别太把这些建议当回事，应该根据自己的兴趣主见，哪个学科都可以报，哪个学科都有用，都能成才。说"现在流的汗和泪，是当初选专业时脑子里进的水"，多半是矫情。每个职业的人都喜欢嘲弄本学科的无用、放大本行业的艰辛。记者群体掌握着相当的话语权，传媒行业的辛苦常被放大，甚至被渲染为"血汗行业"，所以新闻系也被黑得最惨。

"千万别报体"是各行各业吐槽本行业工作艰辛的一次狂欢，以娱乐化的方式表达对自己所从事职业的不满。娱乐恶搞之外，甚至也暴露了一个真问题，就是很多从业者对自己所在行业缺乏职业精神和工作兴趣，把工作当作谋生的饭碗，并不是因为热爱一个工作而去从事它，所以对这个"饭碗"积累了很多负能量。全球最大劳动力管理解决方案商克罗诺思公司的一项调查显示，中国的员工更易以生病为借口请假翘班。他们就是否装病请假的问题在线访问了约9500名来自澳大利亚、加拿大、中国、法国、印度、墨西哥、英国和美国的全职和兼职员工。结果显示，中国有71%的员工都表示曾经装病请假，名列榜首。这正是不敬业的一种表现。

现在，很多行业的人常常被指缺乏职业精神，干什么不像什么，当记者的没有新闻理想，做教育的缺乏教书育人的情怀，当官的没有公共服务的热情，当医生的没有治病救人的慈悲心，得过且过，怨言牢骚满腹。希望年轻的考生们不要受这种极端负面情绪的影响。

当然，对自身职业的怨愤，也与劳动者权利缺乏保障有一定关系，"千万别报体"的吐槽中，抱怨最多的是加班多，而且没有加班费；假期少，带薪休假不落实；薪水低，什么都涨就是工资不涨。从这个角度看，"千万别报体"是一次员工对生存状态的集体吐槽。这是说给老板听，而不是说给考生听的。

延伸阅读：国外高中毕业生如何选择专业？

美国：60％的学生换过专业

美国人认为，读一个本科学位需要耗费大量的时间、金钱和精力，而且由于近年来美国大学学费飞涨，所以就更看重一个专业的就业前景和投资回报率，"专业的不同可能导致日后收入相差300％"。

例如，石油工程专业的毕业生日后可以拿到12万美元的年薪，而院校心理辅导顾问的平均年薪只有2.9万美元。若以整个职业生涯计算，前者的总收入达到500万美元，而后者只有约200万美元。一般来说，工程、计算机科学和商学专业的毕业生工作后薪水最高，教育、社工等专业的毕业生薪水较低。

美国的一些大学要求本科生从泛不从专，大学生不需要在入学前急着选专业。由于更换专业可能导致之前选的课程与新专业无关、耽误了学习时间，不少大学会鼓励高中毕业生以"专业未定"的身份入学，入学以后，再观察、尝试。各大学还会专门为这些专业未定的新生指定指导老师，在选择专业和选择课程方面进行指导。

一般来说，大学会要求学生最迟在第一或第二个学年结束前定好专业。即便是已经选定了专业，换一个也不难，学校和院系都会比较配合，一般来说，联系好对口院系再填写几张表格就可以了。大部分美国大学生都有更换过专业甚至数次更换的经历。有调查显示，60％的美国大学生至少换过一次专业。

日本：追捧热门专业

日本大学考试结束10天后公布成绩，考生要根据自己的成绩决定报考的学校和专业。

日本高中生和家长大多认为，大学生学习的内容只有适应社会需要，毕业后才能有好的前途，因此，社会需要的专业也会备受考生们追捧，例如法律、能源、设计、信息技术、生物技术、机械制造等都是日本的热门专业。日本学生报志愿时也会希望能进入知名学府的热门专业，但如果遇到无法兼顾的情况，则会倾向于以专业为主，即便学校的综合知名度不高，某个专业只要排名靠前也会受到考生欢迎，竞争激烈。

德国：打工帮助　决定志愿

每年六七月份是德国的高中毕业生申请大学填报志愿的高峰时段，不过德国毕业生可能不会感到焦虑和无从选择，因为德国学校从小学开始就有意识地引导学生思考自己未来的职业之路和职业选择，老师还会据此推动学生的爱好和兴趣发展。

到了高中，很多学生会利用假期打工，既能满足多数工作岗位至少3个月的低薪学徒经历的要求，又可以利用打工机会尝试未来职业，有助于自己进入大学时选择专业。

此外，德国很多大学都会定期举办开放周，邀请高中老师带着学生到大学校园"参观考察"。大学举办开放周的目的之一，就是帮助中学生在报考大学时认清职业方向，提前对自己属意的专业有个大致了解。

4. 议论声中。这是指在社会出现某种较大变革的时候或重大事件的时候，一项新政策、精神刚刚提出的时候等，人们常常议论纷纷，还经常编出一些顺口溜、打油诗之类。这些议论有的正确，也有不少是错误甚至荒谬的，但常常是很多人思想认识及意见的形象反映，其中往往孕育着很好的新闻评论选题。

例如，2019年春节期间，不知"知网是什么"、已发表的论文中涉嫌大量抄袭的当红明星翟天临，被愤怒的网友扒出诸多学术不端行为，一时间可谓是一石激起千层浪，不仅在演艺界同时在学术界、教育界乃至社会各界都引发了大量的议论、谴责。在持续数月的议论声中，各大新闻媒体也刊播了大量的新闻评论。下面仅选取了《科技日报》《经济观察报》和《人民日报》官方微博评论，从中我们可以看到不同角度的不同观点。

学位授予岂能儿戏　教育公平不容践踏

杨 仑

2019 年 2 月 13 日　《科技日报》

不知"知网是什么"、已发表的论文中涉嫌抄袭，刚刚在春晚舞台上扮演打假演员的当红明星翟天临，正面临着实际生活中学术打假的滔天声浪。明星＋学霸＋博士后，翟天临的"人设"正在迅速崩塌。

尤其是他署名发表的一篇《谈电视剧〈白鹿原〉中"白孝文"的表演创作》，被网友扒出与 2006 年刊登在《黄山学院学报》上的《一个有灵魂深度的人物——〈白鹿原〉之白孝文论》有大段文字相似。原作者更是在朋友圈中称，"十几年前（发表的论文），被其整段整段抄袭，事实胜于雄辩"。

娱乐圈本来很喜欢学霸人设，但与之前"学霸们"的诺贝尔数学奖事件、留学三日游事件相比，此次翟天临的论文涉嫌抄袭、博士毕业未见在核心期刊发表论文却让舆论显得出奇愤怒。

毛病就出在博士学位上。学位制度是国家鼓励知识分子进行创造性劳动，勇攀科学文化高峰的一项重要举措，而博士研究生学位，尤其以难度高、强度大著称，获得此称号者，往往经历了严苛的学术训练，在该专业领域拥有独立从事科学研究工作的能力，因而拥有较高的社会地位。

而一名演员，在读博期间拍了十几部影视剧、上了十几个综艺节目，拿不出令人信服的成绩，能查询到的论文又陷入抄袭风波，却依然收获了博士学位。这难免让那些在读博期间承受了巨大学术压力的科研人员心怀不满，原因就是不公平。如此儿戏就能获得博士学位，请问真正脚踏实地做数据、搞研究的科学家、学者的出路又在哪里？

公平是一个拥有良好秩序文明社会的基础之一，教育公平更是重中之重。回望历史，先人对教育公平的追求从未停止。孔子用创办私学、把教育对象扩大到平民子弟当中的方式践行了有教无类的思想；清代戊午科场舞弊案中，封建王朝统治者打破了刑不上大夫的惯例，处死了高级官员柏葰，都彰显了教育公平在人们心目中的地位和重要性。

毫无疑问，一把尺子量到底，是对学位授予制度最大的尊重。无论政界领袖、商界巨子还是知名人士，只要想戴上学位这顶象征着荣誉的帽子，就必须接受对其真实学术水准、学术道德的审视，这是教育公平的真正含义之一。

2016 年颁布的《高等学校预防与处理学术不端行为办法》中第二章第七条明确规定：教师对其指导的学生应当进行学术规范、学术诚信教育和指导，对学生公开发表论文、研究和撰写学位论文是否符合学术规范、学术诚信要求，进行必要的检查与审核。

学位授予绝非儿戏，各大高校本来就应该是维护教育尊严、维护教育公平不受践踏的把关人，此事应给广大学子、社会舆论一个明确的交代。

为何追问翟天临？勾带出一个藏污纳垢的高校学术圈

言　咏

2019 年 2 月 17 日　《经济观察报》

被调侃为"猪年第一瓜"的演员翟天临，恐怕没想到自己在微博上随手一晒博士后录取通知书，与网友互动时随口一句"知网是什么"，会引来如此穷追不舍，以至于让自己、北京电影学院、北大光华管理学院都身陷漩涡。翟天临涉嫌博士学位造假、论文抄袭；他身后的两所高校，则在招生和颁发学位上被疑不公。这只是多米诺骨牌倒下的开始，目测顺藤摸瓜还能摸出更多更大的瓜来。

如果只是翟天临所谓学霸人设的崩塌，那也就茶余饭后笑笑而已，不足穷路围追。因为这人设，本来就是海市蜃楼的幻影。更何况娱乐圈的各类人设，脆弱者居多。在翟天临之前不就有个吴秀波吗？那好男人的人设也是说塌就塌。

但和吴秀波事件不同，这一次不仅仅是艺人的私人丑闻，它还勾带出一个藏污纳垢的高校学术圈。翟天临一边拍戏、代言、上晚会，一边拿博士学位还被录取了博士后，不是因为他多么聪明多么勤奋，而是因为这学术圈里的最高学位头衔，其实是可以"注水"获取的。明星的光环效应以及其背后可能撬动的资源，让自居严谨的学术把关人睁一只眼闭一只眼就给论文数量不足、论文重复率超标的翟天临放行，博士头衔成了一件用来高调炫耀、立人设、吸流量的光鲜外衣。这让仰望学术象牙塔塔尖而攀登不上，抑或为了达到它而真正"一直在加油"的普通人群情何以堪？

人们如此较真，对博士翟天临围追不舍，不是八卦，也不是杠精，而是被激起了强烈的不公平感，进而被深深刺痛。人们追问的，不是翟天临本身，而是经他再次暴露的高校学术圈的沉疴宿疾。这个理应最纯净的圈子，已不是第一次，也不是偶然蒙污。去年南京大学教授梁莹学术不端刚被查处；艺术院校招生腐败一直就是教育腐败重灾区；官员、商业精英、明星凭借权力、地位、财富获得高学历光环者，多如过江之鲫。新伤勾起旧痛，人们有理由追问高校的学术监管机制是否存在大量营私舞弊的空间。这关系到每一个人的切身利益。因为，对于没有权势财富加持的普通人来说，教育是向上流动的重要通道，这个通道里一视同仁的竞争机会，是芸芸众生的希望所在。

这也关乎高校学术圈的人设，当污点一次次被曝光，人们将不再相信教育公平，不再相信程序正义，甚至不再相信教育本身，对学术的最高殿堂失去敬畏和追逐之心。有网友在评论此事时直言不讳：像翟天临这样的假博士肯定很多，顿时感觉很厌恶这个世界。当一个社会连学术公信力都丧失殆尽，精神的灯塔也会熄灭，社会这艘大船将失去导航的方向。

目前翟天临在微博上公开致歉，并表示申请退出北大博士后科研流动站的相关工作。北京电影学院、北大光华管理学院均已对此事进行调查。希望这两所在中国称得上一流的高校院系，不避重就轻，直面问题，给出令人信服的调查结果，不仅是翟天临本人是否学术不端，还应涉及为何这场漏洞百出的学术造假能轻易通关。毕竟，翟天临的学位证书和录取通知，不是自己印的，是相关部门正儿八经发给他的。从这个角度说，不是说翟天临的不当行为"让学校声誉被连累，让学术风气被影响"，而是这个本不洁净的圈子给了他机会，没有翟天临，还有其他人。

教育部 2 月 15 日回应翟天临事件时表示，绝不允许出现无视学术规矩，破坏学术规范，损害教育公平的行为。对于这些行为，坚决发现一起，核实一起，查处一起，绝不姑息。其实，不仅仅要"发现一起，核实一起，查处一起"，还要从源头预防。教育是这个社会所有普通人向上流动的依靠，保障机会公平、严谨治学是底线准则，不容践踏。

（二）瞄准目标

把握时机只是在时间上给我们提供了抓住评论选题的可能性。但要把这种可能性变成现实，我们还得用我们的"新闻眼睛"去搜索广阔的空间，捕捉住真正有价值的问题。一般说来，在搜索中我们应瞄准以下几方面的问题：

1. 瞄准与当时党和政府中心工作有密切关系的问题。每个时期各级党和政府的中心工作都会有所不同，作为党和国家所有的新闻媒体有责任也有义务配合党和政府的中心工作，推动和促进工作的开展。比如，2020 年 7 月，党和政府的中心工作就是继续做好新型冠状病毒肺炎疫情防控、继续做好防汛救灾工作、继续做好复工复产工作。这三个方面的工作既是新闻媒体新闻报道的重点，也是新闻评论选题首先要瞄准的目标。

2. 瞄准方向性的问题，如新事物、新经验、新典型等。这些问题往往代表着国家和社会前进和发展的方向，既需要新闻媒体及时发现并加以报道，也需要通过新闻评论揭示、肯定和倡导其重大价值和意义，引导和号召大家推动新事物的发展、新经验的推广、新典型的扩散。

3. 瞄准普遍性的问题。这是指很多地方、很多单位和部门或很多人身上都有的问题。正是由于问题很普遍，所以有很高的评论的价值，也容易引起广泛的共鸣。比如，下面这篇新闻评论所评论的问题——一些学生在家上网课难的问题，就是2020年上半年在新冠肺炎疫情防控中，全国各地大中小学全都改为网上授课后非常普遍的一个问题。

解决学生上网课难　不妨再"硬核"一点

白　皓

2020 年 3 月 6 日　《中国青年报》

这些天，在新冠肺炎疫情影响下，一些学生在家上网课难的问题让人揪心。

媒体报道显示，有学生为了找到稳定信号，每天需步行30分钟，坐在零下3摄氏度的雪山山顶上网课；有学生深夜穿着棉袄在村支部门口架起桌子蹭网学习，被网友称为现实版的"凿壁偷光"；一位爷爷寻遍大山，在山坡上一处信号稳定的地方支起帐篷供孙女网上听课……

类似的情况不仅发生在偏远山村，笔者了解到，在西部一个省会城市的主城区里，20多名外来务工者子女，因为家里没有收视条件无法正常上网课，最终靠区教育局和广电公司联合捐赠的网络电视，解决了线上学习的难题。还有一些城市的低收入家庭，因为之前手机上网少，没有办理流量包月套餐，一段时间下来为高涨的流量费犯愁。

这些问题归结起来无非四个方面：要么没有宽带接入，要么手机信号不稳定，要么缺少终端硬件，要么各项费用偏高。许多地方在疫情防控阻击战中拿出了"硬核"的做法，面对部分学生上网课难，不妨也可以"硬核"一点。

工信部曾提出，2020年全面建成小康社会的时候，所有农村都能够村村通宽带，弥合"数字鸿沟"。疫情之下，更"硬核"的手段是把建设提速，让通信基础设施建设延伸向毛细血管的末端，宽带网络不仅要进村，国家要想办法进入村民家里，让散居深山的农户拥有稳定的手机信号。

让有学龄孩子的家庭通上宽带，或者有稳定的手机信号覆盖是当务之急，对有困难的家庭，给予一定的费用补贴。现实中，绝大多数媒体披露的因为宽带和手机信号问题上网课难的学生，都随着通信基础设施的改善，实现了在家上网课的目标。不用爬雪山、不用坐在悬崖边上网课，是国家对孩子最基本的呵护。

与此同时，要鼓励没有在家上网课条件的学生大胆说出自己的困难。一所学校在网课开通前给学生的问卷上，所有针对是否具备在家正常上网课条件的问题，都只包含两个选项，一是"可以"，二是"不可以，但我能想办法克服"，这显然是不科学的形式主义做法。一些地方官员甚至顾虑，学生通过各种渠道反映自己上网课困难，会给地方形象抹黑，是不顾防疫大局，这显然也是必须纠正的错误观念。

只有学生如实说出了困难，才能让全社会形成解决问题的合力。越是经济不发达的地方，上网课难的学生可能越多。经济的发展不会一蹴而就，但学生的功课等不起。越早暴露问题，越能让社会各界给予帮助，学生才能尽早回到正常的学习轨道。

对因为客观条件限制落下功课的同学，学校还应该制订补救计划，帮助学生在恢复课堂教学前把功课补回来，不能让"数字鸿沟"演变成"知识鸿沟"。

4. 瞄准时下迫切需要解决的问题。不同的时间国家和社会、单位和个人都有当时迫切需要解决的问题，新闻评论如果能抓住整个国家和社会及大多数人面临的迫切需要解决的问题作为选题，不仅有很高的评论价值还能推动和促进问题的解决。例如，在2020年上半年各地新冠肺炎疫情得到有效控制的情况下，各行各业都在复工复产，但是许多地方却出现了一些疫情期间不曾回过湖北的湖北籍人员，正面临着社区不让回、企业不敢用的问题。2020年3月6日中国青年报客户端就以此为选题刊发了题为《社区不让回、企业不敢用？"湖北籍"惹谁了》的新闻评论。

5. 瞄准倾向性的问题。倾向性问题与方向性问题正好相反，方向性问题代表着社会前进和发展的正确方向，而倾向性问题则代表着社会前进和发展的错误的和不好的方向。例如，许多地方都存在择校高收费、城市道路经常被挖开、假冒伪劣商品坑害消费者等倾向性问题，以此为选题的评论也不少。

6. 瞄准广大群众议论最多的问题。广大群众议论最多的问题往往既是时下迫切需要解决的问题，也是倾向性的问题，还是大家最为关注的热点问题。以这样的问题为选题，往往很受受众欢迎。

二、精心比较，刻意求新

把握了时机瞄准了目标，只是给我们提供了抓选题的目标和范围，还不算是真正抓住了选题，至少不能算是抓住了好的选题。我们还必须对抓住的问题进行比较和选择取舍，并刻意求新。

（一）精心比较

既然是"选题"，自然要对题目进行比较、鉴别和挑选，那如何进行比较呢？

1. 首先是纵向比较，即同报纸、广播、电视（包括本媒体）、网络上已经发表过的同题材评论选题进行比较，看这个选题别人写过没有，若没有最好，若有，再看别人是从什么角度写的、写到什么程度了、有多少。只有经过这样精心的纵向比较，才能避免自己步人后尘、嚼别人嚼过的剩馍，才能判断出这个选题是否有新意，从而决定是否该写。在过去传统媒体时代，这种纵向比较殊为不易，需要通过查阅大量过往报刊及听看大量音响资料才能进行。如今网络如此发达，我们可以轻易通过搜索引擎进行关键词搜索，查找到几乎所有同一选题的评论，这极大地方便了我们进行纵向比较。

2. 其次是横向比较，即同现实工作和生活中的同一类型的情况进行比较，也就是与同时不同地、不同领域的同一问题进行比较。通过这种横向的比较主要是看这个问题有多大的普遍性，有多少人和单位、部门面对和关注，从而判断它是否击中了人们心里绷得最紧的那根弦。

3. 最后是自己跟自己进行比较。也就是说，当你已经认准一个目标、一个方向、一个问题以后，还不能轻易地确定这个选题，而应该就此题材多列几个选题，然后进行比较，看看哪个选题更好、更有新意。

经过上述纵向和横向比较以后，可能会出现以下三种结果。

一是这个选题别人已经写过，在现实生活中也不具有迫切性和普遍性。遇到这种情况很好办，那就是舍弃不用。

二是这个选题别人没有写过，又具有现实迫切性和普遍性。这是最好的结果，这样的选题一定要写，因为它本就是别人没写过的，很有新意，只是看你写得高低深浅了。

三是这个选题别人写过，甚至还写过不少，但它还具有现实迫切性和较大的普遍性。这种情况常有，也是比较难办的。要解决这个难题就要用到下一个要求——刻意求新了。

（二）刻意求新

1. 首先是千方百计地寻找新角度。

角度就是观察问题的出发点。用新角度观察老问题往往能使不得不写的老选题焕发新意。

2. 其次要善于选择新的材料来说明老问题、证明老观点。

三、要在提高认识问题的能力上下功夫

如何抓评论选题，绝不是一个单纯的写作技巧的问题，归根结底是个思想水平和认识水平的问题。水平高的人往往能一眼看出一个事件、现象所蕴含的重要意义，能迅速地从现象中看出本质，从而抓住很好的选题。而水平不够的人则可能对它毫无反应，也不知道该如何进行评论。根本原因还是认识问题的能力不够，知识和经验不足。所以说，要提高抓新闻评论选题的能力，最重要的还是要在提高我们认识问题的能力上下功夫。

任何一篇新闻评论都包括内容和形式两个方面。我们的选题总是从内容方面着眼的，而这内容就是作者观察、认识事物的结果。每一篇新闻评论的写作过程都是认识过程和表达过程的统一。文以达意，评论实际上是作者思想观点的表达，认识在先，表达在后。没有新鲜而深刻的认识，没有科学的世界观和方法论，就没有新鲜而深刻的选题。

晋代的陆机在《文赋》中就讲："恒患意不称物，文不逮意。"意思是说：让作者时常忧虑的是自己的思想认识不能准确地反映事物，以及文章不能很好地表达自己的思想认识。这里所说的"物"据考证原本是指自然界中的季节更替、草木枯荣的景象，有其认识上的局限性。但如果我们把这个"物"的外延扩展一下，泛指所有客观事物的本质和规律，就非常符合我们抓新闻评论选题的道理了。也就是说，让我们每一个新闻评论员时常担忧的是自己的思想认识不能准确深刻地把握客观事物的本质和规律。

怎样才能提高我们的认识能力，这涉及很多方面，这里不细讲，只提几点粗浅的建议。

1. 学点哲学。哲学是使人聪慧的学问，平时多看点哲学书，不仅能增长知识开阔视野，而且能使我们增加看问题的角度和深度。这里说的哲学并不局限于马克思主义哲学，还可以看些康德、黑格尔、尼采、叔本华、培根、洛克、杜威等哲学家的著作。

2. 多参加实际工作。俗话说"实践出真知"。在力所能及和条件许可的情况下多参加各种生产生活实践活动。很多事情只有亲身实践才能有真知灼见，在实际工作中既能找到好的新闻评论选题，又能得到正确的认识和见解。

3. 多做调查研究。对一些自己感兴趣的重要问题一查到底，务求搞懂。这里说的调查研究并不一定是田野调查实地走访，还可以是查阅资料、请教专家，甚至是在网络上通过搜索引擎寻找资料和答案。

4. 广泛涉猎人文社会科学及自然科学方面的知识。一个优秀的评论员应该是知识面非常广博的人，平时多读一些政治学、法学、经济学、管理学、心理学等社会科学方面的书，以及物理学、化学、生物学、计算机科学、数学等自然科学方面的书，就能对很多事情和问题从不同的专业和角度进行观察和分析，从而大大提高自己认识问题的能力。

第三节　新闻评论的立论

一、何谓立论

立论，也叫立意，通俗地说就是形成和提出一篇新闻评论的中心论点，即确定评论的主要看法和基本见解。比较科学和严谨地说，立论就是确定一篇新闻评论的主题思想和基调。主题思想就是评论的中心论点，基调就是评论作者对评论对象的基本态度，赞成、反对或者中立。

立论和选题既有密切的联系，也有明显的区别。选题是新闻评论写作的第一道工序，而立论则是第二道工序；选题确定了评论"说什么"，立论则确定了评论"怎么看"。好的选题能保证新闻评论的对象有足够的评论价值，但一篇新闻评论质量的高低、价值的大小还是主要取决于其主题思想是否正确和深刻。主题思想不仅是评论的灵魂，而且是评论的统帅，它不仅制约着所有材料的取舍，还决定着评论结构的安排和语言的使用。

古人写议论文就很讲究立意。《后汉书》的作者南朝的范晔在《狱中与诸甥侄书》中说："常谓情志所托，故当以意为主，以文传意。以意为主，则其旨必见；以文传意，则其词不流；然后抽其芬芳，振其金石耳。"这段话的意思是：我常以为，文章是用来表达感情和志向的，因此应当以表达思想感情为主，以文章来传达作者的思想感情。如果文章以表达思想感情为主，文章的主旨必然会显现于读者面前；做到了以文词来传达作者的思想感情，文词就不会散乱无章法；然后才能达到内容完美，声调铿锵。宋代的苏轼则对议论文立意的作用讲得更为形象生动。宋代学者洪迈在其著作《容斋随笔》的《容斋四笔·卷十一》中记载苏轼在教导葛延之时说过这么一段话："儋州虽数百家之聚，而州人之所须，取之市而足，然不可徒得也，必有一物以摄之，然后为己用。所谓一物者，钱是也。作文亦然，天下之事散在经、子、史中，不可徒使，必得一物以摄之，然后为己用。所谓一物者，意是也。不得钱不可以取物，不得意不可以用事，此作文之要也。"这段话的意思是说：儋州是一个几百户人家的小城，这里百姓日常所需要的各种用品，都可以从集市上得到，当然不是平白无故就能得到，必须用一样东西去换取，然后才能为自己所有。那么，这一样东西是什么呢？就是钱。写文章也是同样的道理。天下之事，千姿百态。各种材料都分散在经书、子书（诸子百家、笔记小说）及史书之中，虽然可以得到它，可也不能白白地得到使用，也必须先得到一个东西，然后才能把它们攫取过来，为自己所用。那么，这个东西是什么呢？就是意。得不到钱就不能买到自己需要的物品，没有意也就不能写出文章。这就是写文章的秘诀。这段话对"意"，也就是主题思想对于一篇文章的重要性揭示得可谓淋漓尽致。这也启示我们在写作新闻评论时必须高度重视立意，做到"以意为主""意在笔先"。

二、立论的核心——判断

（一）立论的过程就是判断的过程

中国台湾报人王民在其著作《新闻评论写作》中说："立论的过程就是判断的过程，因为在大部分情况之下，新闻评论所讨论的问题，不外是真或伪的问题、是或非的问题、利或害的问题、善或恶的问题。"

对立论判断的类型不同的人有不同的分法。

王民认为：立论的判断可以简单地分为两种：一是事实判断，二是价值判断。事实判断就是分析判断事情的相关消息是真的还是假的，我们看到的是真相还是假象。价值判断就是分析判断这个事情的是非对错，对公众对社会对大家是有利的还是有害的，是利大于弊还是弊大于利，这个事情在道德上是善的还是恶的，是道德的还是不道德的。

另一位中国台湾报人林大椿在其著作《新闻评论学》中则将新闻评论立论的判断分为以下六种类型。

第一是人情世故的常识判断。就是依据社会人情世故的常识（而不是专业的科学知识）对事物的真实性做出判断推理，如果事情的相关情节符合情理和生活常识则很可能是真实的，如果事情明显违背一般的人情世故和社会常识则很可能是假的。例如，下面这篇刊登于中国青年报客户端上的新闻评论就是一篇典型的依据社会人情世故的常识对事物的真相做出判断推理的新闻评论。

25 岁女子已婚 12 年？关注的重点不止是"失联"

杨鑫宇

2020 年 10 月 13 日　中国青年报客户端

　　最近几天，江西一名女子突然"失联"的消息在网上引发了不少关注。首发这则新闻的媒体，在报道此事时几乎全盘采用了失联者丈夫的说法，称当事人"失联 9 个月留下 4 个娃"，离开时"装扮神秘"，因此招致了不少新闻伦理与专业层面的批评。在批评者看来：一名年轻女子突然离开家庭，很可能有特殊的隐情，即便其安危确实令人担忧，也应交由警方调查。媒体贸然公布涉事女子照片与其他个人信息，不仅有侵犯隐私之嫌，也有可能给当事人带来其他不必要的麻烦。

　　乍听起来，公众对这则新闻的不满，似乎有点对失联者的丈夫进行"有罪推定"的意思。但是，只要认真阅读相关新闻的细节，便不难发现：当事人与其丈夫的婚姻关系确实颇为蹊跷。

　　据报道，"失联"女子生于 1995 年，今年才刚满 25 岁，而在其丈夫口中，二人已经有 12 年的夫妻生活。如果这两条信息均无差错，便意味着：涉事女子在 13 岁时便已与丈夫成婚——这不仅严重违反了我国婚姻法对合法结婚年龄的规定，更有侵害未成年人权益的"童婚"嫌疑。更恶劣的是，报道还提到：两人生育的 4 个孩子中，最大的已经年满 8 岁。因此，涉事女子首次生育时，很可能是一名只有 17 岁的未成年产妇。

　　综合以上信息，不难推出一个结论——与其说涉事女子是一名抛夫弃子的"失联者"，倒不如说她是一名非法童婚的疑似受害人。在这种情况下，媒体仅仅将报道聚焦在涉事女子的"失联"上，显然没有抓住隐藏的重点。公众固然关心涉事女子的安危，但搞清楚这对夫妇到底何时结婚、如何生育了 4 个子女、男方在其中是否涉嫌违法、女方又是否在未成年阶段受到侵害等问题，更是洞悉事件全貌的关键。

　　在这些关键信息严重缺失的情况下，我们很难判断：当事女子的"失联"，究竟是一场"说走就走的旅行"，还是一场迫不得已的"逃亡"。事实上，就连当事女子是否真的如其丈夫所述，是自行离家出走，也依然要打上一个问号。倘若这名女子确实是出于自己的意志选择离开家人，除了"寻人"，借此厘清这段婚姻关系的双方责任更为重要；反过来说，万一这名女子有遭遇不测的风险，媒体更应对其丈夫的单方面说法保持合理质疑，万万没有成为男方"传声筒"的道理。

如今，这起事件毕竟成了舆论场上的热门话题。为此，不论是曾经在报道中有所疏失的首发媒体，还是后续关注此事的其他媒体，都应在认真听取社会批评的基础上，将新闻镜头的焦点转向真正值得追问的方向。一方面，各大媒体应当以打马赛克、模糊关键信息等方式保护当事女子的个人权益；另一方面，我们也期待有媒体能以更专业的方式跟进此事，对事件中涉及的未成年人婚育问题展开进一步调查与追踪。对于当事女子的去向与安危，社会各界最好的关心方式就是支持警方工作，还应慎行"媒体寻人"。

当下，这起事件仍有许多疑团有待解答。公众最希望知道的，是当事女子是否平安无事，其婚育是否受到了强迫，对其"童婚"负有责任的人又是否会受到追究。只要这些问题的答案能够水落石出，且当事女子安全无虞，其去向只需由警方了解，不必搞得人尽皆知。对此，还望媒体与警方能以审慎的态度行使其社会责任，充分保障当事女子的合法权益与人身安全，防止对其造成不必要的次生伤害。

第二是事实真相的判断。就是依据与事情有关的专业的科学知识来对事物相关信息进行分析研判，对事情的真假做出科学的判断。

第三是来龙去脉的原因判断。就是对事物的前因后果、发展逻辑进行分析判断，找出主要原因、次要原因，理清事物的内在逻辑关系。

第四是谁是谁非的真理判断。就是依据科学原理、法律法规判断事物的是非对错。

第五是谁善谁恶的道德判断。就是依据社会公认的伦理道德、公序良俗对人和事做出善或恶、好或坏、道德或不道德的判断。

第六是预测将来的结果判断。就是根据事物发展的规律和内在逻辑推断、预测其将来可能的发展趋势和结果。

（二）我们认为的立论的主要判断类型

1. 事实判断，就是对事实真相的常识性或者专业性的判断，非专业人士一般依据生活常识和人生经验进行判断，专业人士则可以依据科学原理专业知识进行分析研判。

2. 价值判断，就是对事实的价值高低、意义大小、影响范围和程度进行的较为专业的判断。

3. 因果判断，就是对事实与主客观原因之间内在联系的判断，找出何为因何为果，主要原因是什么次要原因有哪些，哪些是主观原因哪些又是客观原因。

4. 趋势判断，就是根据事物发展的规律对事实的发展趋势与可能产生的结果进行的预测性的判断。

三、立论前必要的准备

这里所说的必要的准备不仅包括在确定一篇具体的新闻评论的立论前所做的临时的专门的准备，还包括评论作者平时的点点滴滴的学习和积累。

（一）了解论题所涉及的事实及背景。在确定一篇新闻评论的主题思想前，作者需要尽可能地了解清楚所要评论的事情、问题、现象的来龙去脉、前因后果，以及其发生的背景和深层次的原因。只有全面的掌握这些材料，才能保证形成的观点全面、公正、深刻。

（二）掌握相关的政策、法律及法规。我们的新闻评论对事物的评析、对问题或现象的评判依据的一个重要的标准就是国家在这个领域、行业颁布实施的方针政策和法律法规，如果对此没有足够的了解，就很难保证评论的立论正确和有足够的说服力。例如，《中国青年报》2002 年 5 月 5 日刊发的下面这篇题为《生命权是第一位的》的新闻评论，从文中我们就可以看到作者童大焕对我国铁路交通、医疗卫生相关法规和地方铁路部门的规章制度甚至有关的法理都十分了解。

生命权是第一位的

童大焕　王秀华

2002 年 5 月 5 日　《中国青年报》

由于铁路公安在抢救过程中的干预，李素芳老太太苦等了 1 个多小时之后，终于因错过了最佳抢救时间，撒手人圜。对此，铁路方面的解释是：兰州铁路局的文件规定，出事要找就近医院救治，以铁路医院为主，这牵扯到经费结算的问题。

凡从事医疗卫生工作的人大都知道，对突发事件的急诊急救工作必须遵循就近原则。因为时间就是生命，选择离现场最近的医疗机构能为抢救患者赢得宝贵的时间。

为什么舍弃先来的 120 急救车不用而非要等 35 分钟以后才赶到的"定点医院"的救护车？出事地点距兰州铁路中心医院仅 1 公里左右，又为何非要拉到七八公里外的兰西铁路医院？铁路公安部门的解释是：牵扯到经费结算。说白了就是利益驱动！

兰州铁路公安处负责人否认了"阻挠"说，因为"阻挠是要有具体行动的"。但有一点是不可否认的：就是警察的"介绍"客观上阻止了 120 对伤者的抢救，进而造成了严重后果。

放着现成的急救设施和办法不用（警察本应积极配合医生尽快采取行动的，这才是他的本职）而让人们等一个未知的未来，这样处理事情算"态度是积极的，行动是迅速的，行为是主动的"吗？

从表面上看，这是缘于兰州铁路局根据国务院国发 1979（178）号文件制定的 1989（130）号文件，该文件规定，出事要找就近医院救治，以铁路医院为主。但该文件明显违法，因为国务院制定的《火车与其他车辆碰撞和铁路路外人员伤亡事故处理暂行规定》明确规定："在区间发生的事故……伤者急送就近医院抢救，尽速恢复正常行车"。并未规定"应以铁路医院为主"，后者显然是在塞私货。

另一方面，警察在施救过程中也并未严格遵守兰州铁路局自己制定的文件。即使依据该并不合法的"明文规定"，距出事地点一公里处就有一家铁路医院，为何非得跑七八公里外？显然也没有遵循就近原则。在这里，利益大于地方规定，地方规定又大于国家规章！

可怕的不仅是有关单位有关人员制定并执行了一个违法的文件，而是有关人员漠视他人生命权利和尊严，用一个违法的行规，为违法的利益张目。

无论是立法定规，还是执法，我们都应该很清楚："救治以铁路医院为主"是属于管辖权问题，而伤者选择什么样的医院，则是个人的生命权问题，不管前者合不合法，后者的生命权都是天然合法的，管辖权绝对不应该高于生命权。再说，铁路有关部门也只能管他自己的内部事务，无权去管辖铁路以外的外部人员。这样的法理，应该是常识。

另外，无论穿过铁路的老人该不该承担与火车相撞的责任，也都无法抹煞她后来被耽误治疗以致死亡的事实。这是前后不同的两个责任，一定要严格区分开来。因此，无论从哪个角度，当事警察和当地"有关部门"都难辞其咎。

跳出这个案子，我们应该确立一个基本原则：生命权高于管辖权。这是立法的原则，也是执法的原则。即使有某些"县官不如现管"的"地方规定"不合法不合情，执法人员也应遵循这个原则，而不是视生命如草芥，奉"规定"如教条。

（三）收集相关的意见或观点。在确定一篇新闻评论的立论前，作者应该广泛的听取和收集其他人对此事或问题、现象的看法，尤其是当事人、业内权威专家及主管领导的看法，正所谓集思才能广益。只有充分的听取了各方的看法后再做出评判，才能保证评论的立论不偏颇、不片面。

（四）具备相关的知识或修养。新闻评论对事物的评析、对问题或现象的评判依据的另一个重要的标准就是其背后的科学原理和知识，也就是说看这个事、问题或现象是否符合科学。评论作者只有懂相关的科学知识才能对事物做出正确科学的分析评判。例如，下面这篇2021年4月27日人民日报评论微信公号上刊发的题为《熟鸡蛋返生？防止"反智"，需要涵养科学精神》的新闻评论，从文中可以看出作者常盛具备丰富的科学知识和较高的科学素养。

熟鸡蛋返生？防止"反智"，需要涵养科学精神

常盛

2021年4月27日　人民日报客户端

最近，河南郑州春霖职业培训学校校长郭萍发表的关于熟鸡蛋返生、煮熟绿豆芽返生发芽、物体隐形传输的论文引发广泛争议。在文章中，学生们利用超心理意识能量的方法使得鸡蛋返生，试验者则在意念下传输GPS。春

霖学校曾举办"第六感大赛专项教练培训"等，包括"特异制动（意念拧钢勺）"等项目。目前，郑州市人社局已介入调查，吉林省新闻出版局也派工作组进驻相关杂志出版单位调查，有关情况将及时向社会公布。

这些观点，违背了最基本的科学原理，也有悖于人们日常生活的常理，带有明显的"反智"色彩，其荒谬荒唐，本不值一驳。但令人震惊的是，如此公然"反智"，竟能以"论文"形式发表在正式出版的中文期刊，比如其中一篇《熟鸡蛋变成生鸡蛋（鸡蛋返生）——孵化雏鸡的实验报告》发表在《写真地理》杂志，这本杂志是由吉林省新闻广电局主管、吉林省舆林报刊发展有限责任公司主办的国家正规出版期刊。这样的"论文"如何通过相关的审稿程序？这背后有无利益输送？进而言之，该校推出的伪科学培训课程是否涉嫌欺诈？这种伪科学培训灰色利益链是如何形成的？该校长的头衔与荣誉是否真实？又是如何得来？这些都需要调查清楚，不只是为了给社会公众一个交代，也是为了给科学、给知识一份尊重。

客观而言，近年来国家的科技发展取得了很多重量级成果，整个社会的科学素养也得到了很大的提升。但饶是如此，类似这种带有"反智"色彩的荒谬观点仍不时冒出。比如有教授提出"英国人和英语起源于湖南湘西"等。这些"反智"观点有一些共同特点，比如论证过程看似借用了科学方法，但其实逻辑推导、实验论证都存在很多缺陷；比如观点结论往往语不惊人死不休，与经过时间检验的科学原理和生活常识形成巨大反差，由此博得关注。这些都说明，在全社会普及科学知识，让科学精神入脑入心、走进生活，还有很长的路要走。

从"熟鸡蛋返生"涉事各方的反应来看，要防止"反智"、普及科学，首先要真正理解何为科学精神。很多发表"反智"观点的人，恰恰因为他们对科学精神的理解出现了偏差，因此才会以"科学"之名、行"反智"之实。科学精神是现实可能性和主观能动性的结合，现实可能性来自对客观性的追求，主观能动性则体现为强烈的创新意识。或者说，科学精神可以体现为大胆假设和小心求证两个方面。实现科学创新确实需要进行大胆设想，但这种设想要基于已被证明的科学原理、科学范式以及科学发现，不是"反智"观点那种违背原理、毫无根据的胡思乱想，而且科学假想还需要经过科学理论的推导、科学实验的验证、科学共同体的同行评议，而不像"反智"观点那样未经严格论证。

今天，科技创新在国家综合实力竞争中具有决定性作用，我国还需要攻克关键核心技术"卡脖子"难题，并实现科技自立自强。在这样的大背景下，如果允许"反智"观点在公开学术刊物发表，不仅不利于提高民族的科学素养，而且会降低中国科学界、中文期刊的学术公信力。这说明，还应继续在全社会推动形成讲科学、爱科学、学科学、用科学的良好氛围，使蕴藏在亿万人民中间的创新智慧充分释放、创新力量充分涌流。

五四运动把"赛先生"请进来已逾百载，我们应该接力让科学精神继续在中国大地生根发芽。从社会舆论对"熟鸡蛋返生"的反应来看，秉持科学精神仍然是社会的主流。相信随着全社会科学素养的提升，法治意识的增强，类似这种"反智"的观点会越来越少，中国的科技创新能力将不断增强。

四、立论的要求

（一）针对性

新闻评论立论的针对性指的就是评论能够针砭时弊、有的放矢，能针对不良社会风气和倾向性的矛盾，或针对偏颇乃至错误思想观念，运用正面引导或者批评论辩的方法对症下药加以分析评说，以促使观念转变，帮助受众提高思想认识，从而传播正能量，产生好的社会效应。反之，如果新闻评论无的放矢，一味空洞的说教，唱高调，就会引起受众的反感，既没有针对性，也不会有好的传播效果。怎样才能增强新闻评论立论的针对性呢？

1. 应当抓住当前最值得关注的舆论动向来立论。不同的时间有不同的舆论动向。比如，2020年年初，一场突如其来的疫情先是从武汉爆发，很快席卷全国，近一年来抗疫战疫防疫都是舆论关注的焦点，抓住这个万众瞩目的舆论动向来立论的评论，其立论的针对性就很强，也自然很受受众关注和欢迎。例如，下面这篇人民网上刊发的新闻评论立论就很有针对性。

医护人员的防疫补助岂能按"级别"分配

李松林

2020 年 3 月 4 日　人民网

近日，一份"一线疫情防控人员发放临时性工作补助"的统计表火了，"医院领导拿的补助比援鄂一线的都惊人"，引发广泛质疑。目前，陕西安康市中心医院已对此致歉，并表示将重新认真核定，严格审核把关。最新消息显示，当地纪委监委已成立核查组，就网络反映的有关问题依法依规开展核查工作。

抗"疫"当前，对守护生命的一线医护人员进行适当优待和补助，已是社会共识。此前，从中央到地方，也出台了一些关爱呵护一线医护人员的奖励政策。这些政策不仅抚慰了一线"战士"的心，同时也传递出正义、温情和人性的社会价值。

然而，安康"一线医护补助最低400元，医院领导拿8000元"一事，却显得格外刺眼与突兀。战场之上，后方保障员比前线"扛枪"的战士补助更多，怎么说都有失公允。而公平公正"搁浅"的背后，则是补助标准的错位、补助范围的粗疏、审核流程的破漏。说得轻一些，这叫本末倒置，没有人性；说得严重些，可能涉嫌胡乱作为，失职渎职。

补助历来都是一件极严肃的事。怎么补、给谁补、补多少，不仅关涉效率和效果，更关涉公平正义和世道人心。疫情发生以来，万千医护人员不顾个人安危，不畏艰难困苦，命令既出，一线必达。有他们的牺牲"小我"，才护佑和保全了更多的你我。如此奉献，如此尽职，岂能容许"领导拿的补助远超赴鄂医生"？岂能让优待和补助按"级别"分配？

因此，调查此事真相只是第一步。调查之后的问责和重新核发，更为重要。

抗"疫"工作已到了最吃劲的关键阶段。只要我们凝心聚力，继续坚持依法科学有序防控，击败新冠病毒就只是时间问题。然而安康一事也启示我们，各地在眼下和后续的奖励抚慰工作中，一定不能想当然、搞"惯性"，而应依据实际，科学制定标准，公正透明及时发放。否则，补助就失去了意义，反倒容易引发新的不公，惹出新的矛盾。

疫情面前，与死神较量，与时间赛跑。我不知道你是谁，我却知道你为了谁。为了国家和社会，一线医护人员流血流汗甚至献出了宝贵生命，我们不能再因为补助而伤了他们的心。保障充足、政策兜底抚慰他们，再怎么强调都不为过。

2. 普遍存在的社会时弊。新闻评论立论的针对性突出表现在评论敢于抓住当前实际工作生活中迫切需要解决的各种社会弊端，对症下药予以积极治疗和解决上。例如，2010 年 9 月 5 日刊发在人民日报《人民时评》栏目的这篇新闻评论，其立论就抓住了普遍存在的社会时弊，很有针对性。

开学清单假期账单　我们还供得起学生吗？

李德民

2010 年 9 月 5 日　《人民日报》

近日看到两条新闻，南边是 8 月 30 日《深圳特区报》的《"开学清单"走高　家长当三思而行》，北边是 9 月 1 日《北京晚报》的《孩子俩月花费抵上一年工资》。这两条新闻引起笔者的忧虑：我们还供得起学生吗？

深圳的新闻说的是，冯女士的儿子今年考上大学，奖励了儿子一台新款手机，又买了一台新笔记本电脑，另外，加上行李、行头、学费、生活费，需要两三万元。据称，这样的花费在深圳只算是中游水平，家家的情况都差不多。

北京的新闻说的是，有位家长的孩子在暑假里，旅游、考驾照、购买准备到校所带的生活必需品等，加起来 3 万元左右。还有位家长说，在假期，自己两个月来给孩子花的开销，抵得上一年的工资。

看了这一张张"开学清单""假期账单"，令人倒吸一口冷气。以笔者的收入，是很难供得起这样一个学生的，而笔者是个有 40 余年工龄的职员。在全国特别是在西部，在农村，恐怕还有相当一部分同胞同样不堪重负。而那些供得起的人们，看来也不轻松，多有怨言。

也许有读者会说，那是发生在深圳、北京经济发达地区的事，没有什么普遍意义，不值得大惊小怪，何况人家是花自己的钱办自己的事，而且促进消费，扩大 GDP，有何不好？要看到，我国的经济发达地区其实也没发达到多高的程度，在当今社会，倘若连一般人都感到供不起学生了，那不正常，也很危险。

如今学生从上小学、中学到大学，甚至包括上幼儿园，都存在着过高消费的问题，而且还有互相攀比甚至"比富""斗富"的苗头。这已不仅仅是教育领域里的问题，不光是批评家长、学生以及经营"开学生意""假期生意"商家的问题，而是关系到国民精神状态和价值观的大问题，是关系到怎样培养下一代的大问题。

3. 抓住当前迫切需要解决的实际矛盾立论。每个阶段都有当时迫切需要解决的实际矛盾和问题，如果新闻评论能就此进行科学的分析并提出可行的解决问题的方法，不仅很有针对性而且可以促进问题的解决，推动社会的发展进步。例如，2020 年 7 月 8 日《工人日报》上刊登的这篇新闻报道后面配发的"记者手记"，立论就抓住了当前企业生产中一线工人因无法评工程师而严重影响学技术、搞创新的积极性这个当前迫切需要解决的实际矛盾立论，就有很强的现实针对性。

一线职工想创新，身份界限能否打破？

刘旭

2020 年 7 月 8 日　《工人日报》

阅读提示

目前，很多企业里工人通道的顶端是高级技师，横向比较和高级工程师的地位差不多，但待遇上却要差很多。许多工人只能评技师，评不了工程师，也转不了管理岗位，身份固化影响了生产服务岗位人员学技术、搞创新的积极性。如何让职工发明家"有里有面儿、名利双收"，成了当下亟待解决的难题。

辽宁省一些大型企业进行了打破职工身份界限的探索和实践，即工人可考专业技术职称，专业技术人员可考技能职业资格。不过，目前试点"双师制"的多是大型企业，很多中小型企业对推动技能人才参评专业技术职称并不积极。为此，专家呼吁，中小企业应当转变观念，建立人才评价管理长效机制，同时兑现福利待遇。这样才能激发职工创新热情，创造更多经济效益。

13 年实现革新 436 项，获批专利 14 项，被鞍钢命名先进操作法 7 项，研发出鞍钢专有技术 15 项，累计为企业创效 9000 多万元……激发刘铁创新热情的是鞍钢集团实行的"双师制"，待遇得以落实，上升通道得以打通。除了钳工技师这一身份，鞍钢股份有限公司炼钢总厂三分厂连检三作业区精练点检班班长刘铁还有另一重身份——工程师。

然而，实际中，像刘铁这样享受"双师"待遇的一线职工还不多。

目前，很多企业里工人通道的顶端是高级技师，横向比较和高级工程师的地位差不多，但待遇上却要差很多。由于工人身份，许多工人只能评技师，评不了工程师，也转不了管理岗位，这降低了许多工人创新的热情。如何让职工发明家"有里有面儿、名利双收"，成了当下亟待解决的难题。

与高级工程师月薪相差 7000 元，创新动力在哪里？

同样有 13 年工龄，黄俊却对刘铁羡慕不已。黄俊是沈阳一家汽车服务公司的汽车维修高级技师。刚进企业时，他跟老师傅学技能，由于勤奋肯吃苦，厂里举办各类技能竞赛，他的名次从没出过前五名。2015 年，他成了厂里最年轻的高级技师，月薪升到了 8000 元。这几年，他的革新、专利明显见少。原因是工资到了上限，晋升管理岗无望，没有了创新动力。如今，比他晚进厂 8 年、评上工程师的大学生月薪都达到 8000 元，而高级工程师的月薪达 1.5 万元。

这一状况，在今后可能会有所缓解。

为打破职工身份固化限制，2018 年 11 月，人力资源和社会保障部出台《关于在技术领域实现高技能人才与工程技术人才职业发展贯通的意见》，明确支持工程技术领域高技能人才参评工程系列专业技术职称，鼓励专业技术人才参加职业技能评价。

鞍钢集团率先试点，2019 年 3 月，《鞍钢集团有限公司职称评审管理办法》出台，拓展职称评审人员范围，打通高技能人才与工程技术人才职业发展通道。获得技师资格后从事技术技能工作满 3 年，可申报评审相应专业工程师；获得高级技师资格后从事技术技能工作满 4 年，可申报评审相应专业高级工程师。政策一出，立即引来612名生产服务岗位人员报考专业技术职称。

黄俊告诉记者，目前试点"双师制"的多是大型企业。主要是该类企业本身具有完善的人才评价、激励机制，比如，鞍钢集团有限公司也是辽宁首批职业技能等级认定试点企业。"一些大企业自己就能评价技能人才，也会帮着一线职工晋升。而像我们这样的中小型企业不太注重技能人才培养，更不会积极推动技能人才参评专业技术职称。"黄俊说。

藩篱破除了，待遇还要跟得上

在2014年获得国家科技进步奖二等奖的鞍钢股份冷轧厂检修车间点检员、首席技师李超告诉记者，近十几年来，生产服务岗位人员尤其是该岗位的青年不愿意学技术，很重要的一个原因是身份固化造成的。生产服务岗位人员社会地位不高，收入又低，而这个身份从入厂几乎一直伴随到他退休。身份固化，影响了生产服务岗位人员学技术、创新的积极性。

鞍钢这一改革，破除了职工身份基本固化藩篱，激发起普通职工，尤其是生产服务岗位人员积极上进的热情。

今年44岁的鞍钢集团矿业有限公司东鞍山分公司维修电工、高级技师马志刚去年7月申报的是电气自动化工程师，顺利通过。"首先认可了我的能力，还多了一条上升通道，让我更有奔头，如今我也愿意积极主动地研究解决一些技术问题。"马志刚说。

晋升空间更广了，随之而来的是待遇跟得上。

5月28日，刘铁被评为第二批9名"鞍钢工匠"之一，将享受厂级副职待遇，还有像刘铁这样的一线职工可享受"工程师"待遇。

藩篱逐渐破除，"评而不聘"则成了接下来的拦路虎。"工人可以参评'工程师'"，文件一出，黄俊就找过企业的人事部门，经理拿出《公司内部职称评聘管理办法》，第十四条、第十五条规定，获得任职资格后才具备被聘为相应技术管理人员的条件，各职称等级采用择优选聘的方式。

"也就是即便个人参评成功，企业不聘用，我的待遇还是升不上去，而且晋升管理岗还是没啥希望。"黄俊失望地说。

培养复合型人才，激发职工创新热情

"一线管理工作特别需要复合型人才，既有理论水平，又有动手能力。而

这种复合型人才往往创新成果也是最多。"李超说。他在 2014 年获得了国家科技进步奖二等奖。

他向记者讲述自己的成长经历：1989 年他到鞍钢冷轧厂检修车间当了一名维修钳工，后担任设备维护保障的点检员。因为干活善于动脑子，技术进步很快，由单位特批参评专业技术职称。于是，他先获评助理工程师，2018 年评为工程师。然而，这个政策只给少数工人技术尖子，没有形成制度。李超说，"如今，'双师制'让更多的一线职工可以像我一样大展身手。"

2018 年 8 月，辽宁省印发《关于进一步提高技术工人待遇的实施意见》，明确提高高技能领军人才政治待遇和经济待遇。比如，每两年在一线技术工人中命名奖励 100 名"辽宁工匠"，重点推荐其享受国务院特殊津贴并参评全国劳动模范、中华技能大奖等荣誉，同时给予一次性 10 万元生活补贴，各地区给予相应配套待遇。"辽宁工匠"经过相应的专业技术人员专家评委会评审，可直接获得正高级工程师专业技术资格。

"政府出台的政策为企业打了个好样。给技能人才晋级加薪不是加重企业负担，而是留住了人才，是促进企业长远发展的良方。"辽宁社会科学院社会学研究所所长王磊说。他表示，部分中小企业应当转变观念，建立人才评价管理长效机制，同时兑现福利待遇。这样才能激发职工创新热情，创造更多经济效益。

他建议，企业要为高技能人才制订职业发展规划和年资（年功）工资制度，合理确定年资起加点和工资级差。试行高技能人才年薪制和股权期权激励，鼓励各类企业设立特聘岗位津贴等，参照高级管理人员标准落实经济待遇。

记者手记

拓宽职业发展空间，让"青工都爱学技术"

去工厂、工会采访时，时常听到"青年工人不爱学技术"的话题。为什么呢？很重要的一点就是职工身份基本固化，即工人只能按照初级工、中级工、高级工、技师、高级技师晋升，而大学生毕业入职后，则按助理工程师、工程师、高级工程师等晋升，而这种固化的身份往往要伴随一名职工到退休。尤其是工人，社会地位不高，收入不高，而又不能改变，他们怎么会愿意学技术搞创新呢？

辽宁省一些大型企业进行了打破职工身份界限的探索和实践，即工人可考专业技术职称，专业技术人员可考技能职业资格。记者采访了多名考取高级工程师、工程师职称的高级技师、技师，他们几乎个个都为这项改革感到高兴，多了一条上升通道，他们更有奔头了。

这项改革更给了工人一个强劲的信号：当工人同样有发展、有出息，激发了工人学技术的热情。可以说，这项改革打破了产业工人上升通道窄、待遇相对低等不利于自身发展的瓶颈，给产业工人铺就了上升新通道、搭建了成才新阶梯。而技术人员也将通过技能锤炼，成为既有理论水平又有较强动手能力的复合型人才，在职业生涯上也同样有了新提升。

记者认为，让职工爱岗敬业的最好办法是拓宽他们的职业发展空间，让他们有干头、有奔头。产业工人队伍建设改革是推进国家现代化进程的重大战略，复合型人才的培养和占比是未来人力资源竞争的主战场和影响企业竞争力的核心要素之一。为勇于创新的职工打破身份藩篱，提升职工待遇，对产业工人、技术人员的个体发展，对企业产品质量的提升、技术人才的培育和储备，都大有助益。这样的改革踏在了产业工人队伍建设的鼓点上，也为我国职工队伍建设和改革提供了新样本。（刘旭）

4. 抓住人们思想上共同的困惑、疑虑立论。新闻评论立论时如果能抓住人们思想上共同的困惑和疑虑进行释疑解惑，就能大大地增强其针对性。比如，下面这篇刊发于 2020 年 9 月 16 日《中国青年报》上的新闻评论在立论上就做到了这点。

铁球砸死女婴全楼被判赔：法律如何兼顾人情

刘婷婷

2020 年 9 月 16 日 《中国青年报》

最近，一则"天降铁球砸死女婴，整栋楼判赔"的消息，再次引发公众对这个经典法律问题的讨论。

2016 年，四川遂宁市油坊街 127 号楼，一只从天而降的铁球，砸中了楼下婴儿车里一名不满一岁的女婴并致其死亡。事发后，当地警方介入调查，但没能找到抛物者。于是，女婴父母将事发地整栋楼的住户全部起诉至法院。前不久，遂宁市船山区法院一审判决，除家中确无人居住的不承担责任，其余121户业主每户补偿原告3000元。目前，一审判决还未执行，已有30余户涉事业主准备上诉。

对于一些涉事业主的不满，其实可以理解。正如一些上诉业主代表所说，"当时出事后，我离那个事发地很远，隔了几栋楼，肯定没我什么事""事发那栋单元楼出了问题，为什么每个人都是3000块钱？""咱们出于人道主义的精神来说，适当地给人家捐助一点可以，但不是每家3000块钱这么多"。明明自家对天降铁球砸死孩子没什么过错，却要承担"补偿责任"，这不是给罪魁祸首埋单吗？

不过，从法律上来说，法院判决也并非没有依据。侵权责任法规定："从建筑物中抛掷物品或者从建筑物上坠落的物品造成他人损害，难以确定具体侵权人的，除能够证明自己不是侵权人之外，由可能加害的建筑物使用人给予补偿。"民法典延续了侵权责任法的立法精神，对难以确定谁是侵权人的，规定由"可能加害的建筑物使用人"进行补偿。法律之所以作出如此规定，这是因为在穷尽过错追责手段之后，受害人将面临救济无门的境地。让"可能加害的建筑物使用人"伸出援手，集体承担"补偿责任"，可能对这些人不够公平，可对受害人却是最实际的公平，而这种公平原则，也体现出现代法律的人道主义精神。

当然，法律并不僵硬死板。根据侵权责任法规定，"根据法律规定推定行为人有过错，行为人不能证明自己没有过错的，应当承担侵权责任"。民法典也有类似规定，"可能加害的建筑物使用人"进行补偿，能够有证据证明自己确定不是侵权人的除外，"可能加害的建筑物使用人"补偿后有对侵权人追偿的权利。对于那些感到不满的业主，如果有确切的证据证明自己对天降铁球没有任何过错，就可以排除己方进行补偿的法律责任。对于那些承担了补偿责任的业主，法律还保障了追偿权，有朝一日真相大白，他们还能把补偿出去的这笔钱要回来。

在民法典中，虽然追加了对于公安机关的责任，规定发生从建筑物中抛掷物品造成他人损害时，公安等机关应当依法及时调查，查清责任人，但公安机关并不是上帝，100%的破案率只是理想。在这起事件中，公安机关已展开了调查，只是没有找到抛物者。当过错责任者无法确定的时候，过错推定责任将成为主角。当然，基于民法典的规定过于抽象，在后续立法中还须进一步明确公安机关介入调查的程序、标准、要求，以便最大限度地查明真相，使责任人承担应尽的法律责任。

对受害者及其家人，从天而降的铁球、玩具、工具、自行车，甚至是一个小小的水果、鸡蛋，都可能造成巨大的身心伤害。这些年，从侵权责任法到民法典，从相关司法解释到司法实践，来自立法、司法的努力，正在形成一张规制高空抛物、坠物的坚韧法网。对于这起天降铁球砸死女婴的人间悲剧，无论是一审判决全楼"补偿"，还是以后的二审业主上诉，都是一次难得的法治洗练，带来的不仅是观念的碰撞，更将是法治的进步。

（二）新颖性

立论的新颖性就是指一篇新闻评论在读后听后看后能给受众以新的养料、新的收获、新的认识和思想启迪。这具体体现在以下几个方面。

1. 提出新的思想、观点、见解。这是新颖性中最重要也是最难以做到的。如果一篇新闻评论能对一件事提出新的与众不同的观点和见解，就能给人以新的认识、新的启迪，立论也就有了新颖性。一篇新闻评论如果没有一点新意，说的都是老话、套话，哪怕这些话百分之百的正确，也会味同嚼蜡，不可能打开受众的心扉。

例如，1996 年 7 月 6 日广东人民广播电台播出了一篇题为"警惕另一形式的腐败"的这章，就对一起看似普通的考试作弊事件提出了全新的观点，将这起考试作弊事件上升到腐败的层面，的确给人以耳目一新之感。这个立论初看让人觉得有些匪夷所思，但听完全文又让人觉得确实很有道理。这个发生作弊的考试是"在职人员申请硕士学位外语课程水平全国统考"，现场查出有 11 名考生并非本人而是替考者，这 11 名考生要么是副厅长、处长、科长等领导干部，要么是企业总经理等高管。为什么说这是另一种形式的腐败呢？我们先来看下这场考试的重要性。在我国，一个人要想获得硕士学位有两种途径：一是参加统一的研究生入学考试，考上后脱产读两年或三年，拿到要求的学分，毕业论文通过后获得硕士研究生毕业证和学位证；另一种是在获得学士学位证后向招收在职研究生的高校申请读在职研究生。但实际上八成以上的在职研究生很难获得硕士学位（注：在职研究生不能获得研究生毕业证），大多数人只能肄业，因为在职研究生要获得硕士学位一般至少要达到以下几个条件：第一，上够规定数量的课程并拿到学分（这个条件大多数人都能达到），在职研究生一般是周六周日上课；第二，几门专业课抽考通过（大多数人也都能达到）；第三，在职人员申请硕士学位外语课程水平全国统考通过（这个条件大多数人都不能达到）；第四，硕士毕业论文通过答辩。可以说，八成以上拿不到硕士学位的在职研究生都是卡在这个全国统考的外语上。其他三个条件努力下基本都能达到，唯独这个外语考试是全国统考，其难度接近国家英语六级，而读在职研究生的人大多数都年龄偏大，外语水平不高。近年来，我国在提拔领导干部时注重知识化、年轻化、专业化，许多学历不高的党政和企业领导干部也都想提高学历，于是很多人读了在职研究生。这原本是一件好事，但一些人想提高学历，又不想下功夫好好学习，有些领导干部干脆安排下属去替自己上课、做作业，甚至代写论文，于是也就有了这次的替考。对这些人而言，他们读在职研究生并不是为了学知识提高自己的能力，而是为了混张文凭，最终的目的就是为了获得更高的官职。从这个角度上说，这确实是另一种形式的腐败。请看这篇获得1996年中国新闻奖二等奖的广播新闻评论的最后几段话所说的，就很有新意。

平心而论，类似以权谋学位这样的事情，其恶劣的影响已经超出了一般意义上的以权谋私。那些敢于视圣洁的学位制度于掌上玩物的厅长、处长、总经理们，表面上似乎是看重硕士、博士之类的头衔，而实际上不过是想拾起一块敲门砖，最终的目的仍然是更大的权力，以谋取更多的个人利益。对于这些心术不正的人，仅仅从一般做学问的弄虚作假来认识他们，显然是难以让老百姓服气的。因此我们说，这实际上是另外一种形式的腐败。如果我们不警惕、不果断地采取措施杜绝此类事情的发生，那么，对于那些在校园里规规矩矩做学问的莘莘学子，那些在清贫中守住一方"净土"的学术界人士，无疑是一种灾难性的打击；从更深一层意义上看，还会导致我们在培养、选拔干部时产生错觉，甚至陷入混乱，其严重性远远超出了可以用物质来衡量的程度。

以权谋学位的腐败现象，给我们敲响了警钟。我们必须从捍卫国家和民族利益的高度来认识问题，将滥用权力的"魔手"拒之学位殿堂的大门之外。对于教育界人士来说，尤其要端正办学思想，严把学位授予质量关，使那些图谋不轨的人无机可乘、无空可钻。对那些因有权有势而斗胆冒天下之大不韪者，应群起而攻之，有关部门也不能只是取消分数和考试资格就罢休，还必须依据党纪、政纪从严处理，甚至运用相关的法律法规惩之于法，否则，不足以平民愤，更不能警示来者。

我们深深地感受到，将以权谋学位这种性质极其恶劣的腐败现象狠刹于风乍起之际，其意义并不亚于惩处贪污受贿的腐败现象。中国圣洁的学位制度，决不允许权力和金钱的玷污！

一名优秀的评论员，尤其是主流媒体的评论员，要认真地学习中央方针、政策、最新精神、重要讲话，从中悟出新意，并准确地、适时地、周全地用各种新闻评论形式，进行实事求是的宣传。同时，也要学会独立思考，从生活中汲取营养，自己发现新的思想、观点和见解。需要注意的是新的思想、观点、见解主要还是来自生活，评论员不能一味眼睛盯着上面，还是要积极投身于丰富多彩的实际工作生活，才能不断充实自己、提高自己，笔端常寓新意。

2. 视角的新奇，即有新的角度。新闻评论的立论要新颖首要的是有新观点、新见解，但大多数情况下是很难找到全新的观点的，尤其在写一些已经有他人甚至自己写过多次的评论题目时，比如反腐败、倡导见义勇为等，这个时候就要努力寻求新的角度了。同一件事观察的角度变了，往往也就会有一些新的看法和认识。同一座庐山，正是由于观察的角度不同，才会"横看成岭侧成峰，远近高低各不同"，就是这个道理。社会现象往往是很复杂的，任何事物都不是孤立发生的，都同周围的事物有着这样那样的联系，这就给我们提供了多角度、多侧面地观察事物、分析问题的可能性。此外，事物都是不断运动的、发展的，在运动和发展中不仅会有新的事物、新的问题出现，而且也会给一些旧事物、老问题赋予新的内容、新的意义。怎样才能使立论有新的视角呢？可以试着从以下几个方面寻找新的角度。

（1）把观察问题的角度从热点转向冰点和被人们遗忘的侧面。比如，在每年高考录取工作结束后，人们关注的热点大都集中在高考状元和考上大学的学生身上，这时候如果有媒体的新闻评论把立论的角度转向高考落榜者，就很有新意。再比如，在重大体育比赛中，尤其是像奥运会、世锦赛这样的国际级大型赛事中，冠军总是媒体报道和评论的热点，但有一年一家体育报刊登了一篇新闻评论，盛赞了长期在幕后为运动员们默默付出的陪练员们，立论的角度就很新颖。

（2）把观察问题的角度从主角转向配角。例如，1995 年在全国上下广为宣传和学习领导干部的楷模孔繁森时，人民日报《人民论坛》栏目就在 5 月 17 日刊发了一篇新闻评论《学孔繁森，也要学王庆芝》。这篇评论立论的角度就从主角孔繁森转向了配角——他的妻子王庆芝，立论的角度就颇为新颖。

（3）把观察问题的角度从本专业转向其他专业。比如，教育方面的问题可以考虑从法律或者经济的角度进行评论，经济方面的事情也许可以从政治的角度加以评论，等等。同一个问题从不同专业的视角看，认识也会截然不同，自然就有了新意。例如，中国人民大学 1994 级女生伍继红，毕业后遭遇种种变故，如今在江西修水县山区守着 5 个孩子，生活赤贫，2017 年被下乡扶贫的团干部发现在互联网上披露引起巨大关注后，新闻媒体纷纷报道和评论。南方网上有一篇新闻评论就没有从精神疾病、扶贫等角度进行立论，而是从大学生的就业焦虑角度进行分析评论，立论颇有新意。

伍继红之后，亟需关注的是大学生就业焦虑

丁慎毅

2017 年 5 月 31 日　南方网

日前，一篇题为《修水上杭：一位中国人民大学毕业生的辛酸泪》的文章在网络上引发大量转发。中国人民大学档案学院 94 级学生伍继红，毕业前考研，失败；考六级，失败；公务员笔试，失败……那个毕业季，伍继红感到了前所未有的仓皇。毕业后，伍继红返回广东，打工并嫁人，几年即离婚。离婚后，伍继红因生活中系列打击，精神出现问题，辗转流落前夫家乡江西修水乡下，再嫁他人。伍继红的遭遇引起社会广泛关注，也震动了她的母校——中国人民大学。师生们为伍继红捐款，并表示让伍继红归队。

从这个角度说，伍继红是不幸的，但又是幸运的，人大师生的情怀值得赞赏。但是，虽然伍继红只是一个极端个例，其背后也隐藏了不少现实问题。

从 1992 年开始，中国高等教育开始推行了改革。个人读大学，需要缴纳学费，大学毕业后，国家也不再包分配。伍继红毕业的时候，这个改革已经实行了六年。从报道来看，伍继红似乎还没转过弯来，她还仍然执着于"铁饭碗"。虽然后来找到了两份体制外的工作，那也是最终无奈而暂时妥协的表现，所以很快又辞去了两份工作。可以说，精神上的负能量已经逐渐积累，后来人生的路越走越窄。而如今面对母校和校友的帮助，伍继红承诺，要重新开始。但她对"铁饭碗"仍有着特殊的情结，"想进事业单位，当跟班，跟着那些领导，成熟的、有魄力的人……"可见，伍继红"铁饭碗"的心结还没有解开。

伍继红的问题，更多地表现在就业的路上不能面对现实。这不是伍继红一个人的问题，不过是她的经历表现得更突出罢了。拯救了一个伍继红，可能还有无数个伍继红待拯救。

更早几年的陆步轩从北大中文系毕业，被分配到长安县的柴油机场工作。由于地方小，人际关系复杂，陆步轩的事业发展并不顺利。他曾经先后做过多种职业，开过化工厂，也做过不少小生意。陆步轩迷茫过，消沉过，但他没有堕落。在他 34 岁的年纪，他操起了杀猪刀，开始了杀猪剁肉的买卖，开始转型从一位地地道道的北大才子到农贸市场的小贩。如果最后陆步轩还是失败了而自暴自弃，可能就是又一个伍继红。但是，当年被骂"丢母校脸"的陆步轩，如今身家超 100 亿。

人的一生很漫长，当站在人生的某个特别的位置上时，有人自我怀疑，焦虑不安，甚至自暴自弃从此死心度日。但也有更多的人选择了挑战自己、完美逆袭。

因此，我们更需要关注的，是大学生就业的精神焦虑。让大学生们多一些人生规划，多一些精神支柱，少一些就业焦虑。

《2017 大学生就业形势分析报告》显示，2017 年大学毕业生有 749 万人，高校毕业人数创历史最高，堪称史上更难就业季。加上 2016 年尚未就业的大学生，今年 2017 年大学生就业形势仍难好转。2013 年 5 月，习近平总书记在天津考察时，勉励当代大学生志存高远、脚踏实地，转变择业观念，勇于到基层一线和艰苦地方去，善于在平凡岗位上创造不平凡的业绩。同时要求加大对高校毕业生自主创业支持力度，对就业困难毕业生进行帮扶，增强学生就业创业和职业转换能力。这就需要高校在就业定位、职业指导、职业价值观等方面给学生更多的帮助；需要政府在产业规划、就业政策、创业指导等方面有更多的作为；需要社会在情怀上给大学生更多的包容和理解。

由此，伍继红的悲剧才会越来越少。

3. 运用新的材料、论据证明老观点。在新闻评论写作中，有些选题属于老生常谈但又不得不谈，如见义勇为、反腐倡廉、保护环境等，由于经常要写，很难有新的观点、见解，甚至要找到新的角度都很难。但新闻评论的一个重要特点就是新闻性，必须要有点新意。一个可行的办法就是善于运用新鲜的事实材料、由头论据来证明老观点。有了新的由头和论据，如果这些新鲜的材料足够吸引人，再把事实和道理、观点融合好，老话题也就有了新意。例如，2020 年 7 月 17 日中国青年报客户端上刊发的下面这篇新闻评论，选题是反腐倡廉的老选题，观点依然是天网恢恢疏而不漏、违法必究的旧观点，但由于由头和论据很新颖翔实，立论也颇有新意。

开除党籍！辞职了也跑不了

杨鑫宇

2020 年 7 月 17 日　中国青年报客户端

7 月 16 日，中央纪委国家监委网站引述宁夏回族自治区纪委监委消息称：日前，经宁夏回族自治区党委批准，自治区纪委监委对原经信委党组副书记、副主任王俭严重违纪违法问题进行了立案审查调查。

经查，王俭在任神华宁夏煤业集团有限责任公司党委副书记、总经理、董事长，自治区宁东能源化工基地党工委副书记、管委会副主任，自治区经济和信息化委员会党组副书记、副主任期间，违反中央八项规定精神和廉洁纪律，公款购买高尔夫球会员卡并参与消费；违反组织纪律，不如实报告个人有关事项；违反廉洁纪律，收受礼金，搞权色交易；违反国家法律法规，利用职务上的便利，为他人谋取利益，构成职务违法并涉嫌受贿犯罪。最终，经自治区纪委常委会会议研究，并报自治区党委批准，决定给予王俭开除党籍处分。

对于王俭，纪检监察机构这样评价：王俭身为党员领导干部，丧失理想信念，背弃党的初心使命，贪图享受，生活奢靡，将手中权力变为谋取私利的工具，与不法商人相互勾结，搞权钱交易、权色交易，甘当"两面人"，严重违反党的纪律和国家法律法规，利用职务上的便利，为他人谋取利益，非法收受他人财物，数额特别巨大，涉嫌受贿犯罪，且在党的十八大后不收敛、不收手，情节严重，性质恶劣，应予严肃处理。

从处分通报上看，王俭的腐败问题具有一定的典型性。和大多数腐败官员一样，他最主要的罪行，就是以权谋私，利用个人担任重要公职期间的影响力获取非法利益。然而，相比那些在职期间落马的官员，王俭却有一个特殊之处，那就是他是在辞职很久之后，才被查出这些具体问题，并给予相应的党纪处分的。从其 2017 年 10 月辞职，到 2019 年 10 月被查，间隔了 2 年时间，而如果算到今天他正式被开除党籍，距离其辞职则已经有近 3 年之久。

其实，在王俭之前，已经有多名曾经担任重要领导岗位的前任官员，在辞去公职之后被查。其中，既有被组织发现问题后，在接受调查的同时辞职的官员，也有类似王俭这样，先是辞职，很久之后又被组织发现问题启动调查的官员。

前一种情况的典型代表，就是不久之前刚刚被曝光已经被查的四川省人大常委会原副主任侯晓春。

2019 年 9 月，侯晓春以辞职的形式卸任四川省人大常委会副主任一职，其人大代表资格也随即被终止。这则消息披露之后，外界并不了解其辞职原因。2020 年，此事的前因后果，终于在四川省相关政府工作文件中得到了披露。原来，他在 2019 年就受到了纪委监委的纪律审查和监察调查，进而辞职、被终止人大代表资格。事后，这个副部级的"老虎"，也成了四川省各地开展"以案促改"工作时的反面典型。

后一种情况也有不少代表，其中多人都在辞职之后前往私企任职，被委以高薪重任。2016 年 5 月 20 日，来安县召开领导干部大会，宣布安徽省委、滁州市委关于来安县委主要负责同志职务调整的决定。会议中，刘荣祥称，因为个人健康缘故辞去来安县委书记职务，"做出这个决定是经过多次思想交锋而做出的艰难抉择，决策艰难矛盾的过程也是我不断升华感恩组织、感恩同志们、热爱来安的思想升华过程"。

在辞去县委书记职务10个月后，2017年3月，刘荣祥彻底辞去了所有公职，随后下海加入了华夏幸福，并在华夏幸福合肥区域任职。据"华夏幸福党建网"中的一篇《华党字〔2018〕8号关于刘荣祥等同志党内职务任免的决定》显示，刘荣祥同志任合肥区域事业部党总支书记，兼任合肥区域事业部总部第一党支部书记。2018年7月7日，华夏幸福基业股份有限公司董事会发布"2018年股票期权与限制性股票激励计划首次授予激励对象名单"，刘荣祥出现在该名单的"核心干部"一栏。根据公告，包括刘荣祥在内的122名"核心干部"共获授4127万份股票期权。

然而，让人未料到的是，仅在获授股票期权一个多月后，刘荣祥便被调查，随后于2019年1月被正式开除党籍，移送司法。

显然，和退休、转岗一样，辞职同样不是腐败官员的"避风港""保险箱"，只要曾经做出过贪腐行为，就算逃到天涯海角，也迟早会受到党纪国法的惩戒。

4. 有一些新的闪光的语言。新闻评论写作是讲究文采的，立论时在努力寻找新的观点、新的角度、新的由头的同时还应当注意运用一些新的语言。尤其是在前三新都找不到时，如果评论中能有一些鲜活的新的语言，也能使新闻评论的立论有些新意。这些新的语言可以是中央领导同志一些最新的精神、观点、提法，也可以是从群众中采集发现的鲜活生动的语言，还可以是在网络上广为流行的生动语句。

一篇新闻评论的立论，有新观点、新角度、新材料、新语言，可谓"四新俱全"，当然是上乘佳作。如果不能做到，退而求其次，有"三新""两新"，也不失为一篇好评论。起码也要有"一新"，如果连"一新"都不具备，就算不上是一篇合格的新闻评论了。

（三）准确性

新闻评论立论的针对性、新颖性都应当以准确性为前提和基础，这是立论的一个基本要求。立论如果做不到准确，就会失去受众的信赖，甚至会直接导致人们思想上和认识上的错误，以致造成错误的舆论导向。立论的准确性包括以下几个方面的内容。

1. 论点的准确，不仅指评论的中心论点和所有分论点必须正确，还包括评论中的所有概念、论断、提法和分寸把握必须准确、恰当。论点的准确就是新闻评论的论点必须符合国家的大政方针、政治立场、法律法规以及道德标准等，这点一般评论都能做到，这里不再赘述，此处专门说下概念、论断、提法和分寸把握的准确性。

例如，有家报纸的一篇新闻评论中有这样一些论断：社会主义市场经济就是要怎么赚钱就怎么干；大利大干，小利小干，无利不干。这些论断无疑是似是而非的，不正确的。在我国，凡是符合"三个有利于"，即有利于发展生产力，有利于增强国家的综合国力，有利于提高人民生活水平的事就可以做，也应该做；反之，则不能做。贩卖毒品很赚钱，但这是违法犯罪的，坚决不能做；学雷锋做好事不仅不赚钱，有时还得花钱，但也应该做。

再如，有篇新闻评论在批评社会上的"文凭热"现象时这样写道："文凭乃一纸空文，没有什么价值，只有实际能力才是真正有用的。"这个论断就有些过于绝对和片面了，仔细想想，只有那些假文凭和混出来的文凭是这样的，那些努力学习获得的真文凭还是很有价值的，并非一纸空文。有一篇新闻评论中有这样一句话："从来科学研究都是为生产服务的。"这句话乍一看似乎很有道理，但仔细想想就会发现过于绝对化了，如文学、历史学、考古学等许多研究都不是或者不是直接为生产服务的。

再如，下面这些关于法律的说法，仔细想想也都不正确，不合法理："知法犯法，罪加一等""法不责众"。我国宪法明确规定：公民在法律面前人人平等。那凭什么就知法犯法罪加一等呢？只要犯罪情节相同，定罪处罚上就应该相同。法为什么就不责众呢？难道很多人一起杀人就不用追究刑事责任了？这是不符合"违法必究"的法理的。

又如，我们经常看到有"最好水平"的说法，实际上这是不符合现代汉语语法的，水平只能用高低来衡量，不能用好坏来判断。我们可以说发挥得很好、水平很高、最高水平，而不能说最好水平。还有，"基本属实"也是个很常见的错误说法，类似的错误说法还有"基本严重""基本发烧"等。像属实、严重、发烧等都有明确的界限和判断标准，超过了界限、达到了标准就可以说属实、严重、发烧等，没有超过界限、达到标准就只能说不属实、不严重、不发烧等。这在语法上，就如同我们说二加二基本等于四、张三和李四基本结婚了一样错误和可笑。二加二就是等于四，张三和李四如果领取了结婚证就是结婚了，没领就是没结婚，都不能加也不必加基本二字。

2. 论据、引语的准确。就是说在新闻评论中引入的所有论据都必须是准确无误的，如果是事实论据（不管是新近的新闻事实，还是过去的历史事实）则必须确保所有细节都是真实的，对其陈述和描述都是准确的；如果是引语，则必须保证来自权威的、可供查证的著述、人物或文件等。

3. 语言、语法、逻辑的准确。是指遣词造句、过渡转折、布局谋篇等用词准确、合乎语法、逻辑严谨合理，合乎写作规范。对不符合语法的情况在前文中已有举例，这里不再赘述。

4. 把握尺度拿捏分寸的准确。是指在陈述、描写事物或作出判断时要恰如其分，既不要夸大、绝对化，也不要以偏概全、过分贬低。例如，下面这样的说法把握尺度拿捏分寸就不准确："进入某某县，走进任何一个村庄，都会看到牛马成群、圈肥高堆。""大家异口同声地表示赞成……""一年365天，她每天天不亮起来烧饭、洗衣、伺候病人，天放亮就出工。""20年来，每天都是他第一个到办公室，扫地、擦桌，然后又精神饱满地走上讲台。"这些描述都过于绝对化和夸大其词：一个县那么多村庄不可能每个村庄都牛马成群、圈肥高堆；除非经过训练的喊口号，否则不大可能异口同声地赞成；一个人再勤劳也不可能一年到头每天都天放亮就出工；一个老师绝不可能20年来每天都上课，学校是有节假日的。

（四）前瞻性

前瞻性是指新闻评论的立论能够提前洞察事物的发展趋势，预测事物的发展轨迹和结果，尽早地把握事物内在的发展规律，进而提出解决问题的有效方法和措施，以便正确引导舆论，推动事物的健康发展。具体来说，前瞻性包括以下三个方面的内容。

1. 见微知著、洞察事物本质的洞察力，就是在政治与经济规律的结合上有着洞察社会矛盾及其发展趋势的观察能力和分析水平。例如，《珠江日报》

2012 年 5 月 21 日刊发的毕诗成写的评论《警惕"特供"商品加深官民鸿沟》，可以说是一篇很有洞察力的言论，很好地起到了调节舆论温度，从而正确引导舆论的功能。

警惕"特供"商品加深官民鸿沟

毕诗成

2012 年 5 月 21 日　《珠江晚报》

有网民日前发布了一张"省政府专用鲜牛奶车"图片，广东省公安厅交通管理局有关负责人告诉记者，运输车辆牌照"粤 A3XC10"尚未发放使用；广东省农业厅有关负责人告诉记者，经查没有"省政府专用鲜牛奶"，网传此信息失实。(5 月 20 日《长江商报》)

没使用的牌照，怎么就冒着政府专用之名满大街奔跑？没有专用奶，运奶车喷上"政府专用"，又有何企图？堂堂省政府被污名构陷，当然要把冒名者揪出来洗白，怎肯吃这哑巴亏光澄清"失实"就没了下文？莫以为如此打破砂锅问到底，是我等小民无聊较真，"政府专供"之类有还是没有，触及的是一个根本性的民生问题：官员们在保障食品质量上能不能感同身受，有同理心、有体认感。

今日之中国，一个重要弊病就是有些官员生活与民生严重脱节。"超国民待遇"的优厚福利，加上特供、专用等"超星级服务"，再加上权力互相勾连营造的"圈子"，使得有些官员过上了另一种生活：住房有福利房或超低价团购，子女上学有高质量"机关幼儿园"，看病有比酒店还舒服的"高干病房"，这种"特权生活"不停地扩大领地，喝酒有专供、蔬菜有专供、吃肉有专供……你说谁喝奶也有专供，我丝毫不怀疑其真实上演的可能性。

这种"堡垒式生活"最大的问题，就是切断了官员与老百姓的生活同理心，体会不到民生疾苦的沉重痛感。

近来食品问题严峻，常有人联想 100 年前美国的经历，罗斯福总统边吃早餐边看辛克莱的《屠场》，生产香肠的恶心描述令其作呕，将盘中剩下的香肠抛出了窗外，并下定决心尽快整顿美国食品加工业和药品市场。试想，如果罗斯福明确知道，自己手里的香肠是"特供产品"，与这种恶心生产无干，他还会有紧迫感吗？前些年搞市场化改革，一个关键思路就是让各级公务人员的生活，通过市场来解决，从房子到医疗到养老到衣食住行，这不仅是财政省钱的问题，更是确保主人与公仆社会感受上平等的基本手段。现在很多保障过度，体制福利回潮，损失的不仅是钱，更是官员对民众的体认感。有副市长排队看一次感冒就感慨"看病难"；有市长到菜市场逛一圈就感慨"买菜贵"，之所以有这么多震惊、意外，不就是因为他们的日常生活处于保护膜下、隔离带外吗？

治理好食品药品安全问题之类的诉求，前提是同一个世界里的人，要有同一种生活。从这个意义上讲，我不仅关心"省政府专用鲜牛奶"到底是怎么回事，还更关心媒体时有报道、江湖"谣传"不断的各类政府"特供""专用""超国民福利"到底是怎么个状况，更关心有多少官员在通过不同的手段努力让自己与现世生活实现隔离。不脱离群众，这是共产党人一再强调的传统，真正的不脱离，不只是偶尔到群众中握握手，更是让自己的生活先回归群众，与老百姓一起"同吃饭、共患难"。

2. 审时度势，预测事物进程的预见力。立论的前瞻性还体现在对事物的未来结局通过逻辑推理和分析论证做出科学预见。在预见力上伟大领袖毛泽东主席的新闻评论可谓体现得淋漓尽致。例如，毛泽东在 1938 年 5 月撰写发表的评论《论持久战》，就非常有预见力。文章总结了抗战以来的经验，深入分析了敌强我弱、敌小我大、敌退步我进步、敌寡助我多助的矛盾特点，批驳了"亡国论"和"速胜论"的错误观点，阐明了中国不会亡，也不能速胜，抗日战争是持久战，最后胜利属于中国的道理。其后的历史的发展就非常好地印证了毛泽东的预见是多么的正确。还有，1945 年 4 月 2 日，在中国的抗日战争进入尾声时，时任美国驻华大使赫尔利公开宣称要继续支持国民党政府，造成了中国陷入内战的危机，毛泽东为新华社写的新闻评论《评赫尔利政策的危险》，同样非常有预见性。他当年的预见再次被其后的历史所验证。下面让我们来看看这篇富于预见力的优秀新闻评论。

评赫尔利政策的危险

毛泽东

1945 年 7 月 12 日　新华社

以美国驻华大使赫尔利为代表的美国对华政策，越来越明显地造成了中国内战的危机。坚持反动政策的国民党政府，从它在十八年前成立之日起，就是以内战为生活的；仅在一九三六年西安事变和一九三七年日本侵入中国本部这样的时机，才被迫暂时地放弃全国规模的内战。但从一九三九年起，局部的内战又在发动，并且没有停止过。国民党政府在其内部的动员口号是"反共第一"，抗日被放在次要的地位。目前国民党政府一切军事布置的重心，并不是放在反对日本侵略者方面，而是放在向着中国解放区"收复失地"和消灭中国共产党方面。不论是为着抗日战争的胜利，或是战后的和平建设，这种情况均须严重地估计到。罗斯福总统在世时，他是估计到了这一点的，为了美国的利益，他没有采取帮助国民党以武力进攻中国共产党的政策。一九四四年十一月，赫尔利以罗斯福私人代表的资格来到延安的时候，他曾经赞同中共方面提出的废止国民党一党专政、成立民主的联合政府的计划。但是他后来变卦了，赫尔利背叛了他在延安所说的话。这样一种变卦，露骨地表现于四月二日赫尔利在华盛顿所发表的声明。这时候，在同一个赫尔利的嘴里，以蒋介石为代表的国民党政府变成了美人，而中共则变成了魔怪；并且他率直地宣称：美国只同蒋介石合作，不同中共合作。当然这不只是赫尔利个人的意见，而是美国政府中的一群人的意见，但这是错误的而且危险的意见。就在这个时候，罗斯福去世了，赫尔利得意忘形地回到重庆的美国大使馆。这个以赫尔利为代表的美国对华政策的危险性，就在于它助长了国民党政府的反动，增大了中国内战的危机。假如赫尔利政策继续下去，美国政府便将陷在中国反动派的又臭又深的粪坑里拔不出脚来，把它自己放在已经觉醒和正在继续觉醒的几万万中国人民的敌对方面，在目前，妨碍抗日战争，在将来，妨碍世界和平。这一种必然的趋势，难道还看不清楚吗？在中国的前途这个问题上，看清楚了中国人民要求独立、自由、统一的不可阻止的势力必然要代替民族压迫和封建压迫而勃兴的美国一部分舆论界，对于赫尔利式的危险的对华政策，是感到焦急的，他们要求改变这个政策。但是，美国的政策究竟是否改变和哪一天才改变，今天我们还不能说什么。可以确定地说的，就是赞助中国反人民势力和以如此广大的中国人民为敌的这个赫尔利式的政策，如果继续不变的话，那就将给美国政府和美国人民以千钧重负和无穷祸害，这一点，必须使美国人民认识清楚。①

3. 未雨绸缪，敏锐的提示隐忧与提出建议的敏锐感。这突出地体现在评论能在形势大好的时候看到隐患和问题及时敲响警钟，在形势不利的时候看到胜利的曙光和有利的因素及时鼓舞斗志上。例如，《人民日报》在1996年12月20日刊登了一篇题为《丝毫不能放松农业》的评论员文章，就很有敏锐感。这篇评论刊发时正是我国农业连续两年大丰收广大农民欢欣鼓舞之时，但评论敏锐地指出了一系列农业方面存在的薄弱环节和问题，进而提醒大家丝毫不能被胜利冲昏了头脑。

第四节　立论的方法

一、论从何来

新闻评论要很好的立论，必须要了解评论的主题思想究竟是怎样产生和形成的。任何一篇新闻评论的主题思想（或者说是中心论点）也就是立论从本质上说都是提出者从自己掌握获取的所有材料中总结提炼出来的。材料和主题思想的这种物质决定意识的关系可以用下图形象直观的表现。

下面这个示意图至少说明了两点。

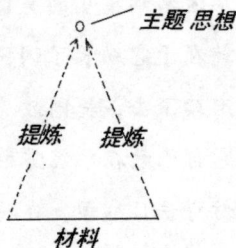

---

① 毛泽东:《毛泽东选集·第三卷》，北京：人民出版社，1991年6月第2版，第1114—1116页。

说明：这个图的底线（如果看成三维图形就是底面）表示作者所掌握的所有材料，因为这些材料是真实客观存在的、看得到摸得着的，所以用实线表示，材料可多可少，因此底边也可长可短；两条边线表示作者思考加工提炼主题思想的过程，由于这些活动都是在大脑中进行的，看不到摸不着，而且这个过程并不是一次两次完成的，大都要反反复复很多次，因而用虚线表示，既指其是看不见的思维活动，又指不确定要多长时间多少次。顶点表示最终凝练出来的主题思想，因为这个主题思想并不是一个字或词，而是一段话、一个深刻的思想认识，因而用一个小圆圈表示，而不是用一个点来表示。

（一）主题思想具有客观性

任何一篇新闻评论的主题思想都具有客观性，它是其赖以产生的全部材料思想意义的凝聚和概括，而不是离开事实材料完全主观臆造的东西。这也完全符合辩证唯物主义中物质决定意识的基本原理。新闻评论实践反复证明：那些深刻的、反映事物本质的、揭示客观规律的、深受受众好评的、具有强大说服力的评论的主题思想都来自大量的事实，都建立在充分的事实材料的基础上。

关于评论主题思想的客观性这个简单的示意图还给我们以下三点启示。

1. 主题思想是在材料这个基础上产生的、提炼出来的，材料这个基础越宽厚，提炼主题思想的驰骋天地就越宽广。也就是说，材料是韩信点兵——多多益善。可以说，离开了材料这个基础就根本谈不上主题思想的形成与提炼。这就如同物质决定意识，先有物质然后才有人对物质的认识也就是意识的产生。主题思想与材料的关系就是物质决定意识的关系。正如毛泽东主席在《实践论》中所说的："认识的过程，第一步，是开始接触外界事情，属于感觉的阶段。第二步，是综合感觉的材料加以整理和改造，属于概念、判断和推理的阶段。只有感觉的材料十分丰富（不是零碎不全）和合于实际（不是错觉），才能根据这样的材料造出正确的概念和论理来。"[1] 他还说："我们要从国内外、省内外、县内外、区内外的实际情况出发，从其中引出其固有的而不是臆造的规律性，即找出周围事变的内部联系，作为我们行动的向导。

---

[1]　毛泽东：《毛泽东选集·第一卷》，北京：人民出版社，1991 年 6 月第 2 版，第 290 页。

而要这样做，就须不凭主观想象，不凭一时的热情，不凭死的书本，而凭客观存在的事实，详细地占有材料，在马克思列宁主义一般原理的指导下，从这些材料中引出正确的结论。这种结论，不是甲乙丙丁的现象罗列，也不是夸夸其谈的滥调文章，而是科学的结论。"① 这就是主题思想的客观性。

2. 新闻评论的主题思想虽然是看不到的思想意识，却应该是全部材料中蕴含的和固有的，是提炼者从材料中寻找、挖掘、提炼出来的，而不是凭空主观臆造出来的。这个道理对于一些分析评论人和事的新闻评论表现得比较明显，也容易理解。要想把一个错综复杂的事情评论得让人信服，必须要掌握足够的事实材料，对事情的来龙去脉前因后果以及相关的知识掌握得越充分越全面，就能分析评论得越有道理。但对于一些务虚的、讲抽象的道理、理念、精神、风气等的新闻评论，要说其主题思想是全部材料中蕴含的和固有的，是提炼者从材料中寻找、挖掘、提炼出来的，似乎就不是那么好理解了。其实不然，这类务虚的新闻评论表面上看起来好像是先有主题思想，然后再找材料去论证和证明这个主题思想是正确的。实际上并不是这样，只不过我们要论证的道理、理念、精神、风气等不一定是我们自己从事实材料中挖掘、提炼出来的，而是别人从大量的事实材料中挖掘、提炼出来并进行过大量验证的被证明是正确的东西。我们要做的是找到那些能非常充分有力的证明其正确的事实材料来作为论据和支撑论点的材料。这些主题思想同样具有客观性。

3. 主题思想的客观性还表现在一定的材料只能挖掘出一定的观点来。当然，很多时候同一个材料其蕴含和体现的思想意义并不只有一个，我们可以从不同的角度提炼出不同的思想意义来。但是，同一个材料其蕴含和体现的思想意义可能有多个，但终究是有限的，始终不能超出材料本身所确定的思想内容的范围。所以，归根结底材料制约着、决定着主题思想。

（二）主题思想又具有主观性

任何一篇新闻评论的主题思想都具有主观性，是主观与客观的融合，在主题思想的提炼过程中作者的认识水平、努力程度、运用的方法都会影响最

---

① 毛泽东：《毛泽东选集·第三卷》，北京：人民出版社，1991年6月第2版，第801页。

终的结果。

1. 主题思想产生于材料，但又高于材料，它不是材料的平面延续，而是材料思想意义的升华，是材料思想意义的凝聚。

2. 从图中看三角形的顶点并不是固定不变的，可高可低、可左可右，最终确定在什么位置取决于两条边线，也就是作者提炼加工的能力。同样的一件事，水平高的人就能透过现象看到本质，就能举一反三，吃透材料，写出见解独到认识深刻的新闻评论来；而水平低的人则往往只能就事论事人云亦云。

唐代的王昌龄曾言"意高则格高"。总之，我们占有的材料越多思想水平越高，提炼的功夫下得越足，立论水平就越高。实际上，好的主题思想源于材料又高于材料，在评论写作时它起着统率材料、驾驭材料的作用。从认识论的角度看，确定和提炼主题思想（立论）的过程，实际上就是作者对材料从感性认识向理性认识升华的过程。而这个过程离不开作者艰辛的主观努力。

我们之所以要反复强调新闻评论的主题思想对事实材料的依赖性，强调立论离不开占有材料和分析材料，是因为至今依然有不少人认为新闻评论写作是"先有了正确的鲜明的主题思想"，再找材料来证明观点的。因而不少新闻评论作者把写作的重点放在了摘取中央的新提法、新观点上，而不太注重搜集和研究分析具体的材料，从而使得很多新闻评论的立论雷同且与材料两张皮，缺乏说服力和吸引力。下面举一个老例子，虽然陈旧但很能说明问题。

1984 年 7 月 1 日，中国长城杯国际足球锦标赛的决赛中，当时的联邦德国曼海姆队一比零胜了中国队。比赛现场，一些愤怒的观众把啤酒瓶、汽水瓶扔进了赛场。事后，许多报纸刊发了新闻评论。近一年后，1985 年 5 月 19 日，在北京工人体育场进行的第 13 届世界杯足球赛亚洲区预选赛中，中国国家队居然一比二负于中国香港队，事情闹得更大了，场外出现了打砸现象，引起了海内外广泛关注。许多报纸也在头版刊发了新闻评论。仔细比较一下国内报纸上刊发的关于这两次事件的新闻评论，我们不难发现其主题思想甚至文章的逻辑都惊人的雷同：主题思想是球迷应当遵纪守法讲究文明；结构是先简要复述一下球迷闹事的经过，再指出闹事对社会的危害，最后是强调和重申球迷应该怎样。而且两次不同的时隔近一年的球迷闹事事件的评论也大同小异。之所以这样，主要是因为评论作者不注重对事件本身进行分析研究，没有从事件相关材料中去挖掘和提炼主题思想，而是习惯于用一个放之四海而皆准的正确的但空洞的观点去套材料，立论当然就老生常谈毫无新意了。

同样是对这起球迷闹事事件进行评论，中国香港《成报》和德国《南德意志报》上的两篇新闻评论的立论就很注重研究和分析材料，虽然他们的态度未必友好、观点未必正确，但他们从事实材料中提炼主题思想、寻找评论的角度的做法却是值得我们借鉴和学习的。中国香港《成报》的这篇社论是从分析闹事的原因的角度来立论的，评论认为：导致球迷闹事的主要原因是"只许胜，不许败"的心理压力。社论指出："社会主义的国家，对体育赛事特别重视，1984 年在洛杉矶举行的奥运会，中国运动员赢得了许多奖牌，在世界上塑造了使人难忘的形象。如果存在着'只许胜，不许败'的心理，则大大违背了体育精神。"《南德意志报》上的评论则是从这起足球事件是不是暴露出了中国人的排外情绪的角度来立论的。评论写道："有些证据说明下面这种猜测是不对的，即哄闹可能是中国存在的并非完全不为人所知的排外主义的复苏。中国观众出于愤怒首先是把近三千个空瓶扔进球场内，而且主要是针对他们自己的运动员的。之后，闹事者便进攻在比赛结束后试图整顿交通的警察。有三十多名中国警察受伤。在遭破坏的二十四五辆汽车中属于外国人的汽车不到六辆。此外，真正遭到殴打的不是外国人，而是一名中国人。"从《南德意志报》的这篇评论中，我们可以清楚地看到他们非常注重研究和分析事实材料，注重从材料中提炼主题思想和运用具体的事实材料去证明自己的观点。这样做不仅使主题思想和观点很有说服力，而且很容易得到新颖独到的观点。

例如，2020 年 8 月 20 日《北京青年报》上刊发的这篇题为《老人被狗绳绊倒身亡不只是"意外"》的新闻评论，作者张涛就非常注重对事实材料的搜集和研究分析，因而其立论既新颖又很有说服力。

老人被狗绳绊倒身亡不只是"意外"

张 涛

2020 年 8 月 20 日 《北京青年报》

8 月 17 日，广东佛山顺德区杏坛镇一位老人被一只狗身上的牵引绳绊倒在地，经送医抢救无效去世，该事件引发了网友热议。8 月 18 日晚，杏坛镇政府在官方微信号"水乡杏坛"对此事进行了通报。目前初步判断该事件为意外事件，善后工作正有序开展。（相关报道见 05 版）

仅就事件本身而言，这起悲剧纯属意外。一名 12 岁女孩把另一村民拴养在家门口的白狗牵出来玩，中途白狗挣脱牵引绳，在奔跑过程中狗绳意外将老人绊倒受伤，抢救无效身亡。不过，剖析这起事件所暴露出来的深层次问题，又不能仅仅将其归结为"意外"。

首先是养犬管理问题。据附近村民介绍，小女孩并不是狗主人，狗是小女孩从其他村民家门口牵来玩的。狗的主人最多养过 5 条狗，平时去上班时狗就拴在门口的一棵树上。如此不负责任的管理，显然存在严重安全隐患。

据报道，在一个月前，就曾有小孩被这家的狗咬伤，当时狗主人的儿子还写了保证书，赔偿了药费。然而，当事人并未从中吸取教训，继续将狗随意拴养在家门口，最终导致女孩轻易将狗牵走，意外致人死亡。监控视频还显示，事发前肇事白狗看见另一只无人牵引的狗，奔跑追逐之下才挣脱狗绳。可见，遛狗不拴狗绳，纵容犬只撒欢的现象普遍存在，养犬人的责任意识亟待提高。

其次是未成年人单独遛狗的问题。一位参与救护老人的卫生站医生接受采访时表示，那只白狗重 70~80 斤，这样重量的大型犬跑起来，十多岁的小女孩显然是拉不住的。近年来，鉴于未成年人的实际情况，一些地方纷纷出台规定，未成年人不能单独遛狗。

比如，2009 年出台的《广州市养犬管理条例》早有规定，在严格管理区内携带犬只进行户外活动时，不得由未成年人单独携带。就在此事件所在地佛山，今年 5 月 1 日起施行的《佛山市养犬管理条例》规定，在城市市区范围内携带犬只外出，应当由完全民事行为能力人牵领或者携带犬只。违反规定的由城市管理和综合执法部门责令改正，对单位处 2000 元罚款，对个人处 200 元罚款。当然，这一条款主要是针对市区范围，而这起事件是发生在佛山下属的乡镇，可能不属于适用范畴。

不过，对于公共安全来说，未成年人单独遛狗的风险是不分市区和农村的。从进一步加强养犬管理的角度出发，是否需要将禁止未成年人单独遛狗的范围扩大，佛山当地有关部门应予以考虑。

其他地方也应引以为鉴，进一步完善养犬管理规定，筑牢法律高压线和防火墙。不管法律有没有专门规定，对于广大家长来说，都应主动加强对未成年人的教育引导，不单独携带犬只外出，更不能将他人的狗牵出去玩。这既是对孩子负责，也是对公众安全负责。

养犬是公众的自由，但人们在养犬的同时，应该承担相应的责任和义务。这种负责不只是在发生狗伤人后进行赔偿，更应体现在加强平时的严格管理，从源头避免意外发生。但愿广大养犬一族能够从这起事件中吸取教训，管好自己的狗，不要因疏忽伤及无辜。

（三）主题思想形成的过程

主题思想形成的过程大体是这么几步：

$$材料 \longrightarrow 初念 \longrightarrow 提炼 \longrightarrow 主题思想$$

具体来说，一篇新闻评论的主题思想的形成过程是这样的：第一步，作者先接触到事实材料，可以是从新闻媒体上看到听到相关报道，可以是从他人那里听说这件事的部分情况，还可以是亲身经历、耳闻目睹有关事实；第二步，有了要写新闻评论的想法和念头；第三步，进一步去搜集获取更多的相关事实材料，查阅相关专业知识、法律法规，甚至去请教专家学者，不断地分析研究材料，反复思考琢磨论证主题思想，并与已有的同题或相近选题的评论进行比较；第四步，最终形成和确定自己的主题思想。

下面以程世寿先生写作《说客陈情可以休矣》的具体立论过程为例，来看看一篇新闻评论的主题思想究竟是怎样形成的。先看看这篇曾获得 1983 年湖北省地市级报纸好新闻奖的评论全文。

说客陈情可以休矣

程世寿

1983 年 5 月 13 日　　《襄阳报》

在纠正一种不正之风，批评某人某事时，常常有些"关系人"充当"说客"，为被批评者陈情。地区邮局局长盖新楼，职工住危房，酿成屋塌人亡的严重事故在报纸电台披露以后，笔者就听说许多"说客"出面"陈情"。

这些"说客"或者动之以情，说什么"不看僧面看佛面，何必呢"；或者诉之以"理"，说什么"把两起偶然发生的事联在一起，是否小题大做"；或者示之以"威"，说什么"推倒一座墙，堵死一条路，这后果……"

要在以往，这类"说客"陈情准能打动不少人的心。于是有人担担子，有人搭梯子，大事化小，小事化了，不了了之。

可如今这类说客都被挡回去了。宣传部门仗义执言，主管部门、纪检部门派人调查，决心严肃处理。扶正祛邪之声淹没了"说客"们的窃窃私语。

人们从这一变化中受到了鼓舞：纠正不正之风是大势所趋，人心所向。我们党大有希望！那些"说客"是否也应从中受点教育呢？

看来"说客陈情"可以休矣！

这篇新闻评论的主题思想是：从说客陈情遭到拒绝这个角度说明我们党党风的好转。这个立论的角度颇为新颖，因而获了奖。这个新颖的主题思想是怎么形成的呢？据作者程世寿先生自述，他当时就在襄阳报社工作，当时《襄阳报》《湖北日报》和《经济日报》及多家电台都刊播了消息，批评襄阳地区邮电局某局长多占住房的事。那几天，到报社来替该局长说情的人不少，有的人甚至有威胁之意。这时候作者思想上就出现了一个疙瘩：为什么报纸上开展一下批评就这么难呢？就感到有必要就此写篇评论，这就是初念。但是，评什么呢？思想上并不明确。开始时是出于义愤，想针锋相对地批驳说客的观点，但到具体行文时，感到太散，批驳谁呢？批驳什么呢？似乎都要批驳，但又都批驳不透。没法，只好另辟蹊径。后来，作者又想到"要堵住说客的嘴"，强调各级领导要坚持原则，不可听任说客陈情。可是，作者翻翻当时的报纸后，发现这个题目大报已发过了，只好再舍弃。最后，作者从那些说客处处碰壁中受到启示，决定选择歪风受到正气的抵制这个角度，反面事实正面论述，把立论定在"从说客陈情碰壁看党风的好转"上。这个过程就是提炼和确定主题思想的过程。①

任何一篇优秀的新闻评论的立论都不是一蹴而就的，都有一个反复提炼不断锤炼的过程。这就提示我们不能轻易地把初念当成主题思想，不要下意识的想到什么就写什么。元代戴师初先生说过这样一段话，很有道理，用到新闻评论的立论过程上非常贴切。他说："凡作文发意，第一番来者，陈言也，扫去不用；第二番来者，正语也，停止也可不用；第三番来者，精语也，方可用之。"这段话的意思是说：凡是写文章之前确定主题思想之时，首先想到的观点一般都是其他人早就用过的陈旧的观点，应该丢掉不予考虑；然后再次思索得到的见解，大都是一般人们稍加思考都能想到的正常的也是正确的观点，也应该舍弃不用；然后再深入思索得出的观点见解，很可能就是人所未见的独到的新观点新见解，这才能作为文章的主题思想。古人所说的三六九一般都是虚指，并不是实数，而是指多次，因而这里所说的"第三番来者"是指多次思考多次否定已有的观点见解后形成的新的观点见解。这三番过程就是一个认识不断深化的过程，是一个反复加工提炼的过程。这段话对写文章立论的过程概括得极为精辟，非常准确地揭示了议论文提炼主题思想的一般规律，虽然戴师初说的是一般议论文的立论过程，但也完全适用于同属于议论文范畴的新闻评论的立论。

第五节　选题和立论的前提——调查研究

要想找到好的选题和成功的立论，关键和前提在于坚持从实际出发，扎扎实实地搞好调查研究。

---

① 程世寿：《新闻评论写作教程》，武汉：华中理工大学出版社，1987 年 8 月第 1 版，第 100—101 页。

一、没有调查研究就没有评论权

为什么我们说调查研究是新闻评论选题和立论的前提和成功的关键呢？至少有以下两点理由。

（一）只有扎实的调查研究才能产生实事求是的结论和论断

辩证唯物主义认识论告诉我们，正确的结论只能产生于调查研究的末尾。不熟悉生产生活实践，又不重视做调查研究，是导致主观臆断、立论武断片面的最主要的原因。反过来说，注重实际的调查研究正是防止武断片面产生实事求是的科学论断的良方妙药。毛泽东的著名论断"没有调查研究，就没有发言权"，我们耳熟能详，这句话套用在新闻评论写作中也完全正确，我们完全可以说"没有调查研究，就没有评论权"。毛泽东曾说："你对那个问题的现实情况和历史情况既然没有调查，不知底里，对于那个问题的发言便一定是瞎说一顿。瞎说一顿之不能解决问题是大家明了的，那么，停止你的发言权有什么不公道呢？"他还说："你对于那个问题不能解决吗？那么，你就去调查那个问题的现状和它的历史吧！你完完全全调查明白了，你对那个问题就有解决的办法了。一切结论产生于调查情况的末尾，而不是在它的先头。"①

（二）搞好调查研究是提高评论质量的关键

这是因为写新闻评论总要先弄清楚评论对象——选题的具体情况，搞清楚这件事的前因后果来龙去脉，或者这个问题为什么会出现、症结何在、如何解决，或者这个现象产生的背景、原因、对社会的影响、应该如何对待等；写评论还要了解受众，知道受众在想些什么、对这个选题是怎么看的、有什么困惑或疑虑、想知道些什么；写评论还有必要了解对这个选题不同的人都是怎么看的：普通群众怎么看，专家学者怎么说，业内业外都是怎么看待的，哪些是正确的专业的科学的见解，哪些又是外行的但又被很多人所认可的观

---

① 毛泽东：《毛泽东选集·第一卷》，北京：人民出版社，1991年6月第2版，第109—110页。

点，哪些是需要提倡和肯定的意见，哪些又是有害的错误的需要批驳的观点，等等。此外，还有来自生活和群众中的鲜活的生动的语言，以及解决问题的方式方法等。

所有这些都不会自动进入我们的脑海，都需要评论员深入实际深入群众中去发现、探索、挖掘，也就是只能在深入的调查研究中获得。只有在扎扎实实的调查研究中才能找到大家普遍关注的高质量的选题，才能提炼出深刻的、新颖的、正确的主题思想，才能写出为广大干部群众所喜闻乐见的优秀的新闻评论。

总之，调查研究的过程就是发现问题、分析问题和寻找解决问题的方法的过程。所以说，没有调查研究，不掌握正确的调查研究的方法就没有评论权。许多人认为写新闻报道需要进行采访（其实质就是一种调查研究），而写新闻评论则没必要，实际上这是个错误的认识。新闻评论要想选好题立好论都需要扎扎实实地进行调查研究，只不过为写评论而进行的调查研究与采访在目的和方法上有所不同罢了。新闻采访旨在搞清楚新闻事实的几个基本要素：何人、做了什么事、在哪里、因为什么、结果如何等，以及必要的背景材料、具体的情节、事情发展的过程、重要的数据、细节等相关事实材料。而为写新闻评论进行的调查研究则侧重于了解事物内部的矛盾、逻辑关系以及解决问题的方法途径，由头、论据、观点等。可以说为写新闻评论进行的调查研究难度要比新闻采访大得多。

二、评论调查研究的要求和方法

（一）调查研究的要求

1. 首先就是要坚持实事求是的原则和要求。毛泽东在《改造我们的学习》中解释说："'实事'就是客观存在着的一切事物，'是'就是客观事物的内部联系，即规律性，'求'就是我们去研究。我们要从国内外、省内外、县内外、区内外的实际情况出发，从其中引出其固有的而不是臆造的规律性，即找出周围事变的内部联系，作为我们行动的向导。而要这样做，就须不凭主观想象，不凭一时的热情，不凭死的书本，而凭客观存在的事实，详细地占有材料，在马克思列宁主义一般原理的指导下，从这些材料中引出正确的结论。"① 新闻评论为了选好题立好论而进行的调查研究也同样是为了找出我们要评论的客观事物的内在联系，发现其本质和规律。

对于如何进行调查研究，革命前辈陈云曾提出过十五个字的精辟概括，非常有道理，即：不唯上，不唯书，只唯实；交换，比较，反复。陈云解释说："不唯上，并不是上面的话不要听。不唯书，也不是说文件、书不要读。只唯实，就是只有从实际出发，实事求是地研究处理问题，这是最靠得住的。交换，就是互相交换意见。比方说看这个茶杯，你看这边有把没有花，他看那边有花没有把，两个各看到一面，都是片面的，如果互相交换一下意见，那么，对茶杯这个事物我们就会得到一个全面的符合实际的了解。过去我们犯过不少错误，究其原因，最重要的一点，就是看问题有片面性，把片面的实际当成了全面的实际。作为一个领导干部，经常注意同别人交换意见，尤其是多倾听反面的意见，只有好处，没有坏处。比较，就是上下、左右进行比较。抗日战争时期，毛泽东的《论持久战》就是采用这种方法。他把敌我之间互相矛盾着的强弱、大小、进步退步、多助寡助等几个基本特点，作了比较研究，批驳了'抗战必亡'的亡国论和台儿庄一战胜利后滋长起来的速胜论。毛泽东说，亡国论和速胜论看问题的方法都是主观的和片面的，抗日战争只能是持久战。历史的发展证明了这个结论是完全正确的。由此可见，所有正确的结论，都是经过比较的。反复，就是决定问题不要太匆忙，要留一个反复考虑的时间。这也是毛主席的办法。他决定问题时，往往先放一放，比如放一个礼拜、两个礼拜，再反复考虑一下，听一听不同的意见。如果没有不同的意见，也要假设一个对立面。吸收正确的，驳倒错误的，使自己的意见更加完整。因为人们对事物的认识，往往不是一次就能完成的。这里所说的反复，不是反复无常、朝令夕改的意思。这 15 个字，前 9 个字是唯物论，后 6 个字是辩证法，总起来就是唯物辩证法。"② 应该说，陈云同志对调查研究方法的这十五个字的概括是非常正确的，这些原则和方法既适用于各级领导干部，也完全适用于新闻评论写作。

2. 敢于正视矛盾，倾听不同意见。调查研究要抱着积极而客观的态度，

---

① 毛泽东：《毛泽东选集·第三卷》，北京：人民出版社，1991 年 6 月第 2 版，第 801 页。
② 李泽民：《改善工作方法　提高领导水平》，《党建研究》，1991 年第 3 期。

不能事先就有了观点和态度，只是去找材料印证已有的看法，对不符合自己观点的材料则绕着走、视而不见。这是不科学的，也是主观主义的做法。正确的做法是先将自己的判断、观点放到一边，全面地去搜集各种相关材料，然后客观地进行分析研判，尤其要注意分析与自己观点不同的材料和意见，认真思考为什么别人的看法与自己不同，到底是别人错了还是自己只知其一不知其二，遇到自己不懂的或者不了解的事物尤其要虚心地向了解情况的群众和业内专家请教。只有这样才能使我们的结论产生于调查研究的末尾，才可能是正确的结论。

3. 把收集材料与分析研究相结合。收集与评论对象有关的材料是整个调查研究的基础和主要内容，因而尽可能多地占有材料，力求全面、具体、扎实地掌握所有材料，包括调查对象的历史和现状、优点和缺点、成因和影响等。此外，收集材料不应该是一次性完成的，收集与分析材料也不应该完全分开进行，科学的做法是一边收集材料一边分析材料。对已经获得的材料要马上进行分析研究，以判断哪些是真的哪些是假的，哪些是有用的哪些又是没用的，还缺少哪些材料及还需要哪些材料，只有这样才能使下一步的调查研究目标明确方向正确，才能使调查研究顺利进行不断深入。分析材料的过程也是调查研究者从感性认识不断上升到理性认识的过程，一个认识不断深化的过程。

（二）调查研究的方法（途径）

1. 博闻善学，注重知识和材料的点滴积累。调查研究并不仅仅包括有了明确目的后进行的专门调研，还包括平时没有具体目标所做的各种资料收集和知识积累工作。正所谓"书到用时方恨少"，一个优秀的评论员应该既是个新闻方面的专家又是个知识方面的杂家，不仅平时要博览群书、眼观六路耳听八方，有渊博的知识、知道最新的消息，而且要根据自己的主攻方向重点积累这方面的知识和材料。下面结合当代最为出色的新闻评论家邓拓的实践来看看他是怎么积累知识和材料并运用于新闻评论写作的。

邓拓是我国杰出的无产阶级革命家、报人和评论家，他读过的书很多，知识渊博，他在哲学、历史、新闻、诗词、书法、绘画等方面都有很深的造诣。拿历史来说，他不但对中外历史有着全面深入的研究，而且是中国有数的明史专家之一。拿绘画来说，他不但是鉴赏家、收藏家，而且自己也能作画。他还精通一门外语，翻译过长篇小说。新中国成立后，邓拓历任《人民日报》总编辑、社长，中国科学院哲学社会科学部学部委员，《前线》杂志主编，中华全国新闻工作者协会主席。1961 年 3 月，邓拓开始以"马南邨"为笔名在《北京晚报》副刊《五色土》开设《燕山夜话》专栏，很受读者喜爱。他的杂文爱憎分明、切中时弊而又短小精悍、妙趣横生、富有寓意，一时全国许多报刊、杂志争相仿效，开设了类似的杂文专栏。他还与吴晗、廖沫沙合写了杂文《三家村札记》（注：在第二章有较为详细的介绍）。

就拿邓拓为《北京晚报》写的《燕山夜话》专栏来说，《燕山夜话》的第一篇是《生命的三分之一》，最后一篇是《三十六计》，前后共发表 152 篇。在这些文章中，谈政策、时事、学习、工作、思想、作风、哲学、科学、历史、地理、文学、艺术等，可以说是包罗万象，琳琅满目，很像一部"小百科全书"。写法旁征博引，深入浅出，生动活泼，联系实际，有的放矢。邓拓在其中引用的资料很多，诸子百家、四书、五经、二十四史；汉、唐、宋、元、明、清人笔记、小说，正史野史，中外寓言，无所不引。他引用的这些材料，并非生搬硬套，而注重于古为今用，有着自己独到的见解，读来使人感到自然、贴切。邓拓同志写《燕山夜话》大多是用晚上的时间，有时用饭后的一点时间。他当时在中共北京市委担任书记处书记，工作很忙，会议很多，晚上除了接待来访、批阅文件外，还要读书或写其他的文章，因此写一篇《燕山夜话》往往不到一个小时。他说，他有时利用上下班时间在路上构思，成熟了，回家再写。《北京晚报》的编辑曾问他，怎么能记住那么多的史料，他回答说："认真读书"。他向编辑讲过，新中国成立以后，条件好多了，需要读的东西很多，时间又不够分配，这只有靠自己挤。邓拓谈到读书积累时，曾打过一个生动的比方说："你看农民出门，总随手带个粪筐，见粪就拾，成为习惯。专门出门拾粪，倒不一定能拾很多，但一成了随时拾粪的习惯，自然就会积少成多。积累生活，也应该有农民拾粪的劲头，拾的范围要宽，不要限制太多，不要因为我想拾牛粪，见羊粪就不拾；应该是，只要有用的，不管它是牛粪、羊粪、人粪都一概拾回来，让它们统统成为有用的肥料，滋养作物的生长。"① 邓拓平时工作繁忙，但他养成了像老农拾粪一样的

---

① 雨凡：《邓拓的"拾粪读书法"》，《天津社会保险》，2018 年第 6 期，第 69 页。

读书习惯，走到哪里都带着笔记本，抓紧一点一滴的时间读书看报，看到有用的东西就随手记在笔记本上。正是这样的日积月累，才有了他如此渊博的知识，才能够倚马可待地用不到一个小时写出一篇又一篇脍炙人口的"燕山夜话"。从邓拓的身上我们可以看到注重知识和材料的点滴积累的作用和重要性。下面附上一篇《燕山夜话》中的评论，与大家共享（注：马南邨为邓拓的笔名）。

生命的三分之一①

马南邨

一个人的生命究竟有多大意义，这有什么标准可以衡量吗？提出一个绝对的标准当然很困难；但是，大体上看一个人对待生命的态度是否严肃认真，看他对待劳动、工作等等的态度如何，也就不难对这个人的存在意义做出适当的估计了。

古来一切有成就的人，都很严肃地对待自己的生命，当他活着一天，总要尽量多劳动、多工作、多学习、不肯虚度年华，不让时间白白地浪费掉。我国历代的劳动人民以及大政治家、大思想家等等都莫不如此。

班固写的《汉书》《食货志》上有下面的记载："冬，民既入；妇人同巷，相从夜绩，女工一月得四十五日。"

这几句读都来很奇怪，怎么一月能有四十五天呢？再看原文底下颜师古做了注解，他说："一月之中，又得夜半为十五日，共四十五日。"

这就很清楚了。原来我国的古人不但比西方各国的人更早地懂得科学地、合理地计算劳动日；而且我们的古人老早就知道对于日班和夜班的计算方法。

一个月本来只有三十天，古人把每个夜晚的时间算做半日，就多了十五天。从这个意义上说来，夜晚的时间实际上不就等于生命的三分之一吗？

对于这三分之一的生命，不但历代的劳动人民如此重视，而且有许多大政治家也十分重视。班固在《汉书》《刑法》里还写道："秦始皇躬操文墨，昼断狱，夜理书。"

有的人一听说秦始皇就不喜欢他，其实秦始皇毕竟是中国历史上的一个

---

① 马南邨:《燕山夜话》，北京：北京出版社，1979 年 4 月第 1 版，第 1—2 页。

伟大人物、班固对他也还有一些公平的评价。

这里写的是秦始皇在夜间看书学习的情形。

据刘向的《说苑》所载，春秋战国时有许多国君都很注意学习。如："晋平公问于师旷曰：吾年七十，欲学恐已暮矣。师旷曰：何不炳烛乎？"

在这里，师旷劝七十岁的晋平公点灯夜读，拼命抢时间，争取这三分之一的生命不至于继续浪费，这种精神多么可贵啊！

《北史》《吕思礼传》记述这个北周大政治家生平勤学的情形是：

"虽务兼军国，而手不释卷。昼理政事，夜即读书，令苍头执烛，烛烬夜有数升。"

光是烛灰一夜就有几升之多，可见他夜读何等勤奋了。象这样的例子还有很多。

为什么古人对于夜晚的时间都这样重视，不肯轻轻放过呢？我认为这就是他们对待自己生命的三分之一的严肃认真态度，这正是我们所应该学习的。

我之所以想利用夜晚的时间，向读者同志们做这样的谈话，目的也不过是要引起大家注意珍惜这三分之一的生命，使大家在整天的劳动、工作以后，以轻松的心情，领略一些古今有用的知识而已。

2. 博采众议，多谋善断。就是说作者在选题和立论时应当广泛地向各界人士请教和交流，虚心听取不同的观点和见解，以便集思广益，也就是所谓的"兼听则明，偏听则暗"，既不要固执己见，也不要偏听偏信。此外，光听别人的意见还不够，还要认真比较和深入思考，进而做出自己的判断，形成自己的观点。

开调查会、座谈会是博采众议的好方法，一些真知灼见往往存在于有着丰富实践经验的干部群众中。评论作者经常到基层去开调查会、座谈会，正是博采众议的好方法，通过交流讨论，可以集思广益，启迪思路，有助于获得真知灼见和写出言之有物的好评论。《羊城晚报》的新闻评论专栏《街谈巷议》的作者许实（笔名微音），也是该报的总编辑，许多评论的选题和立论就来自茶馆中的聊天。据说，有很长一段时间，每天早晨6点15分，许实都准时走出家门，来到大三元茶楼，跟熟识的茶客边品茶边聊天。这些茶客中有退休工人、离退休干部、企业职员、教师、个体户等。茶楼实际上就是一个小社会、一个信息交流中心、一个社会舆论的传播场所，大到国家政局、国内外形势，小到邻里纠纷、民情民意，就在这随意的谈天说地中传播。可以说，坐茶馆就如同召开一场没有明确主题的调查会、座谈会，往往言者无心听者有意，许实经常品完茶回到报社后信手写出一篇"街谈巷议"，这正是这位评论家的好方法。①

3. 经常钻研党和政府的重要决议、报告、文件、精神；积极参加党政重要会议。新闻评论的选题和立论不少都来自党和政府最新的政策、决议、文件、精神，经常需要对这些新精神加以解释、印证、宣讲，还要根据这些思想分析形势、指导工作、评判事物。因而一个合格的新闻评论员必须经常钻研党和政府的重要决议、报告、文件、精神，既可以从中找到很多新的选题，还可以理解吃透最新的政策和精神并依据其来评论有关的新闻事实。此外，主流媒体的评论员还应该积极参加党政重要会议，因为很多重要的决议、重要的工作部署、政策法规等都是在党政会议上研究决定的，在这些会议中评论员可以听到不同的意见、来自基层的实际情况、做出决定的依据、民主决策的过程，等等。从中既可以获得很多新闻评论的由头、论据等事实材料，还可以帮助评论员更好地理解党和政府的决议、报告、文件、精神，只有真正理解了才能在新闻评论中写好用好。

4. 重视阅读受众来信、来电、发帖、留言、意见和内参。新闻评论选题最主要的来源就是下面的实际工作和生活，就是广大人民群众的生产生活，实际上不仅选题来自下面，精彩的观点、生动的语言甚至解决问题的方法也都来自下面。评论员要想广泛地了解社会各方面的情况，了解广大人民群众的呼声、愿望和要求，了解大家的观点、态度和意见，除了经常到基层去实地调查外，就必须要重视阅读受众来信、接听来电、浏览网民发帖、留言、意见和阅读内参了。

在这方面著名报人、评论家邹韬奋为我们树立了杰出的榜样。邹韬奋1926年10月开始担任《生活》周刊的主编，很快就在刊物上开设了"信箱"专栏，后来又开设了"小言论"专栏，专门用于回答读者来信和就来信中说

①　胡文龙、秦珪、涂光晋：《新闻评论教程》，北京：中国人民大学出版社，1998年7月第1版，第96页。

的事情、问题有感而发进行评论，极受读者欢迎，仅仅两年间《生活》周刊的发行量就从他接办之初的1000多份增长到4万份，到1932年年底时更是高达15.5万份，创下了当时全国期刊发行的最高纪录。《生活》周刊之所以如此受欢迎，最主要的原因就是邹韬奋非常重视反映、回应和了解广大人民群众的意见、呼声和要求。在他担任《生活》周刊主编的7年多中，周刊平均每年收到来信两三万封，最多时每周收到上千封，他每天都要花半天多的时间看信和回信。① 邹韬奋曾这样说这件事："我每天差不多要用整个半天来看信"，"这是一件极有兴味的工作"，"每天工作到深夜还舍不得走"。② 邹韬奋回信全部都留有底稿，每封来信的姓名、地址全部编入卡片放好，以便保持联系。这些卡片箱构成了一个丰富的资料库，蕴藏着广大人民群众的情绪、呼声和数不清的新闻报道和新闻评论的由头、线索、观点、材料、问题等。邹韬奋正是通过阅读和处理这源源不断的大量来信，洞察了社会方方面面的情况，号准了跳动着的时代的脉搏，了解了人民群众的疾苦、情绪以及批评和建议，真正做到了同人民群众休戚与共同呼吸共命运。这些来自人民群众的情况和材料很多都成了邹韬奋笔下的新闻评论的题目、由头、论据和论点。

这里再专门说说内参。内参，顾名思义就是内部参考。广义的内参可指任何机构搜集的供内部人员参考的信息资料。在我国，新闻内参特指新闻媒体向各级党政机关专门呈送的一种新闻报道，是新闻的一种特殊形式。与普通的新闻不同的是，新闻内参是一种不进行公开发布的报道。目前，我们所说的"内参"通常指新闻内参。比如，著名的《新华社内参》就是新华社主办的内部刊物，是向中央和地方各级领导提供内部情况的重要渠道。这类刊物根据不同内容，分别确定为绝密、机密、秘密三种密级，供不同层次的领导同志查阅。《新华社内参》是由新华通讯社主办，供特定级别领导阅看参考的刊物，以便决策者及时了解真实的民情动态和社会走向，制定相应的方针政策，从而及时有效地解决社会问题，推进社会发展、时代进步、国家富强。新华社通过自身内参报道权威、准确、及时、实用的特色和直达最高层的畅

---

① 方汉奇：《中国新闻传播史》，北京：中国人民大学出版社，2014年7月第3版，第179—180页。

② 邹韬奋：《韬奋文集·第三卷》，北京：生活·读书·新知三联书店，1956年版，第75页。

通无阻的渠道，一直在发挥着"为领导同志掌握真实情况服务、为领导同志科学决策服务"的作用。通过内参反映情况、解决问题，是党的新闻宣传工作的一大特色。实践证明，内参报道有着公开报道不可替代的特殊作用。

我国主流新闻媒体尤其是国家级媒体的记者都有采写内参的工作要求，这些新闻媒体派驻到全国各省区市和国外的记者都会把采集了解到的那些很重要但又不适合或当时不适合公开报道的事情写成内参，要么编入《新华社内参》《人民日报内参》等这样的刊物呈送有关部门和领导，要么直接呈送主要领导。对内参反映的重要问题中央领导也会做出重要批示，责成主管部门进行处理。例如，前些年引起全国广泛关注的内蒙古呼格吉勒图案，就是由新华社内蒙古分社高级记者汤计在9年中先后采写呈送了5篇内参，将此案由幕后一步步推向台前，并一再推动案件进程，最终使呼格吉勒图沉冤昭雪。

内参也是一种新闻报道形式，其中反映的都是真实的重要的现实情况，虽然当时不适合公开报道，但其内容不仅很有新闻价值、很重要，而且很多可以作为新闻评论的选题、由头、论据等，也是新闻评论作者了解生产生活实际和社情民意的重要途径。

5. 注重实地考察和现场采访。如前所述，新闻评论要想选好题立好论就需要大量第一手的材料，而这就必须要大量进行实地考察和现场采访。当然，并不是说写每篇评论都必须如此，那些存在争议、比较重要时间又不是特别紧迫的选题就很有必要进行实地考察和现场采访。美国《亚特兰大日报》的著名社论撰稿人苏珊·拉赛蒂在谈到她作为一名新闻记者时的专业训练经历时认为，这些经历为她后来的新闻评论写作提供了十足的力量和经验。她说："最好的社论撰稿人是那些记者。不是前任记者，而是现任记者。撰写社论——撰写优秀社论——需要细致的调查和发掘，以确保你获得一个观点，没人能够挑出毛病……像一名报道记者一样，我为社论做调查研究。"①

6. 必要时进行深入的专题调查研究。一些比较重大的新闻评论选题确定后，在时间和条件许可的情况下，应该进行专题的调查研究，包括深入实际现场调研和分析研究有关的资料等，以使评论的立论建立在实事求是的科学

---

① ［美］康拉德·芬克：《冲击力：新闻评论写作教程》，北京：新华出版社，2002年版，第74—75页。

的基础上。马克思在 1851 年到 1862 年间担任美国纽约《论坛报》驻英国通讯记者期间，为该报写过五百多篇有关欧洲重大事件和问题的述评。① 马克思为写作评述中国太平天国革命和欧洲革命比较的社论《中国革命和欧洲革命》，专门对当时的中国国情、太平军革命的起因和经过、英国的侵华史，以及英国和欧洲各国的经济和政治状况进行了周密的调查研究。

除了上述六种调查研究的方法外，评论员还应该选择一个较为典型的地方或一个行业、一个企业，作为自己长期定点调查研究的据点，随时了解社情民意的变化。通过解剖一只麻雀来管中窥豹，推知社会万象、人间百态。调查研究的方法还有召开座谈会、开展问卷调查、进行网上调查、通过网络搜索等。

---

① 郑超然、程曼丽、王泰玄：《外国新闻传播史》，北京：中国人民大学出版社，2000 年 10 月第 1 版，第 326 页。

第四章　新闻评论的标题与结构

在确定了一篇新闻评论的选题和立论后，就要进入具体的写作阶段了。接下来要考虑的就是如何拟定新闻评论的标题和如何布局谋篇了，也就是标题制作与结构安排了。好的标题可以使一篇新闻评论"先声夺人"，在网络上可以吸引网民点击阅读，在广播电视中可以吸引听众、观众聆听和收看具体内容，在报纸上可以吸引读者读完全篇评论。而好的结构，则可以使新闻评论的内容布局合理、层次明细、逻辑严谨、便于理解。

第一节　新闻评论的标题

标题，是以醒目的形式刊出（或播出）的、用以提示文章（或节目）内容的简短文字。

新闻评论的标题是以简短的文字提示或标明其论题范围、主要见解、基本倾向和情感诉求，是评论内容或观点、态度的高度概括和集中体现。

以上是标题和新闻评论标题的简单的定义，有助于我们理解下面的内容。

一、新闻评论标题与新闻报道标题的区别

大多数的新闻评论体裁都有标题，不同媒体、不同类型的新闻评论标题在拟定标题的方式上也有所不同，但就新闻评论标题的基本特点和主要功能而言，不同媒介、不同体裁的评论标题又有着共同的要求。

要了解新闻评论标题的特点，我们不妨将其与最有可比性的新闻报道的标题做一番比较，二者既有显著的不同，也有一些共同点：同属于新闻的范畴；都是文章或节目内容的高度概括；都要求简短等。下面我们通过具体案例着重来看看二者的区别。

2020 年 9 月 25 日《人民日报》第 1 版刊发了一篇时政新闻报道，内容是全国政协召开了一个重要的网络会议，主题是建立"租购并举"制度，加快住房租赁市场健康发展。对此事《人民日报》刊发的消息的标题是：

全国政协召开网络议政远程协商会

围绕"建立'租购并举'制度，加快住房租赁市场健康发展"协商议政

汪洋主持

这个标题是个常见的主题加副题的复合型标题，主题简明扼要地概述了最主要的新闻事实，副题补充交代了会议的主要内容及主持会议的中央领导。看过这个标题，读者哪怕不读正文也能对新闻事实有个大体的了解。

而在同日的《人民日报》第 4 版《人民论坛》栏目刊发了一篇新闻评论，其标题为《行"正"致远》。如果仅仅看到这个标题，恐怕很少有人能明白究竟是什么意思。通读全文后才能理解这个言简意赅的标题的意思是说：领导干部为政之道，修身为本。而修身的目标，就在于为政持正，在于坚守正道、弘扬正气。对共产党人而言，身正才能行稳，德高才能致远，因为行得端、走得正，所以行得稳、走得远。

把这两个标题放在一起加以对比，就可以清楚地看到：它们之间存在着实与虚、详与略、长与短、复杂与简单、客观与主观等明显的不同。经过大量比较与分析概括，我们认为新闻报道标题与新闻评论标题主要有以下四个方面的区别。

1. 标题任务不同。新闻报道标题都要提示新闻中最主要、最值得注意的事实，让受众一看标题就能知道发生了什么事。如果是复合型标题，一般都把最重要的事实概括放在字号最大的主题中。要是单一型标题，则直接把最重要最有新闻价值也最吸引人的事实扼要放在标题中。这是新闻报道标题最主要的任务。总之，新闻报道标题最重要的任务就是传播新闻事实。

新闻评论标题则以标明论题范围或传达作者的态度、见解、观点为主要

任务。要么扼要地概括评论的对象,要么鲜明地表明作者或媒体的立场、态度,抑或简洁地表达自己独到的见解、观点。新闻评论标题的任务较为多样。

2. 拟题手法不同。新闻报道标题以传播事实为主,如果有观点和态度也都蕴含于对事实的概括、叙述中,也就是用事实说话,其观点和态度表现得较为含蓄,采用的拟题手法以叙述为主,偶尔会用描写手法,很少采用议论和抒情手法。而新闻评论标题直接表达作者的立场、观点、态度,具有较强的主观性和感情色彩,采用的拟题手法以议论和抒情为主,较少采用叙述、描写等手法。

3. 标题结构不同。新闻报道标题结构较复杂,多采用复合型标题,一般由主题和辅题组成,辅题又包括引题、副题、小标题、提要题等。就算是单一式的标题,一般句式也比较完整。虽然并非所有的新闻报道标题结构都这么复杂,但还是要比新闻评论标题结构复杂得多。而新闻评论标题结构大都很简单,通常只有一行主题,极个别情况下才会有副题(注:评论副题前面必须要加破折号),显得言简意赅、一目了然。

4. 写作要求不同。作为新闻事实的高度概括和集中体现的新闻报道标题内容具体、信息确定,一般句式较完整,常用实题。而作为对评论对象的态度、观点、意义等的集中体现的新闻评论标题则要概括、抽象得多,句式也较灵活,很多时候都不是一个完整的句子,而只是一个短语、词组,甚至是一个词语。此外,新闻评论标题常用虚题,显得较为简洁、凝练。

二、新闻评论标题的功能

(一)提示论题

就是提示新闻评论议论的对象、范围、事情、问题等,让受众一看标题就知道这篇新闻评论说的是什么事,尤其是评论的是时下公众高度关注的热点新闻时新闻评论常常这样做标题。这样的标题能够以选题的时效性、重要性、接近性吸引受众,比较接近新闻报道的标题。这个功能的优势在于有利于突出论题的时效性或针对性。

例如,下面这些新闻评论标题都是把评论议论的对象、范围等放在标题中的:《评朱毓芬之死》《论从严治党》《伟大前程与实干精神》《儿童被遗忘在校车致脑死亡，悲剧为何总重演》《西安地铁"创可贴事件"暴露的不仅是形式主义》《老人被狗绳绊倒身亡不只是"意外"》等。

（二）体现论点

以传递意见性信息为主要功能且文体上属于议论文范畴的新闻评论，在标题中体现中心论点是常见的做法，也是新闻评论标题最常发挥的功能。此类标题往往以鲜明的观点和独到的见解吸引受众、启迪思考，常常给人留下很深刻的印象。这个功能的优势在于有利于突出鲜明的观点或独到的见解。

例如，《"大锅饭"养懒汉》《少讲空话，多干实事》《改革的胆子再大一点》《少数企业死不了，多数企业活不好》《识人待人慎"爱屋及乌"》《封别人的门就是堵自己的路——携手建设更加美好的世界》《震时一顿饭　仁义值千金》《敲钟问响看头雁》《最美的表情是自信》等。

（三）表明态度

新闻评论的一个重要功能就是表态，相应的在标题中表明作者及媒体的态度或倾向、意愿和价值取向，也是评论标题的一个重要功能。此类新闻评论标题往往以立场坚定、态度鲜明见长。特别是对一些大是大非的事情进行评论时，有没有新颖独到的观点不重要，关键是要有正确坚定的立场和鲜明的态度，其标题也最好发挥表明态度的功能。这个功能的优势在于有利于突出作者或媒介明确的态度和立场。

例如，1999 年 5 月 7 日，以美国为首的北约悍然使用五枚制导炸弹，从不同角度袭击了中国驻南联盟大使馆，造成新华社驻贝尔格莱德女记者邵云环、《光明日报》社常驻南联盟记者许杏虎和妻子朱颖 3 人死亡，使馆工作人员和记者 20 多人受伤，使馆建筑严重毁坏。5 月 8 日，《人民日报》在头版左下角刊发的评论员文章标题为《强烈谴责美国为首的北约的血腥罪行》，鲜明地表明了我们国家和广大人民的立场和态度。

下面这些新闻评论标题表态功能也都发挥得很好：《信马列岂能拜鬼神》《致敬"最温柔的守护者"》《为改革者撑腰》《岂容"吃贫"》《切莫"赶走儿子招女婿"》《岂可一走了之》《拜金主义要不得》《不要蛮干》《再也不要干"西水东调"式的蠢事了》等。

（四）引发兴趣

新闻评论也属于新闻的范畴，其标题同新闻报道的标题一样也有吸引受众继续读、看、听的要求和功能。媒体上的新闻评论的标题常常借助于新鲜的事实、生动的比拟手法、新奇的角度、鲜活的语言等引发受众阅读、收听或收看评论的兴趣。这个功能的优势在于有利于突出评论的新鲜感和趣味性。

例如，《走，玩赏冰雪去！》《生猪岂能如此"保养"》《"公家的东西最好偷"》《和尚就是和尚》《开会就是开会》《莫把"衙门"抬下乡》《书包在愤怒》《"通讯录里的父母"怎样养老》《"脸好看"易，"事好办"难——坚决纠正"四风"新表现一》《用"创新之犁"耕耘希望田野——关于乡村振兴的思考（上）》等。

三、评论标题制作的要求

新闻评论标题制作概括起来有以下五个要求。

（一）贴切

贴切是新闻评论也是任何文章标题制作的首要要求。具体来说，贴切有三层含义：第一层含义是题文一致，就是指新闻评论的标题对选题的概括，或对中心论点的提炼，或对作者或媒体立场、态度、情感的表达与评论中的内容要相符，不能明显不同，也就是说不能让受众看完或听完评论后感觉被标题欺骗了，也就是说不能做标题党。例如，下面这个新闻评论标题就与评论内容不符，也就是题文不一致。

近日读到一则新闻：某日晚 11 时左右，几位巡逻民警行至某地立交桥，发现一小男孩牵着一匹小白马悠然独行。上前询问，男孩答道："爸爸给我买的。"民警把他带到派出所，问了两个小时，男孩才讲出原委。原来这位小朋友看到公园的小白马长得漂亮，晚上便偷偷地从公园牵出。文章继而又写道："后据了解，小男孩名叫×××，因从小顽劣，小学一年级即被学校除名。"从爱护这位小朋友的角度出发，我在摘录原文时，将他的姓名隐去。这里需要指出的是，民警深夜巡逻发现小孩牵马引起怀疑上前询问是对的，正确的做法是应及时将他送回家或通知小孩的父母，不应在小孩的监护人不在场的情况下，深夜询问达两小时之久，更不能在报刊上将他的"历史材料"通过新闻媒介传播。

以上为一篇原题为《为九龄童"盗马"辩》的新闻评论正文节选。我们读了正文再回头来看标题，就会很明显地发现题文很不一致。这个标题按照字面的意思来理解，就有几处与文中内容不符和表达不当的地方：首先，"盗马"二字上的引号就加得很不恰当，这个九岁的儿童确实是未经任何人的同意就偷偷将公园里的马牵走了，这就是盗马了，这个引号加得纯属画蛇添足、故弄玄虚。按照现代汉语语法，在一个词语上加引号无非是这么几种情况：表示引语；表示否定和讽刺等特殊含义；表示特定称谓；着重强调论述对象；引用。对照这个标题中的引号，无一符合，只有表示否定好像相符，但正如前文中的分析也不对。其次，"辩"这个字也与文中的内容不符。"辩"单独使用，一般是表示辨析、辩解、辩护等，但细读正文也都没有这些意思。最后，"九龄童"的用法也不太妥当。作者这里是想表达"九岁的儿童"这个意思，但汉语中一般不这么表达。有家报纸在刊发这篇新闻评论时将标题改为《"顽童盗马"引出的法律思考》，就题文非常一致。

贴切的第二层含义是用词准确，标题词语表达的意思与正文相符，标题中用的词要是自己弄懂了的能准确表达文意的。例如，以下几个标题用词就不准确，以致贻笑大方。

有家报纸曾刊登一篇题为《法人岂能是法盲》的新闻评论，文中明确提出作为企业的领导首先要学法、懂法，不能成为法盲。很明显，评论作者认为企业领导不应成为法盲，自己倒是当了一回法盲，颇有些班门弄斧、贻笑大方了。就是因为作者用词不当，没有弄清楚"法人"和"法人代表"两个法律术语的区别。实际上懂法的人都知道：法人是指单位，企业负责人是法人代表。这个标题中把"法人"换成"法人代表"就准确了。

还有一篇新闻评论的标题是《要春风化雨，不要耳提面命》，文中作者提出：老师教育学生应该态度温和、话语亲切、循循善诱，不要严厉苛责、厉声训斥，更不要打骂学生。实际上，这个标题中的"耳提面命"这个词是用错了的。题中的"春风化雨"与"耳提面命"被用成了反义词，在文中"耳提面命"则被作者解释成了"提着耳朵当面训斥"之意。"耳提面命"一词的正确含义是指长辈或老师教育晚辈或学生殷勤恳切，近似于谆谆教诲，与春风化雨是近义词而不是反义词。

贴切的第三层含义是题义确切明确，没有歧义，不会引起误解。例如，以下三个新闻评论标题就因表达意义不明确产生了歧义。

有篇小言论的标题为《"一错千金"》，文中说的是几家报刊为了提高编校质量、降低差错率，决定重奖在编校质量竞查日这天找出报刊上的差错的读者，每找出一个差错就罚责任者1000元以奖励给发现者，评论肯定了这一做法。但这个标题明显是有歧义的："一错千金"是从"一诺千金"易字而成的，一诺千金是个褒义词，是对诚信和信守承诺行为的肯定和赞扬。那么这里的"一错千金"是该做褒义理解呢？还是贬义理解呢？让人不知道该怎么理解。如果做褒义，就是鼓励差错、错误了，好像是说一处差错价值千金，明显不当；但做贬义似乎也解释不通。

1997年年初，香港及内地多个城市"禽流感"盛行，引起广大民众的高度关注。正在此时，香港一家报纸刊发了一篇题为《"商场感"》的新闻评论，文中提到：一些商场的租户不愿遵守此前签订的合同，要求商场降低租金，并认为这种要求降租的做法会像正在扩散的"禽流感"一样传染开来，进而对香港经济和商业信誉造成不利影响。这个标题就非常令人费解，如果没读正文恐怕没人会把它跟"禽流感"联系起来，也很不好理解。像这样的极易产生歧义和误解的标题也是非常不贴切的。

有家报纸刊登了一篇新闻评论，题为《为何有电不用点油灯?》。这个标题就有歧义，可以有两种不同的理解：一是为什么有了电可以用电灯了就不用点煤油灯了？二是为什么有了电灯放着不用还要去点煤油灯用呢？细读正文可以发现作者指的是第二种理解。这个标题也是不贴切的。

（二）具体

就是说新闻评论的标题如果是提示论题的，就要尽可能具体点，让受众一看或听标题就知道这篇评论是评论什么事的，如果是体现论点的，也要求论点清晰、明确，指向明了，不要空洞乏味、大而无当、不知所云。虽然新闻评论经常是对新近发生的重大事件、重大问题或重大典型发表评论的，但其标题并非越大越好。例如，下面几个新闻评论标题就因为大而空、不具体，很难引起受众的兴趣。

　　每年的 3 月 12 日是我国的植树节，各大新闻媒体都会刊播号召大家植树造林的新闻评论。有家地方报纸就在植树节当天刊发了一篇号召大家植树造林绿化祖国的新闻评论，其标题为《以科学求质量，以质量求发展》。如果只看标题，恐怕谁也不会想到这是评论植树造林的，这就是典型的大而空的标题，就如同小孩戴了个大大的帽子，帽子大得完全看不到下面的小孩了。同样是讲植树造林的评论，《陕西日报》的一篇评论题为《你栽的树活了吗》，《健康报》的评论题为《"栽植"健康》，就不仅具体，而且颇为生动形象。

　　2004 年 9 月 1 日，《中国青年报》"青年话题"版刊发了一篇新闻评论，题为《民族自尊与人类文明规则》。这个标题就有些大而空，让读者有些摸不着头脑，有些不知所云，当然也就很难吸引读者往下读了。

　　（三）鲜明

　　作为一种直接发言表态的议论文体，新闻评论的标题也要求有立场、有观点、有态度，有明确的是非判断和价值判断，肯定什么、反对什么、赞扬什么、批评什么都应该在标题中有所反映。也就是说，新闻评论的标题跟其文风一样必须要有明确的立场和态度，不能含含糊糊、模棱两可。

　　例如，20 世纪 90 年代中期，有家报纸刊发了一篇赞扬见义勇为的解放军战士徐洪刚的新闻评论，标题为《徐洪刚的十四处刀伤》。这个标题就完全看不出作者的态度和观点，也不像是一篇评论的标题，更像是一篇新闻特写的标题。而同样是赞扬徐洪刚的英雄行为的评论，《中国青年报》的新闻评论标题就做得很好，既生动引人还态度鲜明观点明确，其评论标题为《"成仁"未必"舍身"》。这篇新闻评论有感于"我们终于有了自己活的英雄"，还说"英雄离我们并不遥远，每个人都有可能成为英雄，只有如此，幸福的时代才会延续更久"。

　　北京电视台《今日话题》有一期新闻评论节目的标题是《谁胜谁负》，这个标题也看不出明确的立场和态度，不符合鲜明的要求。《新京报》曾刊发了一篇题为《没有中立的裁判就只有"听证秀"》，这个题目不仅态度不明而且有些令人费解。

　　下面这些新闻评论标题态度就很鲜明，也很吸引人：《实践是检验真理的唯一标准》，1978 年 5 月 1 日《光明日报》特约评论员文章；《脱困不等于脱险》，2000 年 11 月辽宁电视台电视述评；《危险的开端》，1998 年 10 月 13 日新华社述评；《做好新闻发布，助力疫情防控》，《人民日报》2020 年 7 月 2 日；《向"舌尖上的浪费"说"不"》，2020 年 8 月 13 日中国青年报客户端；《童言可以无忌，成人不可胡来》，2020 年 8 月 8 日中国青年报客户端。

（四）精练

就是说新闻评论标题应该简明扼要文字简练。要做到精练，一是要结构简单，尽可能用单行题；二是句式简短，文字简洁，要言不烦。

例如，下面这些经典新闻评论的标题就都非常精练：《不要蛮干》《蒋介石之人生观》《人祸》《少年中国说》《肉麻的模仿》《战士和苍蝇》《"友谊"，还是侵略?》。

例如，当代新闻评论的标题中也不乏非常精练生动的：2017 年 12 月 22 日《人民日报》刊发的一篇新闻评论，题为《摆脱"升迁焦虑"》。中央电视台《焦点访谈》有一期节目的标题《危乎国矿》就非常精练、贴切。国庆 40 周年国庆节时《经济日报》刊登的社论标题是《四十而不惑》，这个标题大气、贴切和精练。还有，1991 年 10 月 1 日《人民日报》刊发的国庆社论标题为《实干兴邦》，不仅更为简短、精练，而且使主题更为集中。

与精练相反的则是冗长。有些新闻评论的标题过于啰唆、冗长，让人难以记住，也难以产生继续读或听的兴趣。例如，2020 年 3 月 9 日中国青年报客户端刊发的一篇新闻评论，题为《吃退烧药隐瞒病情乘机回国，如此"任性"必受法律严惩》，就有些冗长了。再如，有家行业报在"三八"国际劳动妇女节时刊发了一篇新闻评论，题为《做好妇女工作，充分发挥妇女在税收工作中的"半边天"作用》。这个标题不仅啰唆、冗长，而且空洞乏味，很难引起读者阅读的兴趣。

（五）生动

新闻评论也属于新闻的范畴，其标题同样要求要吸引受众继续看和听下去。所谓生动就是评论标题要富有新意、动感与活力，先声夺人，令人过目难忘。要使新闻评论的标题生动常用的有以下几种方法。

1. 变换标题句式

一般的文章标题都使用陈述句，不管是概括事实还是阐述观点、表明立场都是以陈述句为主。但如果我们有意识地把陈述句变换成假设句、问句、感叹句，不仅能使标题的感情色彩大大加强，也会使标题生动引人得多。

（1）变陈述句为假设句，这样可以引发受众诸多的联想，大大增加标题的吸引力。例如，以下几个假设句式的标题。

《假如给华佗评职称》，1983 年 4 月 26 日《人民日报》编后。这是《人民日报》的编辑给一封记者来信稿配写的编后的标题。这封来信中反映了这样一件事：湖北山区的一名祖传中医，在治疗蛇毒病人方面很有水平，可以说是药到病除，许多在大医院都治不好的蛇毒病人转到他那里都很快治愈了。但由于这个医生没有上过医科大学，没有大专以上学历，因而几次评医师职称都没有通过，原因是当地人事部门及卫生管理部门规定医生评职称至少大专学历。《人民日报》的编辑在为这封来信配写的编后中这样大胆地假设：华佗是三国时期的名医，其医术之高举世公认，但华佗也没有上过医科大学，没有大专文凭，假如给华佗评职称，按照现有的规定肯定也是评不上的，这岂不非常荒谬！这个变陈述句为假设句的新闻评论标题就非常生动引人。

《如果所有的母亲都生男孩》，1983 年 3 月 7 日人民日报《今日谈》栏目。这篇专栏评论是批评一些父母重男轻女思想严重一心想生男孩的社会现象的。标题用了这个假设句，可以引发读者丰富的联想，非常生动引人。

《假如俺是名人》，1993 年 3 月 9 日中国青年报《求实篇》栏目；《假如多一些王海》，1996 年 1 月 13 日北京电视台《今日话题》；《假如媒体缺席》，2001 年 8 月 27 日人民日报《人民论坛》栏目。这些新闻评论标题也都是假设句式，颇为生动引人。

（2）变陈述句为感叹句。感叹句较之陈述句感情色彩和语气都要强烈得多，也就更能打动人。例如，下面这些新闻评论标题都是感叹句式，颇为生动。

《莫教孩子当"看客"！》，1988 年 11 月 3 日湖南长沙市东区广播站；《久违了，国学！》，1993 年 8 月 18 日人民日报《今日谈》栏目；《造伪劣工程：罚！》，1996 年 11 月 1 日中央电视台《焦点访谈》栏目；《"法霸"比"法盲"更可怕!》，2003 年 2 月 12 日红网；《我们时时在考试!》，1982 年 5 月 11 日人民日报《今日谈》栏目。

（3）变陈述句为疑问句、反问句或质问句。俗话说"好奇之心人皆有之"，把陈述句变成了问句，就会吸引受众想去探寻问题的答案，一看标题就想往下看看究竟是怎么回事，自然标题的吸引力就增强了。例如，下面这些新闻评论都是问句，都很生动。

《我们为什么要阅读?》，2017 年 4 月 7 日《人民日报》；《开学清单假期账单　我们还供得起学生吗?》，2010 年 9 月 5 日人民日报《人民时评》栏目；《李子柒怎么就带偏了价值观?》，2020 年 7 月 8 日《工人日报》；《北京人会说普通话吗?》，2005 年 9 月 17 日北京电视台；《风水学是一门学科?》，2001 年 1 月 6 日《人民日报》；《谁在谋杀传媒的公信力?》，2000 年 12 月 20 日《羊城晚报》；《有些案件为什么长期处理不下去?》，1982 年 2 月 7 日《福建日报》社论；《"及时雨"为何落不到田里头?》，1987 年 6 月 19 日福建浦城县广播电台；《何必拷问捐献者动机?》，2002 年 12 月 24 日《中国青年报》；《中山舰还要沉睡多久?》，2003 年 12 月 27 日武汉电视台《都市写真》栏目；《一号文件：还有多少农民不知道?》，2004 年 3 月 5 日新华网。

2. 活用成语、谚语、俗语。成语、谚语、俗语大都是经历千百年时间不断地锤炼、验证、筛选后流传下来的至理名言，其中蕴含着深刻的人生哲理和生活智慧，把它们很好地运用到标题里面能使标题生动引人、耐人寻味。具体运用的方法又分为直接引用法和化用法两种。

（1）直接引用法：就是把成语、古语、谚语、俗语直接引入评论的标题，借助其本身特有的词义和人们通常的理解表达评论作者对客观事物的看法和意向。例如，下面几个新闻评论标题。

《闻鸡起舞》，1981 年 1 月《人民日报》社论，因为当时春节快到了，农历新的一年是鸡年，社论用这个成语做标题就非常贴切和生动。

《四十而不惑》，1989 年 10 月 1 日《经济日报》社论，这是新中国成立四十周年国庆节时刊发的国庆社论。这个标题就非常贴切、生动、大气。

《老吾老以及人之老》，1996 年 12 月 9 日中央电视台《焦点访谈》，这期节目聚焦我国社会养老问题和社保机制，用这句脍炙人口的古语做标题不仅十分贴切，而且非常生动。

（2）化用法：就是对成语、古语、谚语、俗语等结合评论内容做细微改动后变化使用，赋予其新的内涵，以开阔思路，活跃思想，表达评论对客观事物的独特认识。根据改动的方式又分为以下两种。

A. 易字法：就是通过改变个别字，或对个别字做顺序上的调整，使其变化词义，旧词新解。例如：

《"杞人"忧"地"》，1981 年 8 月 28 日人民日报《今日谈》栏目，将"杞人忧天"的"天"换成"地"，因为作者在评论中对许多地方在城市建设中过多占用耕地表示担忧和批评。这样易字非常切题。

《近墨不黑》，1990 年 12 月 21 日人民日报《大地》副刊。这个标题用了一句古语"近朱者赤近墨者黑"的半句，并换了一个字，以使其更加符合评论的主题，就很巧妙。

《车祸猛于虎》，2004 年 2 月 2 日中央电视台《焦点访谈》。这个标题将孟子的名言"苛政猛于虎"换了两个字"车祸"，非常生动、贴切，节目中披露我国仅 2003 年死于交通事故的人数就高达 10.8 万人，造成的直接财产损失超过 20 亿元。

B. 谐音法：实际上是易字法的一种特殊形式，使所易之字与原字谐音，使旧词新意或一词多义。例如，下面几个新闻评论标题就很巧妙和生动：

《恭喜发"才"》，1982 年 2 月《人民日报》春节社论。这个标题把"恭喜发财"的"财"换成了同音的"才"，意思是恭喜我国各部门各单位不拘一格选人才，大力提拔任用优秀人才，因为 1981 年年底党的十二大修订党章时第一次明确规定了党要努力实现干部队伍的革命化、年轻化、知识化、专业化这一方针，这个标题就很吸引人。

《以"职"论价》，1981 年 6 月 25 日人民日报《今日谈》栏目。俗话说"一分价钱一分货"，也就是说要以质论价。这个标题则把这句俗语换了一个同音字"职"，原因是作者在评论开头讲了这么一件事：某乡镇一名基层干部在街头碰到一个亲戚赶着一头猪往回走，于是上前询问。这个亲戚告诉他说他赶着猪到收购站去卖，结果质检人员给猪定了个二等，他觉得定得低了不愿意卖了，就赶回来了。于是这个基层干部说："走，我帮你卖去。"于是，还是这头猪，还是那个质检员，这回成了一等，价格自然也高了一些。这就有了《以"职"论价》这个标题。

3. 巧用修辞手法。现代汉语的修辞手法多种多样，如果能巧妙地加以使用就能使新闻评论的标题非常生动引人。比较常用的修辞手法有以下几种。

（1）比喻法：就是利用事物间的相似点，以此物描绘或表现彼物，这可以说是最常用也最有效的修辞方法了。例如，下面一些新闻评论标题都是比喻法用得非常成功的。

《"嫁"出去的"姑娘"也要管》，1987 年 6 月 18 日松花江人民广播电台。这个标题中"嫁出去的姑娘"实际上喻指本地与外地联营的企业，意思是说虽然企业与外地企业联营了，形同嫁出去的姑娘，但这些企业依然在本地纳税，本地相关部门仍然有责任和义务进行管理和提供服务。

《既折"莲蓬"又挖"藕"》，1987 年 8 月 28 日新华日报《细流集》栏目。这个既形象又生动的标题实际上是说，各地在严厉打击那些从事非法经营牟取暴利的"倒爷"们时，不能满足于仅仅处罚那些投机倒把的"倒爷"们，因为他们自己并不生产紧俏商品，他们据以牟取暴利的紧俏商品，"还不是因为有一些国家干部和国营企业职工在里应外合，作供应他们货源的后台！市面上的'倒爷'们好比浮在水面上的'莲蓬'，这'莲蓬'无不连着水下的'藕'"[1]。"莲蓬"就喻指那些明面上的"倒爷"们，"藕"喻指那些藏在幕后的倒卖紧俏商品的国家干部和国营企业职工，就是说打击投机倒把行为斩草还要除根。

《怎样把"蛋糕"做大》，1990 年 10 月 31 日经济日报《每周经济观察》栏目。这篇新闻评论的标题喻指竞争激烈的同行业企业不应该把力气都花在打击同行上，而应该与同行一起把行业市场做大，这样大家都能够发展和获利。这里的"蛋糕"实际上喻指行业市场，这个比喻如今已经成了大家通用的说法。

《给"门卫"以"守门权"》，1986 年 5 月 5 日人民日报《每周论坛》栏目。这个标题中的"门卫"实际上是指企业的财会人员，"守门权"则是指法律赋予财会人员的财务监督权。具体来说就是，我国《中华人民共和国会

---

① 沈志苏：《既折"莲蓬"又挖"藕"》，《新华日报》，1987 年 8 月 28 日。

计法》《中华人民共和国税收征收管理法》等财务法规明确规定：企事业单位的会计和出纳必须分任并相互监督，出纳负责记录单位的每一笔收入和支出，会计负责根据出纳的收支记录完成会计报表，税务部门根据会计报表征税，严禁做假账。但实际上，有一些企业，尤其是规模较小的民营企业会计和出纳由同一人兼任，一个人既记账也做会计报表，既变相废除了财务监督权，也存在做假账和偷漏税的问题。原本的"门卫"成了"望风的"，本该"守门"的人成了窃取国家税金的帮凶。这个运用比喻法的标题也是这篇新闻评论的中心论点，意思就是应当严明财会法规，把财务监督权还给财会人员。

（2）比拟法：就是借助于想象力把人当作物或把此物当作彼物来描述，或者把物比作人来描述，也就是拟人和拟物。例如，下面这些新闻评论标题就很好地运用了比拟法。

《莫让牛肉面拉了后腿》，1993 年 5 月 8 日甘肃人民广播电台。为了更好地理解这个非常生动形象的拟人化的标题，我们不妨来看看这篇不长的评论。

莫让牛肉面拉了后腿

邢同义

1993 年 5 月 8 日　甘肃人民广播电台

一位国营企业家朋友不久前到西欧考察了一趟，回来后，只字不提那里先进的管理、优质的产品，或者奇异的风土人情、独特的自然景观，似乎他一直还待在闭塞的大西北——祖祖辈辈居住的黄土高坡，压根儿就不曾有过异国他乡的考察访问。他的同事们按捺不住了，终于有一天，问他："老总，你这次到英吉利开了洋荤，给我们吹吹，叫我们也开开眼怎么样？"不料这位老总只谈了这样一句观感："那里的那些个饭吃不成！攥不上咱们的牛肉面，再让我去我都不去了！"

也难怪，大西北人，吃惯了各种各样的面食，什么牛肉面、拉条子、搓鱼子、猫耳朵、罐罐馍、油酥饼，突然让他放掉筷子拿起刀叉，切开洋面包抹黄油，吃什么汉堡包、三明治，是有些倒胃口。不管你把洋食品的营养成分说得如何天花乱坠，不爱吃就是不爱吃，不习惯就是不习惯。可是，话说回来，这位老总到西欧干什么去了呢？在我们国家，企业还不富裕的情况下，拿出几万元人民币让你飘洋过海去考察，难道是为了得出对外国饮食不习惯的结论吗？

不错，我们智慧的祖先创造了包括饮食文化在内的灿烂的一度领先世界的精神文明，是应该继承和发展的，但不能因此而背上包袱。还拿牛肉面为例，它简直能让兰州人倾倒，不管有多少花样翻新的美味佳肴，几天不吃就想它。即使在饮食业百花齐放的今天，"兰州牛肉面"的招牌也从兰州挂到了首都、挂到了东北、挂到了华东和华南，甚至挂到了日本的秋田，正跃跃欲试走向世界，这是值得我们骄傲和自豪之处。可用今天的科技卫生标准来审视一番，牛肉面又的确有不足之处，有改进和提高的必要，有些地方确实还应学学人家汉堡包、三明治严格的卫生标准、科学的配方以及精细的加工技术。

再有，我们的生活总不能老停留在牛肉面标准上。我们要提高，就要把社会主义建设事业推向前进，就要继承人类社会创造的一切文明成果。由于我们国家还很穷，不可能派更多的人出国甚至出省考察学习。有机会出去走一走的同志，事实上肩负着很重的任务。因此，是否应该提醒一下今后可能出去考察的各样的"老总"：打开你的摄像机和录音机，也就是睁大你的双眼，竖起你的双耳，多看多听，从国外学来点儿好东西，切不可像那位老总一样，让牛肉面扯住了后腿。

《奥斯维辛醒着》，1996年3月20日人民日报《国际札记》栏目。这篇国际评论是说虽然第二次世界大战过去已经超过50年了，但依然有人奉行着纳粹精神，臭名昭著的纳粹集中营奥斯维辛依然存在于某些人的思想中。

《"愤怒"的彩管》，1999年5月27日北京电视台《今日话题》栏目。这篇电视新闻评论聚焦我国彩色电视机生产行业产能严重过剩，众多生产企业大打价格战，导致全行业亏损严重的问题。标题采用拟人化的修辞手法，非常精练生动。

《京城是被暴雨"灌瘫"的吗？》，2004年7月11日新华网。这篇网络评论的标题也采用了拟人化的修辞手法，评论对此前京城一场暴雨导致很多路段积水严重，至少8处立交桥行车瘫痪，全市倒塌的房屋数量至少在七处以上，官园桥等路面还发生了塌陷事故的问题进行深入分析。标题颇为形象生动。

（3）借代法：就是借用事物内部或外部不可分离的相关联系，以与事物相关的部分名称代替事物的本体的一种修辞手法。例如，下面这些新闻评论标题都是运用借代法。

《多交"毡帽朋友"》，1991年12月27日人民日报《今日谈》栏目。标题中的"毡帽朋友"指代的是农民朋友，因为评论写的是发生在浙江绍兴一带的事，当地农民有戴毡帽的习惯，故以农民头上戴的"毡帽"代指农民，既亲切又形象。

《"茶碗"能否与"麦克"嫁接》，1992年4月25日经济日报《星期话题》栏目。这个标题中的"茶碗"是指中国人的娱乐休闲的茶文化，"麦克"是指西方国家的用麦克风唱歌的娱乐方式。就是说中国传统的娱乐休闲文化能不能与从西方输入的娱乐休闲方式相结合。

《屋檐下的忧思》，1992年中央电视台《观察思考》栏目。这个标题中的"屋檐"本是房屋的一部分，在这里代指整个房地产业，题目就是对房地产行业发展的担忧和思考之意。

《飞去"乌纱"又飞来》，1998年4月5日中央电视台《焦点访谈》。这个标题中的"乌纱"本意是古代官员戴的乌纱帽，这里代指官职。这个标题既运用了借代的修辞手法，还用了拟人法，意思是被罢免了的官员又官复原职了。

（4）双关法：在遣词用字时表面是一个意思，而暗中又隐含着另一个意思，一语双关，一句话有明暗两层意思，颇为有趣，耐人寻味。例如，下面几个新闻评论标题双关法就用得很好，非常生动有趣。

《当心有"坑"》，1985年12月13日人民日报《今日谈》栏目。这个标题中的"坑"就是一语双关，一方面指江苏某县一个粮库连年被评为"四无"粮库，而实际上霉烂、虫蛀等情况全都有，只不过他们每次都在上级来检查之前把这些不好的粮食挖坑埋掉了，这是真实的"坑"；另一方面，这里的"坑"还有坑骗、坑害上级的意思。

《巨额粮款化为水》，1996年12月7日中央电视台《焦点访谈》。这个标题中的"水"也是一语双关：一方面实指某县把国家下拨的收购粮食的专款挪用来修建了矿泉水厂，而生产出的矿泉水又迟迟卖不出去，老百姓的卖粮款化成了一瓶瓶矿泉水；第二层意思是虚指老百姓的血汗钱只换回一纸白条，打了水漂、付诸东流了。

《还企业一条"出路"》，1997 年 11 月 5 日北京电视台《今日话题》栏目。这个标题中的"出路"也是一语双关：一方面实指连接企业的道路；另一方面虚指企业发展的盈利的方式、路径。

（5）对照法：就是把两种相互矛盾或悬殊巨大的事物、现象、思想、做法等放在一起加以对比，在强烈的反差中分辨是非、善恶、大小、远近、美丑等，也叫对比法。例如，下面这些新闻评论标题对照法就运用得很好。

《童言可以无忌，成人不可胡来》，2020 年 8 月 8 日《中国青年报》；《戾气少些 志气多些》，2013 年 11 月 19 日《人民日报》；《"脸好看"易，"事好办"难——坚决纠正"四风"新表现一》，《人民日报》2017 年 12 月 15 日；《让"群众满意"，还是让"领导注意"——坚决纠正"四风"新表现二》，《人民日报》2017 年 12 月 18 日；《"现场"岂能成"秀场"——坚决纠正"四风"新表现三》，《人民日报》2017 年 12 月 19 日；《少当"二传手"，多当"主攻手"——坚决纠正"四风"新表现五》，《人民日报》2017 年 12 月 21 日；《慷慨与吝啬》，1993 年 11 月 22 日《中国物资报》《新视角》栏目；《山绿了，眼红了》，1998 年 4 月 19 日中央电视台《焦点访谈》；《真的假文凭和假的真文凭》，2002 年 5 月 15 日中国青年报《求实篇》栏目；《"以罚促管"还是只罚不管》，2003 年 8 月 6 日河北电视台《新闻广角》栏目。

（6）回环法：就是把词语或句子在组合过程中颠倒重复，使其首尾呼应，形成回环，亦称"回文""顶真"或"连珠"。例如，下面这些新闻评论标题就都运用了回环法，很是生动。

《一把手抓，抓一把手——今天我们怎样抓改革落实二》，《人民日报》2017 年 4 月 18 日；《想"一万"更应虑"万一"》，2017 年 10 月 11 日《人民日报》；《做官有止境，干事无止境》，2017 年 8 月 14 日《人民日报》；《"官钓"与"钓官"》，1989 年 1 月 7 日人民日报《漫话》栏目；《专家鉴定与鉴定专家》，1991 年 1 月 6 日《健康报》署名评论；《"如意"不如意》，1995 年 7 月 12 日中央人民广播电台《新闻纵横》栏目；《珍稀动物当珍惜》，1996

年 4 月 10 日中央电视台。

四、不同媒介评论标题的区别

新闻评论的标题在前述的特点、功能和制作要求上在不同传播媒介上大体相同，但由于不同类型的媒介在传播特点和方式上存在着明显的差异，其评论标题制作上也存在着区别和差异。我们把新闻传播媒介大体上分为四种：报刊（包括报纸和杂志）、广播、电视、网络。下面就来看看这四种不同的大众传播媒介上的新闻评论标题制作方面有哪些区别和不同的要求。

（一）使用的传播符号有所不同

报刊及网络新闻评论由于都是使用书面文字为主的，因此放在一起。其评论标题以文字符号为主要传播手段。文字符号所特有的内涵丰富，抽象性、逻辑性强的特点和纸媒体、网络上的文章可反复阅读的传播优势，使其在拟题方式、词语运用和题义开掘上有较大的空间。

广播评论标题则以声音符号为唯一传播手段，以口播的声音形式诉诸人们的听觉。一般会在评论播出前播报一次新闻评论标题，例如，"下面请听本台评论《拜金主义要不得》"，还会在评论播完后再重复一遍标题，就像这样："刚才大家听到的是本台评论《拜金主义要不得》"。使用有声语言的广播评论标题的优势是感染力、易受性强，很容易迅速吸引听众的注意力；其劣势是线性播出，声音稍纵即逝、不易留存。

电视评论标题使用的传播符号最为丰富和多样，可以说其他媒介使用的传播符号电视都能使用。其标题一般以文字符号的字幕形式播出，标题文字还可以加入动画效果和进行特技处理，要比报刊和网络上的标题更好看。为了增强标题的传播效果，还可配以声音符号和图像符号制成片头，在节目中重复播放。传播符号的多样性和手法的立体化，使其具有较强的形象性和感染力。

（二）所起的作用有所不同

前文中我们已经阐述了新闻评论标题的四项功能，这是所有新闻媒介上的新闻评论标题的共同功能，但实际上在不同的媒介上新闻评论标题发挥的功能还存在着一些差异和区别。下面我们分别来看看。

报刊及网络评论标题一般都位于正文前面或最为显要的位置，并以较大的字号刊出，以引人注目，"看报先看题"也是大多数受众通常的阅读习惯。其发挥的作用最主要的就是吸引读者和网民继续看评论正文。

广播评论标题一般在正文之前播报，为满足受众收听需要及增强传播效果，还会在评论结束后重播评论的标题。其最主要的作用是方便听众选择性的收听和加深记忆和印象。

电视评论标题可以在节目中出现一次或数次，除起到标题的一般作用外，还可以起到调整评论节奏、划分节目层次、强调评论重点、调节受众情绪等作用。电视新闻评论标题出现的时机，停留时间的长短，所用的字体、字号、颜色、出屏方式及特技手法等，都是一种发言的方式，成为电视评论表情达意、起承转合有机的组成部分。

例如，1996年1月24日中央电视台《焦点访谈》栏目播出了一期新闻评论节目，题为"囍中别添忧"。评论对山东一些农村地区的民政部门在结婚登记时"搭车"收费，收取好几种与办结婚证无关的费用，不交费就不给办结婚证，令当地农民苦不堪言、怨声载道的问题进行了曝光和批评。这篇评论的标题发挥的作用多种多样，是其他媒介评论标题所发挥不了的。这个标题中的"囍"字如果在报刊上网络上则只能用"喜"字了，因为"囍"字不是规范的汉字，公开出版发行的报刊上是不能用的。在我国的民间习俗中"囍"字有其非常明确和特殊的含义，它只跟结婚这一件事有关。标题中用"囍"字就非常贴切，与题中后面的"忧"对比也非常强烈。标题中的"囍"字为红色综艺字体，其余字为白色隶书体。这个标题字幕在片中先后出现了七次，开头出现了，在展示"搭车"收费的场景时出现了，在有关人士发表议论时出现了，记者现场报道时出现了，主持人演播室评点时出现了，每次出现的时间也有长有短，有时起表态的作用，有时起承上启下的衔接作用，有时又起渲染气氛的作用，还起到了划分节目层次、强调评论重点、调节受众情绪的作用。

（三）写作的要求有所不同

报刊评论标题由于是使用可以反复阅读、仔细品味的书面文字符号，因而更多追求深刻、隽永、语义丰富、富有哲理，也更常用成语、古语、诗词、格言警句等。

广播评论标题使用转瞬即逝的声音符号传播，而且广播听众总体文化程度略低，因而其标题要求浅显、平易近人、语义明确、形象生动，让人一听就懂、没有歧义。广播评论标题中一般不能使用容易误听和产生歧义的简称及同音不同义的词。例如，《"鸡战"之后》这个标题放在报刊上、电视上都可以，但在广播中就不行。"马恩全集"这样的表述出现在其他媒介评论的标题中都可以，但放在广播评论标题中就不行。

电视评论标题可以使用各种符号传播，制作手法多样，能够充分地表现标题的内涵，但标题也不能长久地停留在屏幕上，虽然不是稍纵即逝，但出现的时间也很有限。因而，其标题制作要求简捷、明了，在通俗的基础上讲究一定的文采和寓意，必要时辅之以图像符号及声音符号。实际上，电视新闻评论标题制作的要求介于报刊和广播之间，既不能像报刊评论标题那样过于书面化和非常讲究文字，但也不能像广播评论标题那样太口语化和浅显通俗易懂。例如，《难圆绿色梦》作为中央电视台《焦点访谈》节目的标题是合适的，但放在报刊上则稍嫌浅显了点，放在广播中又有点过于书面化不太好懂了。

网络评论标题虽然跟报刊评论标题使用的传播符号和表现手法完全一样，但制作要求却有明显的不同。网络与报刊相比更加贴近受众，也更加注重彰显个性，因而其标题制作也要求鲜明、通俗、追求新意、显示个性。此外，网络新闻评论还存在标题和正文分开的情况，网民需要从众多评论标题中找到想看的评论点开阅读。因而，网络评论标题较之其他媒介评论标题要求更能吸引人。例如，中国青年报客户端上刊发的这两篇网络新闻评论的标题放在报刊上就不太合适，有些过长了：《儿童被遗忘在校车致脑死亡，悲剧为何总重演》，2020 年 9 月 17 日中国青年报客户端；《25 岁女子已婚 12 年？关注的重点不止是"失联"》，2020 年 10 月 13 日中国青年报客户端。

第二节　评论的结构原则与基本要求

古人做文章讲究"言之有物"，就是有内容、内容丰富翔实；"言之有理"，就是有真知灼见，能揭示事物的内在规律；"言之有序"，就是指文章的谋篇布局与层次安排合理、逻辑顺畅。刘勰在《文心雕龙》中所说的"振本而末从，知一而万毕矣"，其中的"本"，就是指篇章结构。

评论的结构就是对评论谋篇布局的总体设计，也是对评论逻辑思路与层次的总体安排。评论的结构包括：如何开头，怎么结尾，怎么过渡衔接，中间怎么展开，各部分之间的逻辑关系如何处理，等等。

一、新闻评论结构安排的原则

（一）内容决定形式

评论的结构归根结底属于表现内容的形式的范畴，应根据评论所要分析的事物或所要论述的问题的实际情况、内在逻辑联系和发展变化规律来安排观点、材料及前后顺序。也就是说，其结构安排最终取决于评论内容本身的内在逻辑关系，怎样能更好地表现这种逻辑关系、如何能更好地证明观点就该怎样安排结构。

（二）要遵循传播规律

新闻评论是给受众看或听的，是一种大众传播形式，其结构安排还必须遵循传播规律。因此，新闻评论的结构还应根据受众的文化水平、接受能力、认识规律、心理需求等来确定逻辑思路和谋篇布局。一篇新闻评论只有让受众喜欢看或听，看或听时方便、顺畅才能算是结构合理。

（三）要考虑评论的个性

新闻评论有不同的类型、体裁、风格，刊播的媒介、媒体、栏目（节目）也不同，这都会影响到其结构安排。这就是评论的个性。评论的结构安排还应在遵循评论基本原则和基本规律的同时，体现体裁、栏目及作者的个性与风格。

二、新闻评论结构的基本要求

（一）论点和论据的统一

这是新闻评论结构安排最重要也是最基本的要求，就是评论的论点要能很好地统率论据，论据能够充分有力地证明论点，两者很好地统一在评论中。

1. 论点、论据、论证的概念

（1）论点：就是评论要告诉受众的见解、观点、论断和结论，也就是新闻评论的立论。论点又分为总论点和分论点，一般较长的评论才有分论点，小型评论，像短评和编者按语只有中心论点。

好评论应当提出人人意中所有但笔下所无的见解。也就是那种让受众看或听了后觉得："说得太对了！太有道理了！但我怎么就没想到呢？"如果一篇新闻评论能达到这样的效果，就是有了好的论点。例如，《华商报》曾刊发过一篇新闻评论，作者对一个大家司空见惯的现象提出了自己独到的观点：经常见到很多小区门口的保安对进出的车辆驾驶者敬礼，而对骑自行车和步行出入小区的人则视而不见。作者认为保安这么做不太合适，有嫌贫爱富之嫌。评论中进一步分析说开车无非分两种：一种是私家车，有私家车的人一般要比没车的有钱；另一种是公车，能开公车的人一般都是相当级别的官员，比没有公车的人有权。因而开车的人非富即贵，敬礼是对人尊敬的表示，保安给开车的人敬礼，实际上尊重的是金钱和权力。看了这篇评论的人都觉得作者说得很有道理，但很多人都看到过这个现象，却没有人写出这样的好评论。这样的论点就是好论点。再如，下面这篇新闻评论也提出了人人意中所有但笔下所无的见解。

不如取消教师节

杨支柱

2013 年 9 月 11 日 《南方都市报》

最近关于教师节应该选在哪一天的争论有点热闹，有人主张改在孔子的生日，有人主张维持现状。这种争论有一个共同前提，就是设立教师节是天经地义的。

给特定职业设立节日，可以说三百六十行行行都有理由给自己设立一个节日。医生认为自己治病救人，应设立医师节；记者认为自己是"无冕之王"，应该设立记者节；法官认为自己代表公平正义，应设立法官节；刑警认为跟犯罪做斗争有生命危险，应设立刑警节；清洁工认为干净了别人脏了自己，应设立清洁工节；园丁说"教师是辛勤的园丁"只是一个比喻，教师都有自己的节了，我们真园丁反倒没有，多不公平？……这样的话，一年只有365日，即使天天过节，日子也不够用。

有人说，"哪一个职业群体不是经过对应的教师培养出来的？孩子的培养决定祖国的未来，教师是灵魂工程师，是其他职业无法攀比的。"这种特权主张根本就站不住脚，试问哪个群体的案子不是法官判的？哪个群体的人生病了不找医生？几乎所有的职业都是为所有的人服务的。孩子的培养固然重要，但医生挽救孩子的生命难道不重要？警察保护孩子的安全难道不重要？生产儿童食品、药品事关孩子的安全、健康，地震中校舍垮塌的惨痛教训说明建筑施工同样不可等闲视之。已经有儿童节了，没有必要因为牵扯孩子就再设立一堆节日。

所有根据特定职业设立的节日都有跟设立教师节相当的理由，似乎没有教师节的危害：绝大多数其他职业的节日收礼的可能性小多了，即使收礼也不至于毒害孩子的心灵。从学生或学生家长那里收礼的教师在中小城市的中小学和公立幼儿园比较多，大城市和农村中小学要少些，大学可能更少。

有人不承认给教师送礼有行贿性质，譬如郑旭光先生说，"家长送礼给老师，相当于过去所谓束脩吧，怎么会毒害孩子心灵呢？"想不到郑先生竟不知公立学校跟私塾性质不同。一个人可以花钱请私人侦探，送什么礼给私人侦探都是他的自由；但是送钱给警察不是贿赂是什么？

有人说一个班几十个学生，教师不大可能因为某个学生或学生家长不送礼就歧视孩子，送礼是家长表达感谢的行为，礼尚往来是传统习俗，说明我们是个懂礼的民族。这就更扯了。世界上绝大多数行贿者都不是为了免遭歧视，而是为了求得优待。自古以来给教师送礼几乎都是单方面的，教师给学生或学生家长送礼的不是没有，但比例和礼品价值都要低得多。给公立学校教师送礼和给私塾教师、家庭教师送礼性质不同，不能用自古已然来混淆视听。单纯表达感谢确实是一种美好的感情，但应该在学生毕业以后，以免影响教育公平。那时拜年、祝寿都可以，看已毕业学生自己的时间方便，何必要弄个教师节？

有人说送礼是社会风气问题，社会风气不好没教师节也会送礼，社会风气好有教师节也不会送礼。这话有道理但不全对。没有教师节，学生父母送礼就不可能这么集中，就不会因为送礼集中而公开化，从而减轻父母送礼给老师带给学生心灵的毒害，也减轻不送礼的学生父母感受到的压力。

（2）论据：就是用来证明论点的材料，是评论论点得以成立的依据，是判断和推理的基础。其作用在于形成论点、引发议论和证明论点。

论据分为：A. 事实论据，就是能够直接或间接证明论点的有说服力的事实，可以是新闻事实，也可以是作者耳闻目睹、亲身经历的事实，甚至是历史事实。

B. 理论论据，指已经被证明了的科学原理、定律，人们公认的格言、谚语、道理，经典作家（比如马克思、毛泽东）揭示的经过实践证实并为人们所公认的结论、论断、原理、言论等。

C. 数字论据，主要是国家统计部门或其他权威机构发布的可信的统计数据，以及其他可靠的数据，这些数据虽然不是具体的而是概括的笼统的事实，但很多时候却比单个的事例更有说服力。

D. 故事和典故论据，我国几千年的历史与文化留下了很多精彩的故事、典故，有寓言故事、神话故事、民间传说故事、成语故事、文学典故、历史典故等，恰当地引用这些故事和典故也能很好地证明论点。

（3）论证：揭示论点与论据之间的逻辑关系，使论点得以确立和得以证明的过程和方法。也就是运用论据证明论点的过程和方法。

2. 怎样做到论点和论据的统一

（1）首先，要坚持实事求是的原则，即将论点建立在全面充分的事实材料的基础之上，这样才能使论点和论据的统一建立在科学的基础上。最好能做到论点是作者在分析了大量材料后从中总结提炼出来的，这样论点就是从材料中诞生的，材料与论点水乳交融、相辅相成，材料就能充分有力地支撑和证明论点，论点能够完美地统率材料，在行文时就比较容易做到论点和论据的统一。这在自己确定选题自定题目写作新闻评论时很好做到，但在奉命写作命题评论时则不容易做到。写"命题作文"时题目是上面定的，往往论点也是别人给的，这时要坚持实事求是的原则就比较困难了。实际上，别人给的论点往往也是他人从大量的事实材料中提炼出来的，我们要做到实事求是只需要找到足够的支撑这个论点的事实材料就可以了。

（2）其次，要正确处理论点和论据之间的辩证关系。新闻评论写作的过程可以分为两个阶段，即构思阶段和论证阶段。在不同的阶段，论点与论据之间的关系是不同的。在构思阶段对待论据和论点的正确态度是论据（材料）在先、论点在后，材料为主论点为次，要从充分的材料中提炼出论点，材料要多多益善；在论证阶段，论点则要反客为主，论点要统率论据，论据要为证明和支撑论点服务，此时论据不在多而在精，要选择那些最能证明论点的论据，用两个论据就能完全证明论点就绝不用第三个论据。

（3）注意克服一个常见、易犯的毛病：掌握的材料不充分、不精，而写时又舍不得抛弃。初学者和水平低的作者经常会犯这个毛病。实际上是由于材料收集的不充分，或者分析的功夫下得不够，导致论点不是完全从材料中提炼出来的，掌握的材料不足以支撑论点，论点也不能完全统率论据，以至于论点和论据是两张皮，相互分离。作者在写作时还舍不得扔掉那些不能很好地证明论点的不太合适的材料（因为扔掉就没东西写了），写出评论就会又臭又长，没有什么说服力。

（二）既要考虑事物的内在逻辑关系，又要考虑人们认识事物的思维习惯

新闻评论同其他议论文一样，也是根据事物的内在联系来安排结构的。事物内部有因果、主从、条件、并列、递进等逻辑关系，新闻评论也要像其他议论文一样依据它们来安排层次、布局谋篇，这也是新闻评论结构安排的第一项原则。

但是，新闻评论又不同于一般的议论文，它还有自身的特点和要求，它要力求让多数受众看得懂、愿意看甚至喜欢看。这就要求它在谋篇布局时还要考虑人们认识事物的规律和思维习惯。

　　人们认识事物的思维习惯主要有：由近到远、由浅到深、由具体到抽象、由现象到本质等。好的新闻评论总是将这两者有机结合起来，既把道理讲得深刻透彻，又让受众喜闻乐见。例如，下面这篇题为《听专家算账》的报纸评论其结构安排就是由近到远、由浅到深、由具体到抽象、由现象到本质的，同时又遵循了事物内在的逻辑关系。道理娓娓道来，让读者不由自主就读下去了，一直到评论的最后作者才水到渠成地提出论点。

听专家算账

詹国枢

1998 年 5 月 19 日　《经济日报》

　　没听过专家算账，偶尔一听，很有意思，很受启发。

　　专家共有两位，一位是香港的投资分析专家，一位是新加坡的城市规划师。听专家算账者，并非本人，而是深圳万科集团总裁王石。

　　王石为何要听专家算账？原来他接了一笔大生意，或者说发了一笔大财——沿海某新兴城市的市长大人，听说万科搞房地产十分在行，便打算以极小的代价，几乎是"送"给万科集团 40 平方公里土地，让他们来开发，搞地产。

　　40 平方公里！好家伙，差不多相当深圳市 2/3 的面积！王石自然喜不自胜，摩拳擦掌，准备大干一场。

　　大干之前，王老总还算冷静，请来两位专家，听他们算算这 40 平方公里的投入产出账。

　　两位专家的账，算得非常明白。

　　一是投入账——每开发 1 平方公里土地，必须做到水电路等"七通一平"，1 平方公里约需 3 亿元，40 平方公里共需 120 亿元。

　　二是产出账——每 1 亿元资金投入，需有 1.3 亿元产出，这才算有效投入。120 亿元投入，产出应该是 150 亿元……

　　以上故事，是从北京青年报记者陈玉明的文章中看到的。这篇叫作《加法的海尔与减法的万科》的长篇通讯，写了不少发生在海尔和万科的耐人寻味的故事。两位专家的账，其实并不复杂，甚至不用请专家，稍有基建常识者，都能算得出来。奇怪的是，为什么这么一个简单的常识，却被堂堂万科老总给忽略了，乃至差一点干出蠢事来呢？

认真说来，王石老总的头脑发热，也怪不得这位王老总。现实生活中类似的现象还少吗？当某一件事尤其是一件异乎寻常的好事降临到我们头上时，我们不也晕晕乎乎，差点找不着北吗？

你看这些年我们干了多少"开发40平方公里"的好事？有多少开发区的多少个"40平方公里"还在那里伸长脖子等待着热情的投资者？有多少彩电、冰箱、空调、洗衣机、VCD生产线还在那里等待着热情的购买者？有多少上万甚至数万米的大型超市大型商场还在那里等待着热情的消费者……

决策失误是最大的失误。而头脑发热、重复建设——决策过程中这相伴相生的两大痼疾，已经并还将给我们的经济建设带来难以估算的后患。从一定程度上说，当前国企职工的大量下岗，当前国企效益的连连下滑，都同这毛病直接有关。

治病，尤其是治老毛病，确实很难。不过，在拍板上项目之前，先得请专家——真正的专家——来算算账。这一条，是否可以成为一个规矩，把它定下来呢？

（三）贵在创新，反对模式化

这原本是所有文章布局谋篇的共同要求，之所以将其作为新闻评论结构的基本要求是因为：第一，新闻评论"姓新"，既要讲求内容的新，也要求形式（包括结构）的新；第二，实际上新闻评论结构上模式化的问题普遍存在。最常见的一种模式化结构就是：开头讲一下当前的大好形势，接着但是引出存在的问题，然后举出正反两方面的例子来分析之所以好和坏的主客观原因，总结经验教训，结尾展望美好前景。

例如，有篇市委党报年中刊发的评论员文章《再接再厉，把我市经济工作搞上去》，其结构安排就是典型的模式化。有人还将这种模式化结构形象地概括为："大"字开头，"但"字过渡，"训"字为主，"的"字收尾；开头一段套话，中间一段空话，结尾一段大话。这篇刊发于1986年年中某地级市委党报的评论员文章在这里就不标明具体出处了。

再接再厉，把我市经济工作搞上去

本报评论员文章

在党的一系列方针指引下，我市上半年经济工作取得很大成绩。全市经济体制改革顺利展开，重点企业生产稳步增长，地方工业企业在转轨变形中增加了活力，预算内工业企业实现了产值、销售收入、税金、上缴利税四个同步增长。全市经济形势大好。

但是，在大好形势下，我们还必须清醒地看到问题。第一，轻、重工业的比重还不太协调，主要工业产品的质量还不够稳定。第二，不占计划规模的投资增长过快。第三，消费基金和行政经费仍有较大幅度的增长。第四，一些中小企业还搞得不活。

之所以出现上述问题，是由于一些从事经济工作的同志，尤其是领导同志对中央"宏观控制，微观搞活"决策的重大意义认识不够，对中央关于经济体制改革的决定学习不够，对我们的客观条件缺乏了解。这就需要我们进一步提高认识，统一思想。宏观控制，微观搞活，这是社会主义有计划的商品经济的一个重要特征。从全局来讲，不控制不行，不控制，国民经济的发展就不平衡。各行各业都争着上，必然引起新的矛盾，使整个经济形势混乱、畸形，最后被迫停下来进行调整，"欲速则不达"。对这个问题，我们一定要引起重视，不能重蹈覆辙。另一方面，从每个企业来说又要搞活。微观搞活，就是要突破过去那种单一的指令性计划的经营模式，使企业真正成为相对独立的社会主义商品生产者和经营者。

我市经济工作中虽然存在着上述问题，但是，这是前进中的问题。我们相信，只要全体同志认真学习党的方针政策，认真按照党的方针政策办事，统一认识，振奋精神，这些问题是一定能够解决的，在 20 世纪末实现我市工农业总产值翻两番的目标是一定能够达到的。

虽然这篇评论员文章已经是 30 多年前的新闻评论了，但如果我们认真去看，会发现几乎相同的结构至今依然经常出现在报刊上、领导讲话中。2006年第 7 期的《衡阳通讯》中刊发了一篇题为《再接再厉，夺取抗洪救灾和经济社会发展的全面胜利》本刊特约评论员文章，其篇幅要比上面这篇评论员文章长得多，但结构安排如出一辙。这里笔者就不附上全文了。这样的模式化的结构我们应该坚决摒弃。

生活是丰富多彩的，社会在不断地发展变迁，各种新生事物也层出不穷。作为对各种新事物、新风尚、新情况、新问题等发表观点和看法的新闻评论，其形式也应当是与时俱进，不断发展变化的。一篇优秀的新闻评论，从内容到形式都应该是新的，有其特点和个性。新闻评论的结构不应该有一成不变的模式、套路，从来没有亘古不变的结构模式。就如章实斋在《文史通义·古文十弊》中所说的："文成法立，未尝有定格也。"好的结构都是能非常好地表现其特定的内容的，同样的结构换一篇文章使用可能就成了东施效颦，结果画虎不成反类犬。所以，内容变了，结构也应随之变化。就像世界上没有两片完全相同的树叶一样，世界上也没有完全相同的新闻评论，新闻评论总是在评论新闻，内容是新的，作为表现内容的形式的一部分的结构自然也应是新的。

第三节　新闻评论常见的几种结构方式

上节最后讲新闻评论结构的一个基本要求是贵在创新，反对程式化，这里又讲评论常见的结构方式，岂不是自相矛盾吗？其实不然。就像学书法一样，首先要学得像，每个书法家都必须大量的描红，然后再临帖，临各种各样的帖，有了丰富的临帖经验，熟悉、了解了不同风格、特点的书法，然后才能逐步形成自己的风格特点，才能成为书法家。继承是创新的前提，学习和模仿是超越的基础。没有对前人成果的学习和领悟，不能站在巨人的肩膀上，就不可能真正的创新。

金代的王若虚在《文辩》中讲到文章结构时说过一段非常精辟的话："或问文章有体乎？曰无。又问无体乎？曰有。然则果何如？曰：定体则无，大体须有。"这段话翻译过来是说：有人问（王若虚）文章有一定的结构方式吗？回答说没有。又问真的没有一定的结构方式吗？回答说有。那么文章究竟有没有一定的结构方式呢？回答说：固定的一成不变的结构方式没有，但大致的结构方式是有的。新闻评论的结构也一样，固定的模式和套路不能有，但通常的格式还是应该学习的。就像武学宗师在开始学武的时候要遍访天下名师四处学艺一样，最后才能融各家所长于一身，创出自己的独门武功，从而开宗立派。这里介绍几种新闻评论较为常用的结构方式，以方便我们学习。

一、归纳式

（一）概念

也叫综合式，是一种从材料到观点，先分论后结论的结构方式。在运用时，一般在开头先交代选题，然后围绕评论的选题逐层运用材料说明观点，各分论点之间可以是并列关系，也可以是递进、转折、因果等其他关系，最后将分论点归纳成总论点。

（二）特点

这种结构方式比较符合人们认识事物的一般规律和思维活动的逻辑顺序，易于被受众理解与接受。人们认识事物时都是由个别到一般、由局部到整体、由现象到本质、由浅到深的，归纳式就是这样的。例如，著名报人和评论家邹韬奋 1928 年在《生活》周刊《小言论》专栏撰写刊发的新闻评论《肉麻的模仿》，采用的就是归纳式。

肉麻的模仿

邹韬奋

1928 年 8 月 12 日　《生活》周刊

我们做编辑的，与作者一样，他们著书多为稻粱谋，我们也不例外，也存在生计或生活的问题，书是我们的精神需要，却也是物质的源泉保障。出版人的文化使命感固然该有，然而多数事非己能为，做些本分的事才是第一步的吧。在做书方面，于今更多要向市场要效益，面对市场，把握读者需求，在媚俗与清高之间保持适度平衡，这个分寸拿捏，总是难免不当的。邹韬奋先生是我们的同道前辈，藉书店出版文化事业，推行行知读书的大事业，后生若吾辈，心底感佩至极。在从事出版书店涉水半深之时，犹疑茫然在所难免，读这个短篇，想到日下做书的一些跟风现象，亦步亦趋，确实令人生厌。倘是跟出新意，别开生面还罢了，我们欢迎它，只遗憾，更多的仅仅是肉麻的模仿，想象力缺乏，任务紧逼，情急之下，未免糟蹋了不少资源。

模仿本来不是坏事情，而且有意义的应需要的小模仿反是一件极好的事情，例如模仿外国货以塞漏卮，模仿强有力的海陆军以固国防，模仿良好品性以正心修身，何尝不好？但是无意识的模仿，便有不免令人肉麻的地方。自从《胡适文存》出版之后，好了！这里出一部"张三文存"，那里又出一部"李四文存"！好像不印文集则已，既印文集，除了"某某文存"这几个字外，就想不出别的稍微两样一点的名称！我看了实在觉得肉麻！这种没有创作精神的"文豪"，只怕要弄到"文"而不"存"！还有许多做文章的人，见别人用了什么"看了××以后"作题目，于是也争相学样，随处都可以看见"听了××以后"，"读了××以后"的依样画葫芦的题目，看了实在使人作呕！我遇见这一类题目，便老实不再看下去，因为"以后"的内容也就可想而知！

交易所初开的时候，随处都是交易所，好像除了交易所，没有别的生意好做！后来跳舞场开了，也这里一家，那里一家，好像可以开个不完！不细察实际需要而盲目模仿的事业没有不失败的，交易所和跳舞场便是好例。现在又群趋于开设理发店，将来若非一个人颈上生出两个头来，恐怕不够！既讲到本刊的排印格式，自信颇有"独出心裁"的地方，但是近来模仿我们的刊物，已看见不少，听见有一种刊物的"主人翁"竟跑到印"生活"的那家印刷所，说所印的格式要和"生活""一色一样"！我们承社会的欢迎，正在深自庆幸，并不存什么"吃醋"的意思，不过最好大家想点新花样，若一味地"一色一样"，觉得很无味。

我们以为无论做人做事，宜动些脑子，加些思考，不苟同，不盲从，有自动的精神，有创作的心愿，总能有所树立，个人和社会才有进步的可能。

这篇刊发于70多年前的报刊评论，从图书出版领域的跟风模仿开始说起，谈到诸多"肉麻的模仿"：模仿"某某文存"，模仿"某某以后"，模仿开办交易所，模仿开设理发店，模仿《生活》周刊的排印格式，一一道来，最后才顺理成章的得出总论点：我们以为无论做人做事，宜动些脑子，加些思考，不苟同，不盲从，有自动的精神，有创作的心愿，总能有所树立，个人和社会才有进步的可能。整篇评论思路清晰，逻辑顺畅，很容易被受众理解和接受。

二、演绎式

（一）概念

也称三块式或开门见山式，这是一种从观点到材料，先结论后分论的结构方式。在运用时，一般在开头先以鲜明的观点开宗明义，然后引入相应的材料佐证论点。之所以也叫三块式或开门见山式，是因为这种评论明显的由三大块组成，一般开头开门见山亮出观点，中间详加论证，结尾总结、强化、深化中心论点。

（二）特点

这种结构方式与人们日常的说理习惯相应，对强调评论的中心论点，体现评论的鲜明态度有所帮助。一般解释性、说明性的政治评论多采用这种结构方式。在本书第二章第三节中所列的《经济日报》刊发的新闻评论《少数企业死不了，多数企业活不好》就是采用演绎式的结构方式。

例如，1998 年 10 月 13 日新华社述评《危险的开端》采用的也是演绎式的结构方式，逻辑严谨、结构合理、条理清晰。这篇国际新闻评论的总论点是：北约未经联合国授权就发出对南联盟科索沃地区军事干预的命令，是一个危险的开端。下面分别从四个方面进行论证，也就是有四个呈并列关系的分论点：第一，为北约只根据自己拼凑的合法依据进行军事打击开创了一个先例；第二，以内部共识来解释其行动的合法性为日后的行动留下了"解释权"；第三，根据这次军事行动的准则，很多危机都可能成为北约军事干预的理由；第四，如果北约对 28 个和平关系伙伴国如此行事，将引致局势的不安和混乱。最后部分再稍微强化深化一下总论点就结束了。

再如，下面这篇获得第二十六届中国新闻奖一等奖的报纸新闻评论运用的也是演绎式的结构方式。

漠视生命是最可怕的沉沦

林新华

2016 年 12 月 7 日 《衡阳晚报》

一个老师倒下了，他倒在自己学生的刀下。

他是学生眼中的好老师，也是同事眼中的好同事。

但这一切优点，都没能让他逃过这一劫。

刺倒老师的他，是家长眼中的乖孩子，邻里眼中的尖子生。

但这一切优点，却没能让他放弃这一暴行。

12 月 4 日，这起发生在邵东某中学高三 97 班的杀师案，令人震惊，发人深思。

没有深仇大恨，没有激烈冲突，他为何如此残忍？

12 月 9 日，新华社记者披露了这一案件的细节。

在这些细节中，我看到了许多诱因：沉迷玄幻小说，性格内向封闭，人生目标缺失，家庭沟通不够……

应该说，这是许多案例中的共性诱因，但我认为这不是触发此悲剧的关键。

在阅读这些细节中，让我为之震惊，为之惊骇的是他对生命的漠视，他漠视的既有自己的生命，也有他人的生命。

记者在看守所采访他时，小龙（化名）始终微笑、放松。问到对滕老师的印象，小龙笑着说，两年多来，滕老师并没有粗暴对待他或伤他自尊。

记者问他杀害老师的原因时，小龙说，"我从来没把他的命放在心上。"

"我从来没把他的命放在心上。"

多么可怕的回答！多么令人不寒而栗的回答！

对别人生命如此漠视的他，对自己的生命是否珍惜呢？

与记者交流中，他说，理想的生活是"一个人住，看小说，混吃等死"。案发前一晚，小龙突然笑着对室友说，自己"大限将至，阳寿已尽"。

一个今年刚满 18 岁的青年，在漠视别人生命之时，竟然同样视自己的生命如草芥。

　　小龙的回答，让我深思，也让我忧虑。

　　因为，漠视生命的青少年不只是小龙这一个案。就在一个半月前，同样在邵东，10 月 18 日，3 名未满 14 岁的少年入室抢劫，将一名小学女教师杀害。

　　一语不合，杀害同学；教育几句，杀害老师；家庭矛盾，杀害家人……漠视他人生命之时，各种不可思议的自杀，也频频发生。学业压力大，自杀；升学不顺利，自杀；受点小委屈，自杀……

　　据人民网等媒体报道，在全球青少年自杀率不断上升的同时，我国也同样遇到这样的问题，目前，自杀已成为青少年人群死亡的首要原因。

　　漠视生命正在一些青少年心中萌芽，这是可怕的事，因为漠视生命是最可怕的沉沦。

　　人生最珍贵的是生命，没有生命就没有一切。珍惜生命是对自己的爱护，也是对他人的尊重。

　　当然，为了真理，为了革命，为了正义……舍身取义，那是光荣的、伟大的、为人民所敬仰的。除此之外，对自己生命的漠视，是不负责任的，是应该谴责的。对别人生命的伤害，是要被法律制裁的。

　　一个人对生命的漠视是最大的沉沦。生命是自己的，更是家庭和社会的，一个人来到这个世界，就要对自己、对家庭、对社会履职尽责。

　　一些青少年对生命的漠视，显示出我们教育的缺失。这个缺失一是来自家庭，除了孩子的成绩和身体健康，很少有家长对孩子心理健康给予关注，更谈不上对珍惜生命的教育。在家庭教育不够的同时，我们的学校和社会也没有对此给予足够的重视，一些学校更大的倾向是瞄准成绩排名、升学率的高低，虽有对学生的身心健康教育，但用时不多、用力不够，更谈不上对"问题学生"进行细致的观察，点对点的思想疏导。由于家庭和学校都没有把珍惜生命的教育放在重要的位置，甚至是忽视了这种教育，自然会出现小龙这样漠视生命的人，并任由他们制造惨案，引发悲剧。

　　和谐社会，首先需要对生命的珍惜，没有对生命的珍惜，哪来和谐？漠视生命的人不只是对自己的生命构成威胁，同样会如小龙一样，对别人、对社会带来巨大的威胁和伤害。

小龙制造的悲剧，小龙们的悲剧，给我们敲响了沉重的警钟！对生命珍惜的教育，应该从家庭开始，在学校普及，引起社会的高度关注，让他们了解生命的真正意义和担当，既珍惜自己的，也珍惜别人的生命，以此杜绝悲剧的发生。

三、并列式

（一）概念

也叫波浪式结构，就是按照思维的空间顺序来安排文章的层次，各层次之间是并列的关系，文章的整体结构呈辐射型，即围绕着中心论点多侧面的展开，在展开之后可以收回来也可以不收，最后要总结一下。这是一种横式的逻辑思维方式，重在对问题做横向的剖析。

这种横式的结构总是"一放一收"地向多个侧面展开，就是在讲完一个侧面的问题之后收一下，再展开第二个侧面的问题，讲完再收一下，就这样一放一收，逐步向四周扩展。这就如同把一块石头扔进平静的水中，击起的涟漪会围绕着石头落水点向周围均匀地扩展，正因如此，我们把这种结构方式也称之为波浪式结构。

（二）特点

它能拓宽评论的广度，有利于对事物进行分析综合，从而使纷繁复杂的事物显得眉目清晰、条理清楚。因此，对那些内涵较为丰富或者较为复杂的事件或问题采用这种结构方式，有助于议论的全面与周密，一些分析型的评论和夹叙夹议的述评常采用这种结构方式。

例如，毛泽东同志1956年发表的《论十大关系》其结构方式就是典型的波浪式结构。这篇文章的中心论点在一开头就亮出来了，提出这十个问题，都是围绕着一个基本方针，就是要把国内外一切积极因素调动起来，为社会主义事业服务。接下来，文章就围绕着这个中心论点从十个侧面展开：（1）重工业和轻工业、农业的关系；（2）沿海工业和内地工业的关系；（3）经济建设和国防建设的关系；（4）国家、生产单位和生产者个人的关系；（5）中央和地方的关系；（6）汉族和少数民族的关系；（7）党和非党的关系；（8）革命和反革命的关系；（9）是非关系；（10）中国和外国的关系。这十个侧面在文中的篇幅相差不大，彼此之间是完全并列的关系，作者对每个侧面的论述都有放有收。在文章的结尾作者写道："一共讲了十点。这十种关系，都是矛盾。世界是由矛盾组成的。没有矛盾就没有世界。我们的任务，是要正确处理这些矛盾。这些矛盾在实践中是否能完全处理好，也要准备两种可能性，而且在处理这些矛盾的过程中，一定还会遇到新的矛盾、新的问题。但是，像我们常说的那样，道路总是曲折的，前途总是光明的。我们一定要努力把党内党外、国内国外的一切积极的因素，直接的、间接的积极因素，全部调动起来，把我国建设成为一个强大的社会主义国家。"这就呼应并深化了文章开头提出的中心论点，既放得开又收得拢。

再如，1981 年 2 月 14 日刊发于《常州日报》的一篇题为《调整"三发"》的获奖评论，运用并列式结构就极为成功。

调整"三发"

本报评论员

1981 年 2 月 14 日 《常州日报》

这题目是套来的。西汉作家枚乘写过一篇著名的赋，题为《七发》。内容是，有人以七件事启发有病的楚太子，使他领悟到"要言妙道"，出了"一身冷汗"，病也霍然痊愈了。我这里联系国民经济调整问题说三件事，并加按语，试作评论，想使那些至今仍患有"左倾病"的同志能从中受一点小小启发，故曰调整"三发"。

第一件事：记得年轻时参加过一次越野长跑赛，因求胜心切，号令枪一响，便拼足全身力气猛冲。结果，跑出八百米不到，就气喘如牛，两眼金星迸飞，实在支撑不住，只好中途告退，惨败终止。

按：行家都懂得，参加长跑比赛，须按科学，掌握好自己体力与速度，若急躁冒进，过早消耗了体力，焉有不败之理！搞经济建设，其理亦然。五八年的"大跃进"，所以失败，还不是吃了盲目冒进的亏！我们怎能好了伤疤忘了痛?！现在党中央决定对国民经济进行调整，就是为了按照国力科学地掌握速度；就是为彻底纠正重新出现的盲目冒进倾向。因此，党中央的这个重大决策，无疑是完全正确的。

第二件事：我家住郊区，每天上下班乘公共汽车时，常见人们一哄而上，车门挤得密不透风。结果，人人花九牛二虎之力，速度反而慢了；还有人，明知挤不上，却是硬要上，这就大大耽误了开车时间。满车人都因此怨声不迭。唉！要是把秩序整顿一下，大家都排着队上，而不是挤着上，该有多好！

按：在经济建设中，一度也出现了类似这种"一哄而上"和"硬挤着上"的局面。各种建设项目，进口的、重点的、地方的，还有自发的，遍地开花。结果呢？造成比例失调，增加了财政赤字，并出现了小厂挤大厂、新厂挤老厂的现象。不少小厂、新厂争得了原料，却没有技术；不少大厂、老厂虽有技术却没有原料，因而"两败俱伤"。现在，党中央决定进一步调整国民经济，就是为了认真"整顿秩序"，规定不能"挤着上"，要"排着队上"，把农业、轻工业、交通、能源、文教卫生等事业排在前面，照顾先上。把重工业，特别是基本建设，排在后面，安排后上，这样，经济建设就可以有秩序地进行了。因此，党中央这个决策，无疑是完全必要的。

第三件事：我的孩子读高中时，因生了一场病，功课很难上去，班主任动员我让他留一级，以便把基础打好。我"望子成龙"心切，起先没有同意，只是摇头、叹气。班主任又和我讲了《三国演义》上"刘玄德跃马过檀溪"的故事，说刘玄德正是由于把马往后退了一下，然后猛加几鞭，方得一跃而过檀溪的。细想想不无道理，这才同意了。后来事实证明，不但我孩子的功课渐渐好了起来，而且高中毕业后又一举考上了大学。

按：从"留一级"到"升大学"，这叫以退为进。而有些同志，抱着"望子成龙"的心情，一心希望国民经济能早日轰轰烈烈搞上去，对国民经济在十年浩劫后，犹如一个大病初愈的人一样，需要重新打好基础再稳步前进，却缺乏足够的认识，因而不懂得"以退为进"的道理，摇头、叹气。现在，党中央决定进一步调整国民经济，特别是把基本建设退够，这种暂时的"退"，正是为了将来更好地"上"。因此，党中央的这个重大决策，无疑是具有战略远见的。

触类可以旁通。讲了上述三件小事，目的是为了使那些至今还患有急躁冒进等"左倾病"的同志，能好好想一想，并能从中悟出一点道理，以利于早日恢复健康。

当然，要是也能像楚太子那样，从中悟出"要言妙道"后"出身冷汗"，从此"霍然病愈"，那就更好了。

这篇评论是1981年改革开放初期刊发的，当时我国在经历十年浩劫实行改革开放后各地经济建设热情高涨，一时间又再度出现了"大跃进"的情况，党中央果断决策对国民经济发展实施调整政策。调整政策一出，许多人表示不理解。这篇评论的总论点是党中央对国民经济进行调整是完全正确的，作者从对国民经济实施调整政策的正确性、必要性、战略远见性三个侧面进行论证，三个分论点之间完全是并列的关系。整篇评论读起来生动形象，把一个原本不太好理解的问题讲得简单明了、条理清晰，很有说服力和感染力。

四、递进式

（一）概念

也叫剥笋式结构，一种对论题进行逐层分析，由浅到深，步步深入，就如同剥竹笋一样，一层一层的剥，最后才得出结论。它把每一层分析都建立在上一层分析的基础之上，既是上一层意思的补充，又是上一层意思的深化。重在纵深的阐发问题。从思维方式上看，属于一种纵式的逻辑思维方式，重在对事物进行纵向的阐发。

（二）特点

这种结构方式的优势在于：逻辑严密，论证性很强，能够引导和启发受众逐层深入地去思考问题，从而自然而然地接受评论的观点。因而，对内容较为复杂的事件或问题，采用这种结构方式，容易使议论更为深入和透彻；也比较适合一些驳论性的新闻评论，一层一层地把敌对的、错误的论点驳倒、驳透后顺势推出自己正确的观点，比较容易被受众接受。本章第二节中所举的《听专家算账》一文采用的也是典型的递进式结构。

例如，1999年6月29日《中国青年报》刊发的评论《可怕的"人墙"》就是典型的递进式结构。

可怕的"人墙"

李忠志

1999 年 6 月 29 日　《中国青年报》

6 月 21 日至 23 日，大连市第 41 中学中考考场外，一道由考生家长自发形成的"人墙"截断了考场外的交通：为了考场安静，一切车辆禁行。因这道"人墙"阻拦了送"速效救心丸"的出租汽车，一位突发心脏病的老人失去救治的时间；这位老人的儿子也因此失去与父亲见最后一面的机会。

好可怕的一道"人墙"！它实际上在设立一个标准：考试是天大的事，任何价值与权利都在它之下。

事情有急缓之分，不同的权利与价值有冲突，就需要权衡和协调。据报道，考试期间，考场附近的施工工地都已基本停工，音像店也关闭了音响，这就是社会权衡不同的价值的结果，也是保护一种权利与价值的合理限度。而阻断交通，使公交车无法进站，车辆无法通行，正常的秩序受到干扰，就明显过头。由此出发，就完全可能发生拦阻为病人送救命药的出租车这样的道德事件。

中考是迈向大学之门的关键一步，在家长心目中地位之重可想而知。家有考生，全家"临战"，家庭的一切活动都会向考生让步。大连"人墙"事件则表明，考生家长们不仅要在家庭内部推行"考生至上"的观念，还要将其施之于社会。几十名考生家长之所以理直气壮地组成"人墙"，拦阻交通，是因为他们坚信"考生第一"、"考生至上"，可以说，这种观念是这道"人墙"无形的基石。而众多行人为其所阻，另改其道，却不敢制止，实际上显示了人们在一定程度上默认了这种观念和标准。

这是一个明显失衡的"标准"，它在强调考生价值、考试价值的同时，已经不知不觉地侵犯了社会其他价值和权利——包括他人生命的权利。我们正在建设一个法治国家，任何权利的平衡、让与和妥协，任何约束他人权利的公共权利，都要有法可依。

从去年就开始出现的这种考生家长组织起来拦阻交通的做法，显然既非公共权利，也没有法律依据。

大连"人墙"事件，是千军万马过独木桥的考试，使有些考生家长心理压力已经达到极限，甚至产生心理扭曲的反应，但其性质仍是一个法制问题——一个涉及侵犯和保护权利的问题。新近召开的全国教育工作会议，提出要调整教育结构，扩大高等教育招生规模，大力发展高等职业教育，构建不同教育类型相互沟通相互衔接的教育体制，无疑将改变这种"千军万马过独木桥"的状况。但在今天，即使还没有这样的平衡的、多元化的考试制度，难道我们就能无视社会上其他人应该受到尊重、保护的权利吗？

这篇新闻评论的结构是这样的：首先，简述考生家长自发形成"人墙"阻断交通的事实；然后说"人墙"在设立一个标准：考试是天大的事；接下来，进一步评论说"人墙"超越了合理的限度；下面则更进一步评论说"人墙"的出现体现出一种失衡的标准；最后得出结论："人墙"的出现是一个涉及侵犯和保护权利的法律问题。可谓是层层递进、逐层深入，是典型的递进式结构。

五、点睛式

（一）概念

这种结构就是文章的大部分篇幅是在"画龙"，致力于描述生动有趣的事实，只在最后寥寥几笔点睛，也就是点明主题、亮出观点。贯穿于文中的经线和纬线既不拘于时间和空间，也不拘于逻辑思维中的横式和纵式思维方式，而是重在揭示事实本身包含的哲理。

（二）特点

最大的特点就是没有固定的格式，唯一遵循的逻辑就是先画龙后点睛。这种结构的优势在于：灵活机动，生动活泼，不拘一格。因此，一些杂文和材料型的新闻评论经常采用这种结构。

例如，1984年1月20日的《人民日报》刊发了李德民撰写的一篇题为《"清水衙门"有"赃官"》的新闻评论。这篇评论采用的就是点睛式结构。评论开头从日前报纸刚刚报道的吉林省白城市原教育局局长刘永海挪用教育经费私建住宅的新闻事实入手，接下来一连列举了近几年报纸上公开报道的分别发生在山西、江苏、浙江、四川的四个类似事件。最后一段进行点睛：

"教育部门素有'清水衙门'的雅称，可是如果'赃官'在那里面掌权，清水也会被搅浑的。这种人'靠山吃山'，管教育就吃教育，甚至连教师的粉笔钱、灯油费，连娃娃们的作业本、小板凳都不放过，实在贪婪！在查处他们问题的时候，如果因为他们是'清水衙门'中的人就轻轻放过，'清水衙门'将永远也清不起来。"整篇评论前面九成的篇幅都在画龙，只有结尾是点睛，非常生动形象，又很有说服力。

再如，下面这篇刊发于人民日报《五洲茶亭》栏目的短小的新闻评论采用的就是点睛式结构。

洗盘子、理发及其他

魏俊兴

2004 年 9 月 10 日　《人民日报》

一个在日本的中国留学生，课余在当地餐馆洗盘子赚取学费。日本的餐饮业有一条不成文的行规，就是餐馆的盘子必须用水洗七遍。因是按件计酬，这位留学生计上心头，洗盘子时少洗一两遍。果然，劳动效率大大提高，工钱自然也迅速增加。一起洗盘子的日本学生还以为他有什么高招，遂向他请教。听到的答复竟是："洗七遍的盘子与洗五遍的有什么区别？"日本学生于是渐渐与他疏远了。一次餐馆老板抽查，用专用试纸测出盘子清洗度不够并责问这位中国学生，他同样振振有词地阐述了上述"理由"。老板一听，当即请他走人。为了生计，他到第二家、第三家餐馆应聘洗盘子，结果却屡屡碰壁。不仅如此，房东也要求他退房，就读的学校找他谈话让他转学。万不得已，他只好搬到了另一座城市，一切重新开始。

另有一位国人去德国，一天夜里到德国某镇一个小火车站理发室去理发，理发师不给他理发，说是只为持有车票的旅客理发。面对当时无人理发的情形，尽管他提出可否"例外"的建议，理发师还是以"遵守规则"为由予以谢绝。自以为聪明的他，灵机一动，马上去买了一张前往最近一站的车票。可当他拿着车票再次走进理发室时，理发师很遗憾地对他说：如果您只是为了理发才买这张车票的话，真的很抱歉，我还是不能为您服务。

这是发生在不同国家的两件小事，然而稍加思索，便能感受其中的深长意味。

洗盘子的故事，是一位中国教授在讲授 WTO 规则时所列举的一个事例，末了用"这就是 WTO 规则"这样一句话进行了总结。那位"洗盘子"故事的主人公，后来痛心疾首地告诫准备去日本的中国留学生："在日本洗盘子，一定要洗七遍呀！"在德国理发的故事，则是一群在德国留学的中国学生听说并进行了验证的，他们从内心发出感慨："这是我们在德国学到的最为宝贵的一门课"。

这两件小事向我们阐明了这样一个道理：做人做事应以诚信为本，遵守规则是现代社会个人必备的素质。在组织严密、法制完善的现代社会，不守规矩、偷奸取巧的想法和行为是对社会正常运转的破坏，必然不为所容，最终是要吃大亏的。另一方面也告诉人们，只有当不守规矩、不讲诚信者成为过街老鼠、难逃惩戒，而不是被社会潜意识推崇为聪明能干的时候，一个更为公正、高效率的现代化社会才能实现并向前发展。

以上阐述了五种新闻评论常用的结构方式，实际上当然不止这五种，比如，先阐述要驳斥的敌对论点，把要射的靶子立起来，然后再一步一步加以批驳，等到把敌对论点批倒了再亮出自己的观点的箭靶式结构等，新闻评论的结构方式是多种多样的，而且还不断地有新的结构方式被创造出来。具体到一篇新闻评论在安排结构时，还可以以一种结构方式为主，结合其他结构方式来使用。

第四节　新闻评论的开头和结尾

文章的结构安排包括的内容有很多，如层次的安排、段落的划分、过渡与衔接、开头和结尾等，新闻评论的结构无非也是这些内容。新闻评论是议论文的一种，这些与其他议论文在写作上也没有多少不同，这里只把开头和结尾拿出来讲讲。

对文章结构安排的要求有个形象的说法叫"凤头猪肚豹尾"，意思是说：文章的开头应该像凤凰的头那样精致、美丽、漂亮，中间部分要像猪的肚子一样丰满、内容丰富，结尾部分要像豹子的尾巴一样简洁有力，毫不拖泥带水。开头和结尾对评论的结构安排非常重要。

一、开头的重要性

（一）新闻评论开头的几大难点

俗话说"万事开头难"，写新闻评论的开头也很难，难就难在以下四个方面。

1. 难在它要给全篇文章定下一个好的基调，使之能更好地表现主题；

2. 难在它要选择一个恰到好处的"截口"、切入点，使文章有一个好的议论起点；

3. 难在它要选择一个好的角度，使之能反映出评论应有的思想深度和广度；

4. 难在它要引人入文，是文章精彩的序幕。

实际上，任何一篇文章要开好头都不容易。我国宋代著名的文学家苏轼在为另一位大文学家韩愈写碑文时，为了找到一个好的开头反反复复改了好几十遍，最后才确定了这篇传世佳作《潮州韩文公碑》的开头："匹夫而为百世师，一言而为天下法。"意思是说，韩愈这个人可以世世代代成为人们尊敬的师表，他说的一些话可以成为天下人们共同遵循的法规。这个开头虽有夸大之嫌，但单论写作技巧，作为一篇议论文的开头可以说是极其精彩、漂亮，称得上是凤头。这句话也为整篇文章定下了一个高昂的基调、很好的议论起点。《古文观止》这样评价这篇文章："丰词瑰调，气焰光采，非东坡不能如此，非韩文公不足当此，千古奇观也。"可见此文开头之精妙，写作之精彩。

新闻评论的开头肩负着破题、引出主题、吸引受众等多项使命。开头如果抓不住受众，不能吸引人们看或听下去，哪怕后面的主题再好、观点再新，也都没用。

（二）评论开头的基本原则

新闻评论的开头怎样才算好呢？目前还没有一个放之四海而皆准的衡量标准。新闻评论开头的关键是要找到一个恰当的切入点、突破口，这个切入点要能解决前面提到的四个难点，这很不容易做到。通过分析大量优秀的新闻评论作品，我们可以得出这样的认识：如果说新闻评论的开头有什么共同的原则和要求的话，那么以开门见山为好。

"开门见山"究竟要见什么"山"呢？也就是说该怎么理解这个原则呢？事实上"开门见山"的"山"有两种含义，并非大多数人所认为的就是指中心论点、主题思想这一种。"开门见山"的含义其一为开门见理，就是指文章的论点、主题；其二为开门见物，是指作者据以发表评论的事实、问题、现象等，也就是选题、评论的对象。这第二种含义在很多时候都被我们忽略了，或者说很多人并不认为这也是开门见山。而事实上，开门见物这种开头方式正越来越多地被新闻评论使用着，尤其是单独刊播的新闻评论更多地使用这种方式。而且，开门见物这种方式有着诸多的优势：非常符合人们认识事物都是由具体到抽象、由浅到深、由个别到一般、由感性认识到理性认识的规律；具体的东西总是比抽象的道理更吸引人；从新闻开始写起，由实到虚，行文比较顺畅、自然，便于写作。

"开门见山"还须注意门和山之间要有一定的距离。应该是打开门，抬头看见天，低头看见地，前面不远处看见山。如果开门后不见天、不见地，一块大山石堵在门前，看到的就是石头了，就让人堵得慌。就是说，要给受众一点思想准备，把门徐徐打开，让受众不知不觉地进入评论中去。过去戏剧表演的时候，主角上台前，往往先来四个龙套，意在先把观众的情绪稳定下来。如果没有龙套，也得先敲一阵开场锣鼓，作用是一样的。如果这两样都没有，则主角在出场前先在幕布后面唱一句叫板，抑或主角走到台子中间先来四句定场诗。这四种做法的作用都是稳定观众的情绪，吸引观众看戏。看戏和看新闻还不一样，看戏时观众们是花了钱专程前往的，是愿意入戏的，而看新闻时受众大都是随意浏览的，有吸引他的内容就看，没有就过去了。因而，新闻评论作者更应该精心设计开头，要做到开门见山，又不能让山把受众堵回去，最好是选取最吸引人的一角山景，在不知不觉中把受众带进山里去。

例如，1983 年 4 月 13 日《人民日报》刊发的评论员文章《评朱毓芬之死》的开头是这样写的。

我们还没有从蒋筑英、罗健夫病逝后的痛惜中平静下来，又惊悉48岁的女工程师朱毓芬服毒身亡。她死在自己热爱的岗位上，死在委屈和悲愤中。蒋筑英、罗健夫死于不可治愈的疾病，人们尚且提出这样的问题：为什么不在生前给他们提供好一些的条件，以延长他们的生命；朱毓芬死于非命，人们更有理由提问：是谁把她逼上绝路？应该怎样避免这样的悲剧？

这段开头把朱毓芬死于非命同蒋筑英、罗健夫死于疾病放在一起对比，发出了"是谁把她逼上绝路？"的质问，具有强烈的感情色彩和一定的悬念，吸引读者不由自主地看下去。可以说开头非常成功。但如果我们把这个开头大为压缩，简化为这样一句话："朱毓芬服毒身亡，是谁把她逼上了绝路，应该怎样避免这样的悲剧？"固然是简明扼要了，也做到了开门见山，但既显得仓促，好像急于要把答案告诉读者，也没有了强烈的感情色彩和吸引力。这个山离门就太近了，把读者都堵回去了。

二、六种常见的评论开头方式

新闻评论的开头方式如同结构方式一样，也是多种多样的，这里只列举六种比较常见的方式。

（一）开宗明义，直入题旨

这是一种常见的开门见理式的开头方式，就是在评论的开头把中心论点直接亮出来，下面再进行论证。其特点是朴实自然，上手很快，显得干净利落，观点和立场鲜明，非常适于解释说明性的新闻评论。

例如，2016年3月1日《环球时报》刊发的题为《建议在国家层面立"好人法"》的新闻评论的开头就是典型的开宗明义直入题旨的。

建议在国家层面立"好人法"

陈光标

2016年3月1日　《环球时报》

"好人"，既是公民品质修养的体现，又是引领社会主流价值的鲜明旗帜。但在现实生活中扶不扶、救不救、帮不帮却成了令人纠结的难题。要推动全社会形成知荣辱、讲正气、作奉献、促和谐的社会风尚，必须首先解决如何让人放心做好人的问题。对此，笔者建议在国家层面设立"好人法（或条例）"，以立法形式保障"好人"合法权益。

"好人法"是国际社会保护救助行为的通行做法。美国联邦及很多州的法律中都有相关法律条款，有的叫《好撒玛利亚人法》，有的是《无偿施救者保护法》，有的则简称"好人免责法"等。这些法律的核心都是在紧急状态下，施救者因无偿救助行为给被救助者造成某种损害时，免除其法律责任。在加拿大，"好人免责法"属省级司法机构管辖，不列颠哥伦比亚省、安大略省都有类似法律规定。

国内也有一些地方为保护好人而立法。被称为"好人法"的《深圳特区救助人权益保护规定》已于2013年8月1日正式实施，这是全国副省级城市首部保护好人的地方法规。该项立法目的在于遏制在紧急情况下救助人反被诬陷的不良风气，取得一定实际效果。

一部比较完善的"好人保护法"应包括以下主要内容：明确紧急情况下的无偿救助行为应免除相关责任，并对此类无偿救助行为进行科学合理的界定；因无偿救助行为而被起诉或被追责的，当地司法机关应提供法律援助；根据好人的表现和贡献，应当给予嘉奖、记功，授予荣誉称号、颁发奖金等奖励。

政府可考虑设立"好人基金会"，可接受各单位个人捐赠。"好人基金"专款专用，依法对道德模范、时代楷模、中国好人等先进典型进行物质和精神奖励。

对生活、工作中遇到困难的好人还应实施帮扶，解除他们的后顾之忧。对因做好人好事而受到损害的人员，其所在单位、有关部门和司法机关应当采取相应的保护措施，帮助其解决生活、医疗、就业、入学、优抚等实际问题。

国家还可考虑给好人办理"好人绿卡通行证"：经过公众认可的好人应享有乘坐飞机、火车等公共交通工具、参观景点公园、看病住院等减免费用的权利。全社会应为好人设有越来越多的便捷专享通道。

有奖必有罚。被救助者若对施救者提出不合理要求，或歪曲隐瞒事实真相，公安机关要依法予以惩戒，涉嫌犯罪的应移送司法机关依法处置。有关部门和单位若没有依法落实奖励、保护好人，应责令其改正；拒不改正的，对责任人给予行政处分。

只有让"好人"不再流汗又流泪，才能放大正能量，才能推动全社会形成积善成德、明德惟馨的良好风气，进而为实现中华民族伟大复兴的中国梦凝聚起强大的精神力量和有力的道德支撑。

（二）设问不答，引人深思

这种开头方式就是开篇先提出问题，但并不马上做出回答，吸引受众去寻求答案和思考。只要提出的是大家普遍关心的都想知道答案的问题，就能吸引受众听下去、看下去。

例如，2020年9月7日《环球人物》杂志刊发的一篇题为《人犯不坐牢，反而当上村主任，神秘的"纸面服刑"藏着多少可怕交易？》的新闻评论，其开头就是设问不答引人深思式的。

"纸面服刑"，一个最近深深刺痛了所有人的魔幻新词，其背后对应的是一出戏弄司法公正的荒诞闹剧：

杀人犯被判有期徒刑15年，却连一天监狱都没进过，还堂而皇之入了党、当选嘎查达（村主任），甚至当选旗人大代表，混得风生水起。

而受害者一家则家破人亡。其母亲27年来持续反映问题，却被告知帮杀人犯办理保外就医手续的人都已去世，相关档案也已丢失。

那么，究竟是谁放走了杀人犯？谁该为此事负责？这背后到底隐藏着怎样肮脏无耻的利益链条？

（三）结论在先，一语破的

就是把评论的结论放在开头部分，然后再从容不迫地进行论述。其与开宗明义直入题旨式的开头方式颇为相似，两者的区别在于：前一种开头方式中的论点、主题往往是中央新近提出来的新精神、新思想等，或者是情理之中的观点、见解；而后一种开头方式中的结论则往往是出人意料的、独到的观点。正是由于开头提出的结论是出人意料的，也就有了点悬念，会吸引受众关注下文。

例如，2020年8月26日中国青年报客户端刊发的评论员黄帅写的题为

《95后海归硕士，怎就不能当汽车修理工？》的评论的开头就是结论在先一语破的式的。

95后海归硕士孙正阳，最近回国选择应聘汽车维修工。这本来只是个人的职业选择，却在网上引起很大争议。不少人反对孙正阳的选择，认为他是浪费了自己的高学历。对此，孙正阳的回应态度倒是非常淡然：这个工作年薪30万，自己正在学习与产品经理相关的知识，努力成为更高层次的管理者。

（四）借事说开，别开生面

这种开头方式就是在评论一开头，既不亮明观点也不提出问题，而是先说事甚至是讲故事，从有趣的事情说起，再逐步引到观点、见解上。基本上前文中提到的点睛式结构的评论开头大多是采用这种开头方式，此外，很多随感式评论和杂文也常用这种开头方式。

例如，本章第三节所列的《洗盘子、理发及其他》那篇评论的开头方式就属于借事说开别开生面式的。再如，下面这篇20世纪80年代初刊发于《四川日报》的短评《台上他讲，台下讲他》开头也属于这种方式。

某县有个分房小组负责人，在分房会议上振振有词地讲：这次分房的原则是县委常委定的。分新房，就要交旧房，先交旧房钥匙，才能领取新房钥匙等等。他的话还未讲完，人们就窃窃私议起来：他自己没交旧房就住了新房，说一套做一套咋能服人啊！原来，这位干部不但未交旧房，还在外单位又占了一套，加上县委分的一套，一家六口人就占了三套房。

这篇评论发表的时代还处于我国改革开放初期，当时还没有推行住房改革，城市居民的住房基本都是各单位建设的公房，由单位分配给干部职工居住。这篇评论实际上阐明了一个领导干部必须以身作则才能服人的道理，但评论并没有一开始就亮出观点，而是从一件事情说开去，然后再自然而然地因此论点，可谓别开生面饶有趣味。

（五）托喻引语，饶有趣味

这种开头方式又可分为两种：托喻式开头和引语式开头。托喻式开头就是在开头打个比方，或者描述一个颇有喻意的事实，然后以此类比引发议论。

例如，有家报纸刊发了一篇题为《从足球赛想到的》的评论，开头部分作者先写了完全不懂足球的自己被友人拉去现场看了一场足球比赛的情况：足球运动员们把球传来传去，其技艺之高令人惊叹。但接着作者却笔锋一转说：这不由使我想到这很像我们的一些政府部门办事踢皮球的情形，踢来踢去，互相推诿，技艺同样很高。这就是典型的托喻式开头。托喻式开头与《诗经》中常用的比兴手法可谓异曲同工，非常相似。

引语式开头就是评论在开头部分引用一句或一段话，这些话可能是格言警句、成语典故、名人名言，或者出自经典著作、权威性文件，或者中央领导最新讲话等，由此引发评论，这些引语可以是由头、选题，也可以是评论的论点、观点。

例如，2020 年 7 月 2 日《人民日报》5 版刊发的邱锐写的题为《做好新闻发布，助力疫情防控》的新闻评论，其开头就引用了习近平总书记的一句重要讲话，就是典型的引语式开头。

习近平总书记在统筹推进新冠肺炎疫情防控和经济社会发展工作部署会议上强调："要完善疫情信息发布，依法做到公开、透明、及时、准确。"在新冠肺炎疫情防控中，各级政府部门及时发布权威信息，回应群众的关切，起到了澄清谣言、凝聚共识、增强信心的效果。

（六）欲擒故纵，请君入文

这种开头方式就是在评论开头并不正面提出自己的观点，而是欲擒故纵、欲扬先抑，故意将反面的事物或观点放在前面，甚至还故意将它渲染一番，然后再进行批驳。因为前后形成鲜明对比和巨大反差，往往发人深思，也很是吸引人。一些驳论性的评论和讽刺性的杂文经常使用这种开头方式。

例如，1983 年《人民日报》刊发的周尊南撰写的国际评论《偏见在发臭——斥詹姆斯·肯尼森》就是欲擒故纵请君入文式的开头，很是巧妙、有趣。

詹姆斯·肯尼森先生终于"成名"了！可怜的肯尼森，为了能够在美国发表自己的作品，曾经苦心钻营，却四处碰壁。现在他的大作不仅发表了，而且刊登在颇有名气的《哈波斯》杂志上，受到美国某些人的喝彩。梦寐以求的作家的桂冠终于到来了。但是，我们却无法为他高兴，因为他是用侮辱和亵渎中国的文字，用谎言和欺骗来换取名声。这不是荣誉而是耻辱。

再如，下面这篇刊发于 1989 年 4 月 14 日《中国青年报》上的讽刺性评论，采用的也是欲擒故纵请君入文式的开头。

研究一下"冒犯学"
——致大惑不解的贺斌

鄢烈山

1989 年 4 月 14 日　《中国青年报》

贺斌先生：

您好！读 2 月 14 日《中国青年报》关于您"渴望公正"的报道，对您坎坷的遭遇和迷惘的心境，我深表同情！然而，同情不是甘霖，不能解您仰望公正之渴；我想献给您一点现实的忠告，请您反求诸己，或许可以走出困惑的沙漠，赢得柳暗花明。

我建议您别再研究那劳什子教育科学理论，而闭门潜心研究一下我的《冒犯学》——这是我考察中国的历史和现状，运用社会学、政治学、心理学等知识，新创的一门具有中国特色的边缘学科，立身行事，一学就通。

您不明白您校从属的工厂干部科领导为何要与您过不去，置省地县教育部门的正当干预于不顾，硬要卡掉您的中学一级教师专业职务，并把您"担任的副校长职务也莫名其妙地免去了"，您说您始终记不起自己什么时候冒犯过卡您的人？

恕我直言，您是目不见睫，您不仅冒犯了，而且有多重的冒犯！

根据我的《冒犯学》，粗略地辨析，冒犯有四种。第一种是，批逆鳞，唱反调，公然不与上司或当道者保持一致，这是挑战型的主动而自觉的冒犯。第二种，不是俯首帖耳，逆来顺受，痛痛快快地服从领导，这是反抗型的虽然被动却自觉的冒犯。贺斌先生，您没有毫不迟疑地按有关领导的既定方针办，愉快地放弃评中教一级的申请，还在"课余上百次的上访"，四处呼吁什么真理与公正。这既是反抗型也是挑战型的冒犯，撸掉您的副校长职务，怎么是"莫名其妙"的呢？

第三种冒犯是，不韬光养晦，不夹着尾巴做人，却直着脊梁走路，照着心声说话，扬才露己，这是"骄傲"型的不自觉的冒犯。贺斌先生，您不仅指出过别人的"教案不全"，还敢"七次在省和国家级教育学术讨论会上宣读论文"，还带头搞什么教改，让您的学生成绩全校第一！这么逞能，岂不是"空棺材出丧——目（木）中无人"？

第四种，是疏远型的不自觉的冒犯，书生气十足的人最易忽略之。人家对领导毕恭毕敬，不时进行"感情投资"，你不卑不亢，不屑于、耻于或不善于以甜蜜或实惠向领导表示敬意，自以为是尊重领导的人格，殊不知与旁人形成冷暖反差，意味着对领导权威的蔑视！贺斌先生，您一天到晚，惦记的就是学生、教案、自学、研究，"首长"在您心中显然没有排在首位嘛！这可是一种无声无息地冒犯哟，难怪要给您点厉害瞧瞧，让您知道自己算老几！

鼓不敲不响，话不说不明，现在您明白过来了吧？——同时，通过这个实例分析，您对我的具有中国特色的《冒犯学》也信服了吧？

所以，我劝您不要埋头研究什么教育科学，还是"从实际出发"，根据"国情"办事，多钻研一下《冒犯学》之类的知识。有道是"世事洞明皆学问，人情练达即文章"，何须呕心沥血炮制背时的论文啰！

我猜，您会梗着脖子说，我就是不愿依附于人，仰人鼻息，不愿当一块任人揉捏的泥团！可是，我们的始祖女娲就是抟黄土造人，吹鼻息给我们以生命的；您以为这只是一个荒诞无稽的神话吗？

也许，您会说，无论如何，产生并流传黄土造人神话的历史该终结了，您宁愿为它的终结献祭！那么，人各有志，算我白说。

以上我们介绍了六种常见的新闻评论开头方式，当然就如我们此前说过的，评论的开头方式远不止这区区六种。这六种方式也各有其长处和短处，各有其适用的情形。具体到一篇新闻评论用何种方式开头，还要具体问题具体分析。在我们初学写作新闻评论时不妨从中选择一种合适的开头方式来用，等到写得多了，熟练掌握了不同的开头方式后，就可以糅合几种不同的开头方式来用，也可以自己创造新的开头方式了。

三、结尾的重要性

结尾是新闻评论中另一个需要认真构思的部分。如果评论的结尾写得好，能让受众久久回味、反复琢磨和思考。结尾写得不好，要么是草草收场、仓促结束，要么是无病呻吟、画蛇添足，都会冲淡评论留给受众的印象，降低评论的感染力。俗话说："编筐编篓，重在收口；描龙画凤，难在点睛。"写新闻评论同样如此："头难起，尾难收"。

什么样的结尾算是好结尾呢？从许多优秀的新闻评论作品来看，好的结尾应当能够总括全文，加深受众的印象，引起受众的联想、回味和深思。能达到这样的传播效果的结尾就是好结尾。有人说："新闻评论的结尾，就像全剧的最后一句台词。"这句话不无道理。许多道理在其他领域也是相通的。

例如，20 世纪 80 年代的一部印度老电影《大篷车》的结尾是这样的：当所有的矛盾冲突都结束，在男友莫汉及其他吉普赛同伴的帮助下终于杀死了杀父仇人，女主角苏米娜回到了自己富贵的家里，这时男主角莫汉来了。苏米娜满心欢喜地以为莫汉是来向她求婚的，可莫汉却对她说："我是来向你告辞的，因为我不属于你这个家庭，而属于自由的吉普赛人。"随后，电影镜头一转，银幕上又出现了熟悉的大篷车队，并响起了动听的主题歌，莫汉忧伤地开着大篷车缓缓前行。忽然，前方的路上出现了苏米娜，她又恢复了过去随着车队流浪时的打扮。只见她娇艳的叉着腰，调皮地对着前来看她的莫汉说："你不属于我的家庭，可我是属于你的。"接着她跳上了大篷车，歌曲也随之变得欢快，大篷车队渐行渐远。苏米娜说的全剧最后一句台词，不仅升华了电影的主题，展示了苏米娜的高尚情操，而且让每一个看完电影的观众回味无穷，久久地沉浸在两人美好的爱情中。虽然新闻评论的结尾很难达到这样的效果，但还是可以做到让受众看或听完评论后久久深思的。

还有一部法国老电影《女侦探》的结尾是这样的：女侦探因为坚持正义而被解雇，她叫了一辆出租车，却不知道要去哪里。当出租车开到一个地方，女侦探看到了一位曾被她救助过的女孩子，便让司机停了下来，她若有所思，无限惆怅。这时司机问她："小姐，你是就在这里下车，还是继续朝前走？"她想了想后坚定地说："继续朝前走！"随后，出租车迎着风雨疾驰而去。女侦探的这句话就是全剧的最后一句台词，一语双关，既表示车要继续往前开，也表示她要继续坚持伸张正义。观众在走出电影院时还在久久回味女侦探的最后一句话。

我们的新闻评论虽然很难达到电影和戏剧那样的传播效果和感染力，但道理是相通的，如果能精心设计和构思结尾，也能引起受众的联想、回味和深思。在这方面，中央电视台的《焦点访谈》有不少评论节目就做得很好。有许多次，节目已经结束，屏幕上出着字幕，主持人在收拾桌面上的文件，我还在回味着最后几句话。

四、四种常见的结尾方式

就像新闻评论的开头方式和结构方式一样，评论的结尾方式也是多种多样的，这里只列举四种比较常见的方式，供大家借鉴和学习。

（一）挽结收口，总括全文——概括式结尾

这可以说是最为常用的一种结尾方式，就是在末尾对全文内容加以总结，对主题思想加以概括和一定的升华。许多解释说明性的中大型新闻评论都这样结尾。

例如，2020 年 10 月 22 日《人民日报》第 5 版刊发的张文写的题为《土地整治，荒土变良田（现场评论·督战未摘帽贫困县③）》的评论，采用的就是概括式结尾。

乡村振兴，久久为功。确保农田"旱能浇、涝能排"，形成高产、稳产的农业格局，是促进农业产业化、集约化、现代化生产的必由之路，也是稳固脱贫效果、夯实小康生活的重要方式。通过土地整治让更多农民群众获得实实在在的收益，乡村振兴的大道必能越走越宽广。

概括式结尾关键在于能够概括全文，但是这种概括又不能是前文内容的重复，应当更为精练，最好能稍加强化、深化中心论点。

（二）画龙点睛，卒章显志——点睛式结尾

这种结尾方式就是在最后用非常精练的语言，寥寥几笔将整篇新闻评论的中心论点点出来。前文中说的点睛式结构的评论其结尾也必然是点睛式结尾。本章第三节所列的《肉麻的模仿》《洗盘子、理发及其他》两篇新闻评论的结尾都是点睛式结尾。

再如，1981 年 3 月 29 日人民日报《今日谈》栏目刊登的一篇小言论

《别再出现这样的奇闻》，就是用的点睛式结构，自然结尾也是点睛式结尾。

别再出现这样的奇闻

1981 年 3 月 29 日　《人民日报》

新闻界最近出了两桩"新闻"：

其一，某报刊登一条消息说，京剧表演艺术大师梅兰芳生前长期服用的"西施美"秘方，经名医张聋龖后代张镜人鉴定，已试制成中成药。事实上，处方中只有几味药是梅兰芳生前常用的，所谓"西施美"，是张镜人在 1980 年夏季拟定的处方，梅兰芳怎么可能在他谢世后十九年服用此药呢？其二，漫画家张乐平好端端地安居家中，某报却在头版报道他因看电视过于激动，不幸猝死，招致关心张乐平的人们纷纷叩门探问究竟。

这两则消息，报道对象都是名人。"梅兰芳用药"也罢，"张乐平猝死"也罢，都是作者不作调查，将道听途说当作真事的结果。真实是新闻的生命。为了维护新闻报道的真实性，编辑须严格把关，记者和通讯员须深入采访，认真核实。

（三）妙语点拨，余味无穷——含蓄式结尾

这种结尾方式就是用很简洁的语言，委婉含蓄地表现一个深刻的道理，耐人回味，发人深思，让人越品越有味道。

例如，毛泽东主席写的著名评论《别了，司徒雷登》的结尾就是典型的含蓄式结尾。

司徒雷登走了，白皮书来了，很好，很好。这两件事都是值得庆祝的。

这个结尾只有短短的 26 个字，却非常耐人寻味，可以说是含而不露、平中见奇，如果结合前文细细思量，则充满深意。

（四）激励讽刺，褒抑鲜明——褒抑式结尾

这实际上又可以分为褒扬式结尾和贬抑式结尾两种。褒扬式结尾就是在评论的末尾热情地肯定、激励、赞扬；贬抑式结尾就是在评论的末尾辛辣地讽刺，尖锐地批评、谴责。

例如，2020 年 10 月 22 日人民日报《人民时评》栏目刊发的黎海华写的题为《努力续写更多"春天的故事"》的评论，采用的就是典型的褒扬式结尾。

　　四十载波澜壮阔，新征程催人奋进。新时代改革开放再出发，我们有党的创新理论的科学指引、充足的经验储备、明确的改革目标、坚实的战略支撑、团结的改革共识，这是信心之所在、优势之所在。努力续写更多"春天的故事"，建功新时代、把握新机遇、破解新课题，深圳大可作为。

　　例如，本节所举的《中国青年报》上的评论《研究一下"冒犯学"》的结尾就是典型的贬抑式结尾。

　　也许，您会说，无论如何，产生并流传黄土造人神话的历史该终结了，您宁愿为它的终结献祭！那么，人各有志，算我白说。

　　以上我们讲了四种结尾方式，只能算是众多结尾方式中很小的一部分，和评论的开头、结构没有固定的格式一样，结尾也同样没有固定的格式。苏东坡在《答谢民师书》中曾说："（文章）大略如行云流水，初无定质，但常行于所当行，常止于所不可不止，文理自然，姿态横生。"意思是说：写作文章大体上就像天上的行云、地上的流水一样，开始并没有固定的方向和形状，风向什么方向吹云就向什么方向飘，水总是向低处流淌，风不刮了云自然就停了，水流到低洼处也就停留下来了，写文章也应该是这样，该展开的时候就展开，该停止的时候就止住，文章的结构也就多姿多彩了。新闻评论写作也应该做到行止适当，该展开就展开，该结束就结束。好的结尾应该是简明扼要，止于当止，余音不断，发人深思。

第五章　新闻评论的语言及文采

第一节　新闻评论语言的特点

但凡是讲写作，都会讲到语言。在写作中有这样的比喻，主题思想是文章的灵魂，结构是文章的骨架，语言则是文章的血肉。新闻评论属于议论文的范畴，其对语言也有着自身特殊的要求。本节我们就来探讨一下新闻评论语言有哪些特点。

为了有直观的感受和便于比较，我们先来看一篇刊登在《人民日报》上的文章，在语言上像不像是新闻评论。

没了电池，还能通话吗？这是李向阳一直思考的问题。

2016 年回国担任中国科技大学计算机科学与技术学院执行院长，李向阳再续无源通信研究。联合学院 10 位老师成立凌客团队，研究物联智能、计算智能、数据智能三个方向，其中专注于无源通信的就有 4 人。

从零开始，并不容易。没基础，趁着参加学术会议，主动向有关学者请教；跨界大，联合中科大物理、电子等院系，寻找人才；缺经费，成功申请到基金委杰出青年基金项目、中国科学院前沿科学重点研究项目……

"过去一个小项目可能才提供 20 万元的资金支持，如今却能达到七八十万元。设备也越来越先进，只要有需要，采购基本没困难。"从科研经费到科研设备，团队得到各方大力支持。

利用无源感知和通信平台第一次拨通电话的场景，李向阳记忆犹新。笔记本大小的无源平台上，放置着团队设计的无电池电话，使用普通电话拨打无电池电话时，竟成功实现了正常通话。

"不断完善设计，添加功能、调整参数，这才试验成功。"从 2017 年年底实现无源通话，到 2018 年年底成功传输视频，再到如今研究透过人体实现无源传输，李向阳笑道："每一次研究突破，都给团队带来极大鼓舞。"

研究智能物联网多年来，李向阳深刻感受到，中国科技创新的硬环境越来越好，软环境越来越宽松，世界前沿成果越来越多。"作为科研工作者，最开心的就是可以专心做自己喜欢且有用的事。做成的那一刻，特有成就感！"

这篇文章有观点、有事实，也有论证，但如果认真阅读就会感觉在语言上并不像是新闻评论，更像是新闻报道，至于哪里不像是评论语言，很多人怕是很难说清楚。实际上，这就是刊登在 2020 年 10 月 11 日《人民日报》2 版题为《科技创新的环境越来越好》，记者游仪采写的一篇新闻报道。

分析了大量新闻评论后，我们认为新闻评论的语言具有以下特点和要求。

一、论断准确，态度鲜明

（一）总是以第一人称面对受众直接讲话

不管是大型评论还是小言论，不管是代表媒体的社论、本台评论还是代表个人的短评、专栏评论，新闻评论在语气上总是以第一人称（我或我们）面向受众直接讲话。这与新闻报道大多数情况都是以第三人称（他、该单位、该同志等）口吻写作截然不同，也是新闻评论语言的一个特点。这是因为新闻报道讲求客观真实，新闻记者一般都是以记录者、观察者、旁观者的身份出现；而新闻评论都是主观的，表达的是作者个人或者团队、集体的主观的观点意见、态度情感等。

（二）在语言上多采用判断句式

新闻评论的语言在句式上多采用判断句式。这与新闻报道以陈述句为主有着显著的区别。评论就是以发表观点、表明态度为主的，发言表态实际上就是做判断，虽然也会陈述事实来作为论据，但依然是以判断句为主陈述句为辅。新闻报道以再现新近的新闻事实为主要目的，因而以叙述为主，描写、议论、抒情为辅，而叙述和描写用的都是陈述句。

新闻评论经常要态度鲜明地进行论断，赞成什么、反对什么、肯定什么、否定什么都要清楚明白地表示出来，这都要用判断句来表现。例如，下面这两段话，这是摘自刊登于 2020 年 9 月 24 日人民日报《人民时评》栏目由王挺写的《把科学种子播种到孩子心中》中的中间两段。

少年强则科技强，科技强则中国强。激发青少年科学兴趣，培养科技后备人才，是不断增强国家科技竞争力的基础。研究表明，小学高年级是科学素质提升最快的时期，青少年时期正是科技人才成长的关键期。培养孩子们认识、热爱科学的兴趣和志向，需要把教育摆在更加重要的位置，全面提高教育质量，注重培养学生的创新意识和创新能力。特别是在基础教育阶段，应推动科普深度有机融入教育，推进校内外科学教育融合发展，提升科学教育水平，让科学更有吸引力，让学习生动有效。

培养未来科技创新人才大军，需要加强价值引领，传承科学家精神。教育引导广大青少年以爱国精神和创新精神为重点，秉持国家利益和人民利益至上，继承和发扬老一辈科学家胸怀祖国、服务人民的优秀品质，弘扬"两弹一星"精神，从小树立科学报国的远大志向，主动肩负起历史重任，把自己的人生追求融入建设社会主义现代化国家的伟大事业中去。实现这一目标，需要科学家在投身科技创新的同时，大力开展科学普及，讲述科学故事，弘扬科学家精神，给孩子们的梦想插上科学的翅膀。

这两段话在语言上以判断句为主的特点很明显，而且论断准确、态度鲜明，句与句之间的逻辑关系也很准确、严谨。

二、注重概括，逻辑严密

刘勰在《文心雕龙》中的《论说》篇中说："论也者，弥纶群言，而研精一理者也。"意思是说：所谓的论说文这种文体，就是概括各种言论、观点、见解，然后精密地研究推理出唯一的道理的文章。在阐述议论文的写作特点时，刘勰这样写道："原夫论之为体，所以辨正然否，穷于有数，追于无形，迹坚求通，钩深取极；乃百虑之筌蹄，万事之权衡也。"这句话的意思是说：议论文这种文体，就是一种明辨是非对错的文章类型。它通过对有形的具体的客观事物进行观察、分析、研究，推求到事物背后的抽象的道理和规律。但这并不容易做到，需要作者艰苦探究、钻研才能把道理悟通和吃透，深入到事物的底里才能把握事物的本质和规律，然后才能运用这些深刻的道理和规律来权衡各种事物的是非对错、好坏优劣。刘勰的这句话可以说是准确地揭示了议论文这种文体的本质特征。新闻评论也是议论文的一种，这自然也是其本质特征。这一特征也体现在以下两个方面。

（一）在语言上重在论断事理，语句具有高度的概括性、抽象性和严密的逻辑性

议论文在语言上的一个显著特点是重在论断事理，其语言具有高度的概括性、抽象性和严密的逻辑性。例如，古代论说文中的经典名篇西汉贾谊写的《过秦论》开篇总论秦国取得天下的形势时，首先从秦兴盛的原因写起。开头这样写道：

秦孝公据崤函之固，拥雍州之地，君臣固守以窥周室，有席卷天下，包举宇内，囊括四海之意，并吞八荒之心。当是时也，商君佐之，内立法度，务耕织，修守战之具；外连衡而斗诸侯。于是秦人拱手而取西河之外。

这段文字简洁凝练，具有高度的概括性、抽象性，但又逻辑严谨，原因与结果交代得非常清楚，很有说服力。

新闻评论作为议论文的一种，其语言也同样具有高度的概括性、抽象性和严密的逻辑性。例如，下面这篇刊登于人民日报《今日谈》专栏的一篇小言论，其语言这一特征就很明显。

向问题叫板才能让群众叫好

刘　学

2019 年 9 月 3 日　《人民日报》

开展主题教育如何让群众有更多获得感？云南省文旅厅把主题教育课堂搬进热点景区、征求游客意见的做法，或许能给人以启发。"景区能不能增设母婴室""交通方式能不能更多元"……与基层"零距离"，和群众面对面，让党员干部不仅意识到差距和不足，也找到了服务工作的短板和问题。

敢于向问题叫板，才能赢得群众叫好。开展主题教育要着眼于解决问题，衡量主题教育的成效也要看问题解决得怎么样。我们要坚持问题导向，奔着问题去，抓住问题改。了解群众关切，不妨把问题问得再细一点，把情况了解得再深一点，把调查工作做得再实一点；解决群众的操心事、烦心事，务必要立查立改、即知即改。养成"马上就办"的自觉，避免"只拉弓不放箭"现象，才能以实际成效取信于民。

作风建设永远需要直面问题。旧的问题解决了，新的问题可能又会接踵而来。坚持问题导向，真刀真枪解决问题，不仅是责任与担当，更应成为自觉与习惯。

我们来看评论的第二段，在论述如何解决问题时，作者用了"了解群众关切，不妨把问题问得再细一点，把情况了解得再深一点，把调查工作做得再实一点；解决群众的操心事、烦心事，务必要立查立改、即知即改"这样两句高度概括的话就把怎么做讲得清清楚楚了。这篇只有三百多字的小评论，把为什么要向问题叫板、如何向问题叫板、向问题叫板的结果以及要避免的问题讲得明明白白。这离不开语言的高度概括。

（二）评论的语言更多地使用逻辑思维

评论中对事实的概括和抽象并不等同于空洞和虚无，它是对大量事实的凝练，有丰富的内容做支撑。概括是找到了众多事实的共性，抽象是对事物本质的反映。例如，"把调查工作做得再实一点"，这句话就是对很多调查工作的概括。

新闻评论作者在驾驭语言时更多的是运用逻辑思维这个"方向盘"，用理性的脉络作为连接语言的经线和纬线。也就是说，是按照语言的内在的思想意义来确定语言的排列顺序。这与新闻报道那样的记叙文截然相反，记叙文都是更多地按照语言所反映的具体事物的外部联系来确定语言的排列顺序的。换句话说，记叙文作者在驾驭语言时更多的是运用形象思维这个"方向盘"的。

三、义贵圆通，辞忌枝碎

这是说新闻评论的语言在表义时，贵在把道理讲得完整通达；在文辞上，贵在扼要简洁，切忌枝繁叶碎。而不是像新闻报道要再现事物的原貌，很多时候要尽力把事物刻画得栩栩如生，让人如临其境。对议论文的说理，刘勰有一个形象的说法："论如析薪，贵能破理。"意思是说：写议论文就跟劈柴一样的道理，如果顺着树木生长的纹理纵向劈，就很容易劈开，遵循事物内在的逻辑关系去说理就顺理成章容易说通。

义贵圆通与辞忌枝碎是相辅相成、紧密相关的。清代桐城派的代表人物之一刘大櫆曾说："意真则简，理当则简。"意思是说：只有当你思想意识明确，认识深刻，理解透彻，道理通达的时候才能做到文字简洁明了。这话很有道理。这也就是为什么我们有些评论写得云山雾罩，绕来绕去依然让人不知所云的原因，就是因为作者都不知道自己究竟想表达什么，自己都没想明白、道理没吃透，所以自然就说不清楚了。正所谓"以己昏昏，焉能使人昭昭"。在这方面，毛泽东、鲁迅、李大钊、邓拓等评论大家们为我们做出了榜样，他们总是能用极为简单的文字把抽象深刻的道理说得清清楚楚明明白白。例如，毛泽东的名篇《反对自由主义》的开头两段话。

我们主张积极的思想斗争，因为它是达到党内和革命团体内的团结使之利于战斗的武器。每个共产党员和革命分子，应该拿起这个武器。

但是自由主义取消思想斗争，主张无原则的和平，结果是腐朽庸俗的作风发生，使党和革命团体的某些组织和某些个人在政治上腐化起来。①

只有60个字的第一段话就把我们的主张（反对自由主义）及为什么这样主张讲得明明白白。同样只有60个字的第二段话就把自由主义主张的含义及危害性都讲清楚了。接下来列举了自由主义的11种表现，极其形象生动但又简洁明了，描述这11种表现最多的第一种也只用了108个字，最少的一种只用了33个字。

因为是熟人、同乡、同学、知心朋友、亲爱者、老同事、老部下，明知不对，也不同他们作原则上的争论，任其下去，求得和平和亲热。或者轻描淡写地说一顿，不作彻底解决，保持一团和气。结果是有害于团体，也有害于个人。这是第一种。

---

① 毛泽东：《毛泽东选集·第二卷》，北京：人民出版社，1991年6月第2版，第359—361页。

不负责任的背后批评，不是积极地向组织建议。当面不说，背后乱说；开会不说，会后乱说。心目中没有集体生活的原则，只有自由放任。这是第二种。

事不关己，高高挂起；明知不对，少说为佳；明哲保身，但求无过。这是第三种。

命令不服从，个人意见第一。只要组织照顾，不要组织纪律。这是第四种。

不是为了团结，为了进步，为了把事情弄好，向不正确的意见斗争和争论，而是个人攻击，闹意气，泄私愤，图报复。这是第五种。

听了不正确的议论也不争辩，甚至听了反革命分子的话也不报告，泰然处之，行若无事。这是第六种。

见群众不宣传，不鼓动，不演说，不调查，不询问，不关心其痛痒，漠然置之，忘记了自己是一个共产党员，把一个共产党员混同于一个普通的老百姓。这是第七种。

见损害群众利益的行为不愤恨，不劝告，不制止，不解释，听之任之。这是第八种。

办事不认真，无一定计划，无一定方向，敷衍了事，得过且过，做一天和尚撞一天钟。这是第九种。

自以为对革命有功，摆老资格，大事做不来，小事又不做，工作随便，学习松懈。这是第十种。

自己错了，也已经懂得，又不想改正，自己对自己采取自由主义。这是第十一种。①

这就是前面所说的"意真则简，理当则简"。毛泽东主席当年对自由主义种种表现的精练概括至今还时常被人们所引用。这篇1600余字的评论全面深刻地论述了自由主义的十一种表现、产生自由主义的根源、自由主义的本质特征以及如何克服自由主义，这么宏大和复杂的主题，作者却只用了这么短的篇幅。而且读完全文我们不难发现，文章并不难懂，很容易理解和接受。

---

① 毛泽东：《毛泽东选集·第二卷》，北京：人民出版社，1991年6月第2版，第359—361页。

这是什么原因呢？就是因为作者把其中的道理吃透了，一下子就抓住了事物的本质，用非常简单浅显的语言照样把抽象深刻的道理讲得清楚明白。这一点在我们阅读大师们的文章的时候大都能体会到。真正的大家都能用通俗的语言说清楚深刻的道理。笔者在阅读《邓小平选集》时就对此深有同感。大道至简就是这个道理。所谓的"只可意会不可言传"，其实是由于自己还没有完全理解和把握事物的本质，半懂不懂当然无法言传了，等你彻底掌握和理解了就能轻易地说清楚了。

四、气势充沛，情理兼备

这个特点是从新闻评论语言的气质的角度说的。不仅人有气质，语言也有气质，它是语言的一种内在品质，它是道理与感情在语言文字上交汇形成的。我国古代的议论文就很讲究文章要有气势。优秀的议论文也总能给人以气势磅礴、力透纸背的感觉，读起来文采飞扬、激情澎湃。文章的这种气势直观的表现是句子要短而有力，节奏快，层层推进，步步紧逼。前文列举的西汉贾谊写的《过秦论》的语言就极有气势。例如，在写到秦始皇雄霸天下之时，文章的气势更是达到了顶点。

及至始皇，奋六世之余烈，振长策而御宇内，吞二周而亡诸侯，履至尊而制六合，执敲扑而鞭笞天下，威振四海。南取百越之地，以为桂林、象郡；百越之君，俯首系颈，委命下吏。乃使蒙恬北筑长城而守藩篱，却匈奴七百余里；胡人不敢南下而牧马，士不敢弯弓而报怨。于是废先王之道，焚百家之言，以愚黔首；隳名城，杀豪杰；收天下之兵，聚之咸阳，销锋镝，铸以为金人十二，以弱天下之民。然后践华为城，因河为池，据亿丈之城，临不测之渊，以为固。良将劲弩守要害之处，信臣精卒陈利兵而谁何。天下已定，始皇之心，自以为关中之固，金城千里，子孙帝王万世之业也。

这段话及其后的一段写到秦始皇一统天下后，狂傲、专制，实施了焚书坑儒等一系列暴政措施，一步步走向灭亡。到结尾处推出中心论点："一夫作难而七庙隳，身死人手，为天下笑者，何也？仁义不施而攻守之势异也。"整篇文章基本都是短句子构成，节奏快而有力，行文波澜起伏、张弛有度，文笔酣畅淋漓，气势充沛至极。

古代议论文语言充沛的气势在新闻评论中得到了继承和发扬，尤其是在政论性新闻评论中体现得尤为突出。比如，梁启超写的脍炙人口的《少年中国说》气势就极为充沛。当代的许多优秀新闻评论也是很讲究气势的，虽然当今使用的现代汉语不像古汉语那么言简意赅，句子普遍比古代论说文中的句子长，但依然很有气势。请看下面这篇人民网刊发的特约评论员文章，对比鲜明，多用短句和排比，节奏紧凑，颇有气势。

人民网三评"国民素质"之一：
中国人就是没素质吗？

人民网特约评论员

2019 年 07 月 24 日　人民网

近期，"天降三把刀""伸腿绊高铁""抢夺方向盘""遛狗不拴绳"等不文明现象屡见报端，舆论予以强烈关注。不文明行为再小，也是暴露了我们一些社会成员的公民素质"欠费"；不文明现象再微，个案的频繁发生也会影响国家形象。国人素质怎么了？这样的追问映射了人们关于不文明行为的焦虑与沉思。

从媒体的报道可以看出，不文明行为轻则招来一片骂声，重则会将他人生命置于高度危险的境地。贵阳市南明区袁女士被 10 岁男童高空抛下的灭火器砸中头部，不治身亡；乘客易某因汽车停靠点问题与司机发生争执，不仅拉拽司机的手臂，还抢夺汽车方向盘，依法被判处有期徒刑 1 年；一位留美博士发现自己上错了列车，在列车已经启动的情况下竟任性拉下紧急制动阀，被依法处以 1000 元的罚款……代价惨痛，教训深刻。为什么这些社会成员视法为无物，甚至明知故犯？中国人素质真这么差吗？

事实上，出现各种不文明现象，并非中国特有。不管在哪个时代、哪个国家，皆有经济发展而文明程度尚未同步提高的阶段。1948 年日本出台《轻犯罪法》将"勿以恶小而为之"写得明明白白。然而，20 世纪 80 年代，富起来的日本人在走出国门时也产生过"观光摩擦"，大声喧哗、不守秩序，以至于日本媒体写社论提示国民，"尊重对方国家风俗、习惯、礼仪"。今天，备受称赞的日本公共文明恰恰证明，一个社会的文明素养，既有其历史演进的过程，也是持续管理的结果。

如今的中国，物质文明不断提升，人们希望构建与之相适应、与大国身份相匹配的精神文明。中国深度融入世界、拥抱世界，人们希望向世人更多展示中国的好，更多传播中国的文明，更多赢得世界对中国的了解、尊重与认同。一旦一些国人的言行与此良愿相悖，人们便难免心焦上火、义愤填膺。

某种程度上说，正是这种"义愤"的存在，构成了健康社会的免疫力，形成了社会向上向善的道德土壤。如果对那些陋习漠然视之，甚至以耻为荣，那才是真正堪忧的。

犹记得，一位警察在给违规车辆开罚单时，一个6岁的孩子这样对警察说："我爸该罚，喊他停在停车库他不听，到处乱停车。"看到这样的小孩，人们心里就释然了——中华5000年文明、礼仪之邦的风范依然鲜明，这种文化的血脉一直在滋养着中华民族的精神世界。

从老人摔倒扶不扶到众人合力抬车救人，从高铁上孩子吵闹影响他人到防止孩子断奶惊扰邻居主动送西瓜，从偷盗救人者手机到13岁少年因体力不支却为只救出一人遗憾，人们心中的文明因子正在裂变聚合，逐渐形成既传统又现代的新文明风范。

这是我们看待国人素质的镜鉴。知耻明礼，才是我们这个社会文明状况的基本盘。

五、语言规范，通俗易懂

新闻评论具有群众性的特点，要求它的语言必须通俗化、大众化，懂的人越多评论的影响就越大。新闻评论毕竟是在大众传播媒体上刊播的，是给大量普通人看和听的，这些受众所处地域、行业分布广泛，文化程度、年龄大小差异很大。因而，新闻评论使用的语言必须规范、通俗易懂。

语言通俗首先表现在质朴自然上。就如著名作家老舍说的："字没有高低贵贱之分，全看用得恰当与否。连用几个伟大，并不足以使文章伟大。一个很俗的字，正如一个很雅的字，用在恰当的地方就起好的作用。"质朴自然、通俗浅显的文字，同样能给人以美感。其次，要多采用群众语言，比如生动形象富于哲理的俗语、顺口溜、歇后语、谚语等。这些语言原本就是群众在生活中创造出来的，正因为它们能把一些事物描绘得形象生动或者把道理讲得清楚明白，才得以流行开来或流传下来，群众当然爱看爱听还容易理解。

　　新闻评论还应在语言的规范化上起楷模作用，处理好通俗化与准确的关系。评论语言应该在准确和规范的前提下，再去讲求通俗化。语言的规范化是国家统一社会发展的必要条件，国家语言工作委员会对各类新闻媒体也有使用规范的现代汉语和标准的普通话的要求，作为新闻媒体上的一种重要的文体，新闻评论的语言理应在规范化上起到楷模作用。为此，新闻评论中尤其是标题中要尽可能地避免使用只有当地人或少数人才懂的方言土语、音译的少数民族语言和外语等。例如，像"搞掂""走起""巴适""搭手""瓜娃子""亚克西""插花地""隔位"等词语最好不要使用。还有，新闻评论中也不宜使用古语、生僻字词和专业术语。此外，当前还要特别注意不要随意使用流行的网络用语，这些词语是由网民们创造并经常使用的，虽然时尚、新潮，但并非人人都能理解和接受，也不符合现代汉语规范。例如，"佛系""气抖冷""酱紫""东东""拍砖""正太""欧巴""小白"等，这样的网络流行语新闻评论都不宜使用。

第二节　新闻评论语言的文采

　　新闻评论要吸引人其语言还必须讲究文采。深刻的思想内容是其内在美，多姿多彩的语言就是其外在美，内外结合就构成了新闻评论语言的文采。

一、什么是文采

　　文采素有广义和狭义之分。广义的文采包括文章的思想感情、布局谋篇、文章风格、语言形式等方面。而狭义的文采专指文章语言表情达意的精微和形式美，也就是说用某句话来表达某个意思非常准确和漂亮，一想到某个意思就自然首先想到这句话。例如，至今我们一想到老师的作用这个意思就会想到韩愈的那句名言："师者，所以传道授业解惑也。"可以说对老师的作用用这句话来概括很难找到比这句话更准确和形象的了。刘勰在《文心雕龙》

中说："丽词雅义，符采相胜。"意思是说：美丽的语言形式和纯正的思想内容相结合就是有文采。孔子说："言之无文行之不远。"意思是说：如果你的文章的语言没有文采，你讲的道理就传播不广。都是在强调深刻的思想、好的内容必须要有漂亮的语言去表达，才能得到很好的传播。也就是强调议论文要讲究文采。我们一般在讲到文采的时候都是用的狭义的文采。

我国古代的论说文都是非常注重文采的，其中的许多极有文采的语句至今被人们广泛使用、津津乐道。例如，下面这些语句就很有文采，流传千古："山不在高，有仙则名。水不在深，有龙则灵。""穷在闹市无人问，富在深山有远亲。""夫君子之行，静以修身，俭以养德。非淡泊无以明志，非宁静无以致远。""祸兮福之所倚，福兮祸之所伏。""差若毫厘，谬以千里。""凡事预则立，不预则废。""己所不欲，勿施于人。"可见，议论文的语言不仅可以也应该具有文采，新闻评论也是议论文的一种，它的语言应该讲究文采。

二、如何使新闻评论的语言具有文采？

要使新闻评论的语言具有文采，一是在遣词造句时要注意有形式上的美感；二是行文和布局谋篇时要有波澜，也就是"文似看山不喜平"；三是巧妙引用为文章增光添彩。

（一）文辞要有美感

要使语言具有文采，在遣词造句时就要有美感，语言的形式美表现在很多方面，这里主要讲最为常用的四种。

1. 形象之美。指新闻评论的语言应力求有血有肉有感情，有具体的形象，是"活"的语言。"谈欢则与笑并，论戚则声共泪。"这与前面说的新闻评论语言具有高度的概括性、抽象性似乎有些矛盾，但实际上并不矛盾，因为评论语言的概括性和抽象性是就它所表达的思想内容而言的，概括性强调的是有很大的思想容量，抽象性强调的是它是表示一种理性的观点。但是这并不意味着大的思想容量和理性的观点用文字表达出来就必须是空洞的、抽象的和枯燥的，完全可以用生动形象的文字来表现。

优秀的评论员不仅能从生动形象的事实中概括、抽象出深刻的道理来，也能在评论中把这些道理形象化、具体化，从而使受众能够理解也乐于接受。

要把深刻抽象的道理形象化、具体化，最常用的办法就是多用比喻，或以事喻理，或以物喻理，寓理于具体的形象之中。新闻评论的语言要具有形象之美就是要在概括中求具体，在抽象中求生动。

例如，1942 年 9 月 7 日，毛泽东为《解放日报》写了一篇社论，题为《一个极其重要的政策》，专门论述为什么要在各地实行精兵简政这项政策。这样一篇政治性很强的社论，但毛泽东却写得很是形象生动，富有形象之美，请看评论的最后一段。

但是，现状和习惯往往容易把人们的头脑束缚得紧紧的，即使是革命者有时也不能免。庞大的机构是由自己亲手创造出来的，想不到又要由自己的手将它缩小，实行缩小时就感到很勉强，很困难。敌人以庞大的机构向我们压迫，难道我们还可以缩小吗？实行缩小就感到兵少不足以应敌。这些就是所谓为现状和习惯所束缚。气候变化了，衣服必须随着变化。每年的春夏之交、夏秋之交、秋冬之交和冬春之交，各要变换一次衣服。但是人们往往在那"之交"不会变换衣服，要闹出些毛病来，这就是由于习惯的力量。目前根据地的情况已经要求我们褪去冬衣，穿起夏服，以便轻轻快快地同敌人作斗争，我们却还是一身臃肿，头重脚轻，很不适于作战。若说：何以对付敌人的庞大机构呢？那就用孙行者对付铁扇公主为例。铁扇公主虽然是一个厉害的妖精，孙行者却化为一个小虫钻进铁扇公主的心脏里去把她战败。柳宗元曾经描写过的"黔驴之技"，也是一个很好的教训。一个庞然大物的驴子跑进贵州去了，贵州的小老虎见了很有些害怕。但到后来，大驴子还是被小老虎吃掉了。我们八路军新四军是孙行者和小老虎，是很有办法对付这个日本妖精或日本驴子的。目前我们须得变一变，把我们的身体变得小些，但是变得更加扎实些，我们就会变成无敌的了。①

如今的很多新闻评论语言也很注重形象之美，例如，仅看这几个新闻评论标题就很形象生动：《励志鸡汤叫不醒热衷"摸鱼"的年轻人》《你见过谁在"葛优瘫"中改变了命运》《这年头，上个厕所都能掉"坑"里？》《"桥中房"屹立不倒，"钉子户"和公众利益如何双赢》。

---

① 毛泽东：《毛泽东选集·第三卷》，北京：人民出版社，1991 年 6 月第 2 版，第 882—883 页。

作为人民日报海外版旗下新媒体品牌的网络新闻评论专栏《侠客岛》，其中刊发的新闻评论大多都极具形象之美。我们来看看下面这篇评论。

当"今日油条"上了今日头条

点苍居士

2020 年 10 月 16 日　海外网

一

今日头条碰上了"今日油条"。

如同当年李逵遇上李鬼，"今日之争"的故事也并不复杂：

时值深秋，叶儿正红。一位小兄弟走在路上，想起出门匆忙，没顾上吃早饭，便快步走向街角一家新开的油条店："老板，来两根油条，热乎的。"

只见那老板不紧不慢，一边把油条扔下锅，一边唠起嗑来——

"好油条，今日造。早上吃，开启元气一天，晚上吃，成就美满一日。记住，关心你的，才是好油条！"

买油条的兄弟觉得这广告语颇有些熟悉的味道，定睛一看，红白相间的店铺牌匾上赫然写着四个大字："今日油条"。

他大喝一声："你这厮什么人，敢在这里作妖！"那老板也收起笑脸："兄台不识字？本店今日油条！"小兄弟这下大笑起来，拿出公文包里今日头条的工牌往桌上一拍，"哪里来的？敢学本司名目！"

老板见气氛不对，慌忙解释道："我的大兄弟，你我本是一家，何必相煎太急，这年头喝着'王者荣耀酒'打王者荣耀，吃着'今日油条'刷今日头条，饮着'侠客岛茶'读侠客岛，天下大同，怎不畅快！"

小兄弟掏出手机正要拍照，老板又立马拦下："就算你整垮了'今日油条'，你喝饮料能躲得过'雷碧''王吉正''六个铁核桃'？嚼零食能离得了'粤利粤''2＋3''士加力'？吹空调能不用'夏浦'？拼乐高能不玩'乐拼'？吃泡面能不吃'康帅博'？行，就算你都不做，凹造型总得买'abidas''LGG'吧？再不济，我免费送你今日豆花、今日面条、饼多多，搭着油条吃？"

听着听着，小兄弟被雷得外焦里糊。

二

故事虽略有演绎，但形如绕口令的"今日头条告了今日油条"却是事实。

10月15日，有媒体连线河南今日油条餐饮管理有限公司。公司法定代表张新亚表示，自己天天刷今日头条APP，"傍大牌"只是觉得好玩。科技大公司起诉卖油条的小公司，反倒让他不解。

有网友跟风："我觉得一点毛病没有，油条这东西就是讲究新鲜，'今日油条'体现了不卖隔夜油条的理念""小小油条店蹭个热度，有利于市场繁荣"。

也有网友回怼："大公司花几十万、上百万设计出来的商标，转头就被抄袭。如果抄袭者都用这口气说话，街头五花八门的撞脸立马都来了。"

江湖老话：树大招风。江湖老话第二句：学好千日难，学坏一朝易。

这年头，无名店家蹭IP、高仿LOGO、抢注商标屡见不鲜，做生意不用动脑，徒手一个"Ctrl + C"，只求傍上名牌效应，打个马虎眼，在消费者不注意的档口做笔交易。这本质上是欺骗。

更糟的是，一旦这些"搭便车品牌"出现产品质量问题，消费者往往会误认为是"被搭车"企业所为，说小点，是寒了"千锤百炼"的正牌企业的心，说大点，更有可能对"中国制造""创新中国"的名声造成伤害。

所以，有些企业为了避免陷入"被碰瓷"囹圄，甚至会采用一次性注册多个类似商标的方式保护自己。比如阿里巴巴在注册时，一口气包圆了阿里爷爷、阿里奶奶、阿里伯伯、阿里弟弟、阿里姐姐、阿里妹妹，老干妈也注册了老干娘、老干爹甚至老姨妈等商标。而一旦注册时没考虑周全，后续通过法律诉讼手段维权，最长可能得耗上四五年。

表面"Drama（戏剧）"的背后，企业老泪横流，市场秩序被老鼠屎坏了味，消费者买回一肚子糟心，这时，可就不是油条店老板多送几碗豆花能解决的了。

岛叔读书那会儿，老师们反复耳提面命：世间道路千万条，唯独捷径不可走。对"今日油条"们来说，在名头上耍小聪明牟利，是涉嫌违反了知识产权法，这可不是好玩的事了。

2. 整齐之美。指文中的一些句式是相同的，或者是节奏相同，或者是字数相同，或者是节奏和字数都相同。

为了使语言具有整齐之美，可采用对偶、对照、排比、重叠、回环等修辞手法。如"台上他讲，台下讲他"；"卡特实在是一个比杜鲁门更杜鲁门的超级杜鲁门"；"国有爱民之策，民有报国之心"；"只会把他当成一个'演员'，而不会把他当成一个党员"。这些出自新闻评论的语句都很有整齐之美。

例如，刊发于 2020 年 8 月 25 日的《侠客岛》专栏的题为《名校硕博去街道办：旧闻戳中社会舆论哪根神经?》新闻评论中的这几段话就很有整齐之美，文中多处使用了排比、对偶、对比等修辞手法。

"清北"硕博任职余杭街道，真的是地方"高攀"、人才"低就"吗?

围绕这事，网友们的质疑有如下几点：

第一，这么"高"的学位，去了那么"低"的岗位。

第二，这么"深"的专业，去干那么"浅"的职业。

第三，这么"专"的所学，去做那么"泛"的所为。

今年疫情给就业造成很大压力，找工作难，找好工作更难。这个旧闻迎合并加深了一种焦虑：你看，连清华北大的硕士、博士都去街道办干了，足见毕业生就业之难。

……

而具体到杭州余杭，那里的环境、待遇绝非西部市县可比，是当之无愧的就业高地。

先说环境：据余杭区政府工作人员介绍，余杭现在被称为"浙江第一区"，拥有像阿里巴巴这样的明星企业，2019 年全区生产总值超过 2800 亿元，经济增速达 8.6%，财政总收入逾 700 亿元，在杭州各区县中遥遥领先。

再说待遇：据余杭区政府公开信息，该区录用的"清北"博士研究生年薪约 38 万元，硕士研究生年薪约 35 万元，还可分别领取 8 万元、6 万元的生活安家补贴，未来也可申请 20 万元、10 万元的购房补助。

最后是个人发展：这些"清北"人才虽是在街道办工作，但余杭是中国互联网技术发展的前沿阵地，若在这里干上几年，与最优秀的服务对象打交道，视野、格局、思维将大不一样。

3. 参差之美。指在一段文字中交错使用几种不同的修辞手法，比如：排比、对偶、拟人、顶真等修辞方法，使这段文字骈散结合、造型各异、错落有致。例如，2020年11月3日《人民日报》第5版刊发的田妍写的题为《深化改革，立好教育评价指挥棒》的评论中有这样一段话，就运用了多种修辞手法，骈散结合、错落有致，具有参差之美。

教育评价的指导性和可操作性，在于教育评价标准对教育规律和时代要求的高度契合。为克服唯分数、唯升学、唯文凭、唯论文、唯帽子的顽瘴痼疾，提高教育治理能力和水平，教育评价改革总体方案坚持破立结合、多措并举。比如，学校评价方面，破除重分数轻素质等片面办学行为，确立立德树人落实机制；教师评价方面，破除重科研轻教学、重教书轻育人等行为，确立潜心教学、全心育人的制度要求；学生评价方面，破除以分数给学生贴标签的不科学做法，确立德智体美劳全面发展的育人要求。教育评价机制改革之所以吸引众多关注目光，原因就在于针对不同主体和不同学段、不同类型的教育特点和教育规律，改进结果评价，强化过程评价，探索增值评价，健全综合评价，努力办好让人民满意的教育。

4. 抑扬之美。指评论语言的音节和音韵，语句抑扬顿挫、铿锵有声，合辙押韵，读起来朗朗上口。如《人民日报》刊发过的一篇社论《回答一个问题——翻两番为什么是能够实现的》开头有句话就很有抑扬之美："举国上下，谈翻番，议远景，树雄心，立大志，腾腾热气，令人振奋。"

再如，2020年3月5日人民日报《今日谈》专栏刊发的这篇小言论其语言就颇有抑扬之美。

从磨难中奋起

魏建周

2020年3月5日　《人民日报》

"春天的脚步谁也拦不住""病毒不退，我们不退""战疫必胜"……新冠肺炎疫情发生以来，从冲锋在第一线的医务人员，到战斗在最前沿的党员干部，从坚守基层的社区工作者，到捐款捐物的普通群众，中华儿女心往一处想、劲往一处使，凝聚起众志成城、团结奋战的强大合力，坚定着我们不获全胜决不收兵的必胜信心。

艰难困苦，玉汝于成。习近平总书记深刻指出，"中华民族历史上经历过很多磨难，但从来没有被压垮过，而是愈挫愈勇，不断在磨难中成长、从磨难中奋起。"这段时间里，哪里有疫情、哪里困难多，哪里就有四面援助、八方支持，举国上下齐心协力，最美逆行感天动地，无私奉献爱心潮涌。发生在神州大地上的这一切无不证明，困难和挑战越大，中国人民的凝聚力和战斗力就越强，中华民族就越能展现不屈不挠、顽强奋斗的英雄气概。

"志不求易者成，事不避难者进"。前进的道路从来不会一帆风顺，必然还会遇到这样或那样的风险挑战。但一个善于总结经验、汲取教训的民族，必定是日益坚强的，必定是不可战胜的。疫情压不倒我们，只会让我们更强大；磨难阻挡不了我们，只会让我们走向复兴的步伐更加坚定。

（二）行文要有波澜

古人说"文似看山不喜平"。新闻评论是时代思潮最现实、最直接的反映，而时代思潮本就是波澜迭起的，新闻评论也应该有波澜、有辩论、有激荡、有冲击。

怎样才能使新闻评论波澜迭起呢？关键是要处理好写作中放和收的关系。许多优秀的新闻评论都是在开头部分先开门见山地提出新鲜的观点或问题，但并不立即展开论述，而是扼要地解释下，也就是破题。随后再一个问题接一个问题地论述，每讲完一个问题就收一下，再展开讲下一个问题，完了再收一下。等到所有问题都讲完后，再总体上收尾，如果开头提出了问题这时就加以最终回答，也就是阐明总论点。如果开头就提出了观点，这时再呼应一下，并强化深化一下中心论点。好的新闻评论在行文时常常是"放—收—放—收"的过程。一般来说，起笔要放，意在开闸放水，引人入文；中间的行笔既放又收，意在众水交汇，溅起波涛；落笔要收，意在众水合流，浑然一体。

要处理好放和收的关系就要善于灵活运用分析和综合、归纳和演绎。评论中的分析和演绎都是展开，是放，而综合和归纳就是总结，就是收。

（三）引用贵在增色

古语、古诗词、成语、俗语、典故、名人格言等用得好，可以大大增加新闻评论语言的文采。马克思、毛泽东、鲁迅、邓拓等杰出的评论家都是引用方面的高手。神话、传说、典故、谚语等他们在评论中常常是信手拈来，为文章增光添彩。这在前文中列举的他们写的一些新闻评论中都有生动表现，如毛泽东写的《一个极其重要的政策》、邓拓写的《谈谈养狗》。

引用贵在给文章增色，而不是为了故作高深，这就要求一要引得准确，二要引得巧妙。准确不仅要求字句要准确，表情达意也要准确。文中不管是直接引用还是间接引用，对所引入的内容必须准确表述，不能曲解、歪解，否则就会贻笑大方。例如，有家报纸曾刊发过一篇新闻评论，在说到当地出现了吃鱼比较困难的问题时，就歪曲引用了《战国策》中《冯谖客孟尝君》的典故。评论中这样表述："这个老大难问题可追溯到东周时期。那时，孟尝君的客人冯谖在客舍住了十多天没有鱼吃，很有些牢骚，每餐吃过饭就弹其剑而歌曰：'长铗归来兮，食无鱼'。后来孟尝君把他视为上宾，才让他吃上了鱼。"这处引用表意就很不准确。原文中结合上下文看，冯谖之所以吃不上鱼，是因为孟尝君不知道冯谖很有本事，只把他看作普通的食客，只提供很一般的饭菜，其中没有鱼，并不是说当时吃鱼难，更不像评论中说的这表明中国吃鱼难就是从那时开始的。这篇古文中提到：后来孟尝君给冯谖提高了待遇，他就吃上了鱼；一段时间后，冯谖又抱怨出门没有车坐，孟尝君再次给冯谖提高了待遇，他又坐上了车。这样歪曲引用，不仅难以让受众信服，而且也没有什么文采可言。

巧妙是说不管是全引还是部分引、不管是正义反引还是反义正引，都要让所引之语为我所用。例如，毛泽东在其新闻评论名篇《别了，司徒雷登》中有个正义反引，就非常巧妙。

唐朝的韩愈写过《伯夷颂》，颂的是一个对自己国家的人民不负责任、开小差逃跑、又反对武王领导的当时的人民解放战争、颇有些"民主个人主义"思想的伯夷，那是颂错了。①

这段正义反引既忠实于韩愈《伯夷颂》里的故事情节，又否定了韩愈的观点，批评了其中反映出的伯夷的民主个人主义观点，完全服务于作者的论

---

① 毛泽东：《毛泽东选集·第四卷》，北京：人民出版社，1991 年 6 月第 2 版，第 1495—1496 页。

点。这就是巧妙的、高明的引用，这样的引用自然能增加文采。

要做到引用得巧妙，还要特别注意语境。语境就是语言使用的环境。同样一句话在不同的语言环境下说，不仅意思可能大相径庭，效果也会截然不同。例如，中国人见面经常会问对方："吃了吗？"以示问候和关心。但如果在卫生间这样问候别人就不合适，恐怕有侮辱之嫌了。

后 记

20 多年的新闻评论教学生涯以及多年的新闻媒体工作经历使我深深感到，新闻评论在新闻媒体中的地位和作用不仅没有降低，而且越来越重要。不光是报刊、广播、电视等传统媒体，连新闻网站、社交媒体、新闻客户端等新媒体也都非常重视新闻评论。新闻界有个共识：新闻报道是新闻媒体的血肉和骨架，而新闻评论则是媒体的旗帜和灵魂。新闻评论能直接体现一家新闻媒体的观点、态度、立场和思想深度，可以说新闻评论的水平就代表了这家媒体的水平。与此相对应，新闻界很缺乏专业的、高水平的新闻评论写作人才。尽管这些年我国的新闻专业教育发展很快，全国已有超过 1200 所高校开办有新闻传播类专业，而且绝大多数新闻专业都把新闻评论作为专业必修课，但依然没能培养出足够的新闻评论写作人才。

这本《新闻评论写作》是笔者从事大学新闻评论教学 20 多年及媒体新闻评论写作和新闻评论研究的一点体会。在本书的写作过程中，笔者参阅学习了华中理工大学程世寿教授 1987 年出版的著作《新闻评论写作教程》，中国人民大学胡文龙、秦珪、涂光晋教授 1998 年出版的《新闻评论教程》等著作，在此致以深切的感谢。

笔者欣喜地看到，改革开放 40 多年来，新闻评论教育随着我国高等教育的飞速发展而快速进步。中国的新闻评论学羽翼已日渐丰满，新闻评论方面的专著、教材已经出版了几十本之多，不仅有通用的《新闻评论教程》，还有《法治新闻评论》《财经新闻评论》《体育新闻评论》等专业新闻评论教材陆续出版。中国的新闻评论教育和研究的成果日渐丰硕，有望培养出更多优秀的新闻评论人才。

由于成书较为仓促，加之本人水平有限，本书中难免有错误和不当之处，欢迎读者批评指正。

符万年

2020 年岁末于古都西安